# 図説・円と日本経済　幕末から平成まで

湯本豪一

# 図説・円と日本経済

## 幕末から平成まで

国書刊行会

## IV　昭和・戦後篇

## V　平成篇　261

# はじめに

今日、円相場と株価の情報はニュース番組でも天気予報と同じように必ず毎日報じられている。大きな変動があれば大ニュースとして取り扱われるが、ほとんど動きのないような時でも情報は日々流されており、ニュース番組の定番メニューとして定着している。円相場と株価の情報は現代社会においてそれくらい重要な事柄なのだ。それは為替や株取引きにほとんど無関係な人たちにとっても決して他人事ではなく、円相場や株価の動向は直接的あるいは間接的に一人一人の日常生活にも否応なしに影響を与えているのである。そしてそれらの要因は国内だけにとどまらず、地球の裏側の出来事さえも即座に円相場や株価に反映するといったグローバル化された経済環境のなかで私たちの暮らしは営まれているのであり、円相場や株価は日々の暮らしを脅かす死活的問題さえも含んだ重要なことでもあるのだ。

こうした、世界のなかでの日本の経済活動が顕在化したのは幕末の開港による欧米諸国との交易にともなうもので、彼我の金銀交換率の違いから通貨戦争ともいえる大きな摩擦が生じることとなる。この過酷な体験を通して新しく樹立された明治政府は国際基準の幣制を模索し、「円」という統一通貨を誕生させる。かくて、欧米と同じ土俵での経済活動が始動し、一〇〇年以上経た今日へと至る。その間、日本は戦争や大災害を経験しつつも今日の経済大国の地位を獲得していった。そして一人一人の国民はあるときは好況に酔い、あるときは不況に対してささやかな自己防衛をするなど、それぞれの暮らしを守りながら営々と生活してきたのである。

その庶民の暮らしの基盤となる円と日本経済の歴史を風刺漫画を中心に辿ってみようと企画されたのが本書である。時として漫画などのビジュアル資料は新聞記事や報告書といった文字資料よりも雄弁に時代を記録していることがある。そして、これら幾多のビジュアル資料から時代の脈動を読み取ることが可能なのである。円と日本経済の歴史という本来ならば暮らしに密接に関係し、私たちの親やその親たちの生活にも大きな影響を与え続けた事柄について振り返るというテーマであるにもかかわらず、ややもすると堅いイメージが先行しがちな内容に新しい視点を多少なりとも提起できれば本書の目的は果たされたということができよう。

本書刊行に際して出版をすすめていただいた国書刊行会編集長・磯崎純一氏と精力的に編集作業に携わっていただいた萩原玲子氏に深謝申し上げたい。

平成二三年霜月　著者識

凡例

一、日付の表記について。本文ならびに年表中の年月日は、明治五年までは太陰暦を、明治六年からは太陽暦を採用した。

一、本文中の引用について。旧漢字は新漢字に改め、旧かな遣いはそのままとした。原文のルビは基本的に省いたが、殊に読みづらいと思われる箇所には、編集部で改めてルビを付した。

一、図版のキャプションについて。作者名がわかるものについてはキャプションに「画＝作者名」として入れた。なお『ジャパン・パンチ』については、チャールズ・ワーグマンが、『団団珍聞』については、明治一〇～一五年＝本多錦吉郎、一五～二六年＝小林清親、二六～二八年＝本多錦吉郎、二八～三六年＝田口米作、三六～四〇年＝平福百穂、龍田牛歩、庄田峯助などが主に担当している。

一、図版の作品タイトルおよび付随する文章などは適宜省略した。

# I

# 幕末・明治篇

# 開港と貨幣問題

I
幕末・明治篇
［1］



## 狙われた日本の小判

「円」という貨幣単位が使われるようになるのは明治時代になってからのことである。しかも、そのきっかけとなったのはペリーの来航とその後に起こった開港という状況からであった。それまでは国内だけのことを考えていればよかったものが、国を開いたことによって否応なしに外国貨幣との交換比率の決定を迫られることとなる。

そもそも江戸幕府は金、銀、銭の三貨制度をとっていた。小判や一分金といった金貨は枚数で勘定する計数貨幣として流通していた。一分金四枚で小判一枚といった具合である。いっぽう銀は秤量貨幣として使われ、銀六〇匁で金一両といったように金銀相場があり、銭についても四貫文（一文銭四千枚）で一両という相場が一般的だった。しかし、三貨の相場は時代や経済状況などで常に変動していた。やがて、幕府は秤量貨幣の銀を金と同じように計数貨幣として流通させる政策を打ち出すこととなる。最初は一二枚で六〇匁となる明和五匁銀を発行して秤量貨幣としての銀という立場をとっていたが、しばらくすると財政逼迫を打破する妙案として銀を名目貨幣にしてしまう。名目貨幣とは実際にはそれだけの価値がないものに価値を与えてしまうことで、その最たるものが紙幣だ。紙一枚が一万円や五千円だったりする。天保八（一八三七）年、幕府は一分銀を吹きたてることとした。これが天保一分銀といわれる貨幣である。一両は四分なので一分銀四枚で小判一枚の価値があるわけだが、実際には一分銀四枚の重量は六〇匁には遠く及ばなかった。だから、幕府は銀を集めて一分銀を鋳造すればするほど出目を出すことができ、財政を救う切り札として一分銀が存在したのである。計数貨幣の便利さもあって一分銀は広く流通することになり、幕府の思惑はズバリ上手くいったかにみえた。しかし、その後、開港という予期しない出来事がおこり、名目貨幣として発行された一分銀の存在が欧米諸国との幕末の貨幣戦争にまで発展することとなる。

欧米との協議のなかで外国貨幣と日本の貨幣は同種同量で交換するという原則が決められ、外国の銀貨と一分銀を交換し、その一分銀四枚を小判一枚に替えるといった手法で金を海外に持ち出し多大な利益を挙げる外国人が金漁りに奔走するようになる。幕府が出目を捻出するために発行した一分銀がこうして幕府の財政を根本から揺るがすこととなるのである。

［図1］はそんな一分銀の存在を象徴的に描いた作品である。三つの頭を持つ動物がメキシコドルの上に座っている。この動物の頭はすべて一分銀でできている。当時、貿易銀として広く使われていたメキシコドルは一分銀三枚と同じ重さなのだ。これによってメキシコドルは一分銀三枚と交換され、金流出がはじまる。そういう意味からは一分銀は幕末貨幣戦争の主役であり、この騒動によってやがて近代貨幣制への動きが始まるのである。

［図1］チャールズ・ワーグマン「メキシコドルと一分銀の交換」
『ジャパン・パンチ』慶応元（1865）年9月号

# 金の流出

## 押し寄せるメキシコドル

もともとは秤量貨幣だった銀を計数貨幣にして名目的価値を与えたことが遠因で、幕末の開港によって金が海外に流出したことは、前項でも述べたところだが、実際にどのような状況だったのだろうか。安政六（一八五九）年、イギリス政府から日本総領事に任命されたオールコックが来日している。彼は滞日中のさまざまな出来事を、自身の著書『大君の都』に書き残しているが、そのなかの一節を紹介したい。

「世界中の他のすべての地域では、金と銀との比率は一対一五ぐらいであった。ところが日本では、一対三の比率であった——すなわち、一分銀四枚（目方でいえば、ドル貨［メキシコ銀貨］一枚と三分一）で金の小判一枚買うことができた。この小判は、中国その他の地で、一八シリング四ペンス四分の一、すなわち同額の銀の三倍以上の値うちがあった。銀で金を買えば、たった一回の操作でその資本金が三倍ないし四倍になり、一年間に五回も六回もできるという方法をまえにして、商人たちにこんな商売をしてこの国に不安の念や敵意をいだかしめることは危険だとかいってきたところでとうていだめだ。それは、あたかも風に話かけるがごとくにむなしいであろう。人間の本性には、誘惑にさからうことができる限界というものがあると思う。だから、商人の本性というものは、取り引きが非合法なものであるとかないとかいわれても、なんの危険もなしに一年に六回以上も二〇〇パーセントずつの利益が確実に期待できるとすれば、その誘惑にさからえないであろうことがほぼたしかである」（山口光朔訳、岩波文庫『大君の都』）。

この記述からも当時の異状な状況を窺い知ることは容易だ。［図1］は真っ当な商売には目もくれず、メキシコドルを一分銀に交換しようと列をつくっている外国人たちである。彼らがぶらさげている大きな袋には一分銀に交換しようとしている銀貨がいっぱい詰まっているのである。対応する役人たちも次から次へとやって来る連中にげんなりした表情を見せている。まさに『大君の都』で書かれた状況そのものだ。［図2］はメキシコドルと一分銀である。大きさからしてもメキシコドル一枚で一分銀三枚ほどなのがわかる。円形と長方形という彼我の形のちがいも特徴的だ。このメキシコドルと一分銀をめぐって本来の経済活動とは似ても似つかない出来事が日本の地で繰り広げられていたのである。このようなことが行われてしまった背景には欧米列強の力の前には理不尽なことでも受け入れるしかなかったという背景があったからだ。金の流出は彼我の力関係の結果に他ならないのである。

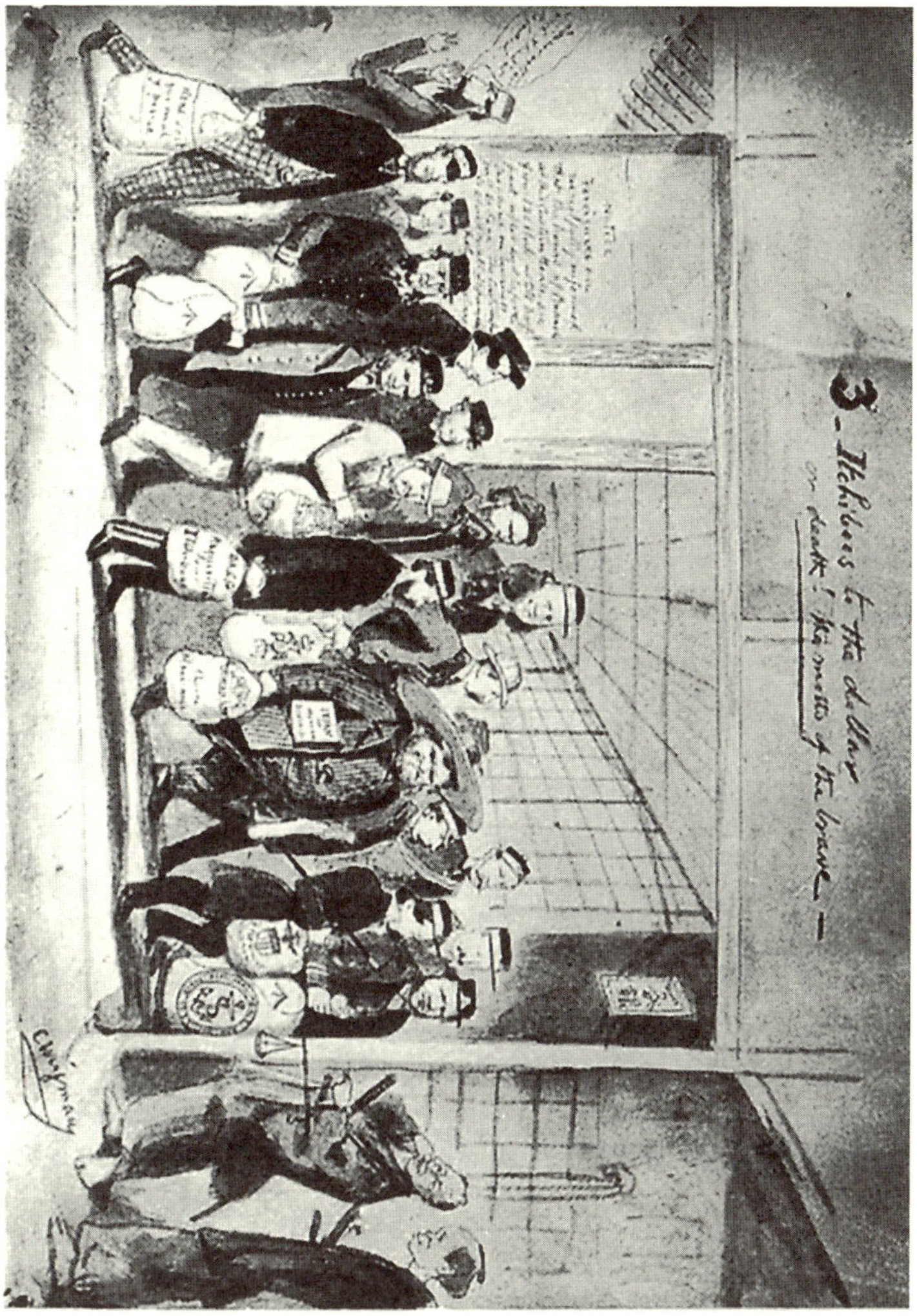

↑［図1］ベアトが写したワーグマンの作品『一分銀3個で1ドル』
↓［図2］メキシコドル（直径約39ミリ）と一分銀（縦約24ミリ）

# 運上所

I 幕末・明治篇 ［3］



## 開港で生まれた貿易の最前線

安政六（一八五九）年、幕府はアメリカ、イギリス、フランス、ロシア、オランダの五カ国との自由貿易を認める布告を出して交易が行われるようになるが、これにともなって開港地に運上所を設置して関税事務を行った。運上所はそれぞれの開港地の奉行の管轄下にあり、奉行所から役人が送られていた。

［図1］は長崎において入港した外国船に検査のために行く運上所の船を描いたものである。この船に乗っていた税関の役人も描かれている（［図2］）が、これらを記録した『イラストレイテッド・ロンドン・ニューズ』一八六一（文久元）年八月一七日号は、「本紙特派画家を乗せた汽船が長崎に到着すると、税関吏［運上所役人］たちが、一旒の長旗と中央に白い丸のある赤い旗をかかげたヨーロッパ風のボートがやってきて、汽船に上がってきた。このボートといっしょに一艘の日本の小舟がやってきたが、そこには青と白の縞のある衣服を着た現地民が乗り組んでいたので、画家はその船を描いた。二本の刀をさしたヤクニン［役人］のスケッチは船上で描かれたものであるが、これは税関吏たちの一人である」（訳は金井圓編訳『描かれた幕末・明治』による）と報じている。

いっぽう、［図3］は運上所における税関業務を描いたもの

［図1］『イラストレイテッド・ロンドン・ニューズ』
文久元（1861）年8月17日号

で、大きな天秤に荷物が乗せられ重さがチェックされているようである。後方には堆《うずたか》く荷物が積まれており、作業員が忙しそうにしている横で税関の役人が監視しているところだ。この光景についても『イラストレイテッド・ロンドン・ニューズ』一八六一年八月一七日号は、「挿絵は横浜税関［運上所］内部を示し、役人や人夫が忙しそうに手荷物や商品を計測しているようすがわかる。人夫たちはみな、前面の一人が背中に文字と模様のついた紺色の制服を着ている姿が示すように、奇妙なみなりをしている」（訳は『描かれた幕末・明治』）と記している。

貿易の拡大によって運上所の扱い高は増加していったが、慶応三（一八六七）年六月の『萬国新聞』五号は「神奈川奉行各国コンシュルと協議の上、海関の取扱並当港に於て他の事業を更らに簡便にする為の規則」を紹介している。神奈川奉行が各国と協議してこの規則を決めたのだが、こんなところにも税関業務の増加とそれに伴う業務内容の整理と再検討が必要だったことが浮かび上がってくる。

貿易の最前線である運上所の様子は開港によって生まれた新しい日本の姿の象徴でもあるのだ。

［図2］『イラストレイテッド・ロンドン・ニューズ』
文久元（1861）年8月17日号

［図3］『イラストレイテッド・ロンドン・ニューズ』
文久元（1861）年8月17日号

# 外国貨幣と日本貨幣

I
幕末・明治篇
[4]



## コバング、イチブ、テンポー……欧米人は混乱

江戸時代の日本の幣制は極めて複雑である。金、銀、銭の三貨制でそれぞれが異なる単位で流通しており、三貨の交換レートも一定でなかった。金貨は一両が四分、一分が四朱という四進法で数えられており、一枚一枚勘定できる計数貨幣だった。一方の銀貨は重さをはかる秤量貨幣で、丁銀、豆板銀といった銀の塊に刻印されたものが使われた。当初は金は江戸を中心とした関東、銀は上方を中心に流通していたが、やがて銀も計数貨幣化していくこととなる。このほかに補助貨幣として銭も使われており、外国人からみると非常に理解しにくい制度であったことだろう。また、欧米諸国では貨幣は円形であるのに対して日本では楕円形の小判、長方形の二分金、一分金、一分銀といった貨幣が存在し、さらに銭には真ん中に四角い穴があいているといった状態で、欧米人にとっては混乱を招くものであったことは想像に難くない。

[図1] は幕末における日本の貨幣を紹介した一八六〇(万延元)年六月一六日の『イラストレイテッド・ロンドン・ニューズ』である。三種類の金貨、三種類の銀貨、三種類の銭を掲げている。記事のなかでは日本と諸外国との貨幣をめぐる争いが記されており、そこにこの図を添えて日本の貨幣を紹介しているのである。その内容は「コバング[一両]、その半額のもの[二分判]、四分の一のもの[一分判]、以上金貨、二倍のイチブ、イチブ[一分銀]、半分のイチブ[二朱銀]、以上銀貨、テンポー[天保一〇〇文]という穴あき銅貨、それに、ときどきは鉄製もあり、何分の一かに表示の変わる小銭の一種を彫版で示しておこう」(訳は『描かれた幕末・明治』)とあるが、「二倍のイチブ」と説明されるものは実は二朱銀(一分の半分)であり、「半分のイチブ」とされているのは銀貨でなくて金貨なのである。このような基本的間違いがおこるほど外国人にとっては日本の貨幣がわかりづらかったのである。

いっぽう、[図2] は幕末における木版の刷物で、物珍しい外国人と外国の貨幣を紹介しているが、「英吉利銭」「同国通銀」として描かれた貨幣はどちらもキリル文字が記されておりロシアの貨幣であることがわかる。日本でも外国文字はどれも同じようで、一般の人にとってはどれがどこの国の貨幣かはほとんど理解できなかったのである。

日本と外国貨幣との接触はこんな状況からスタートしたのである。

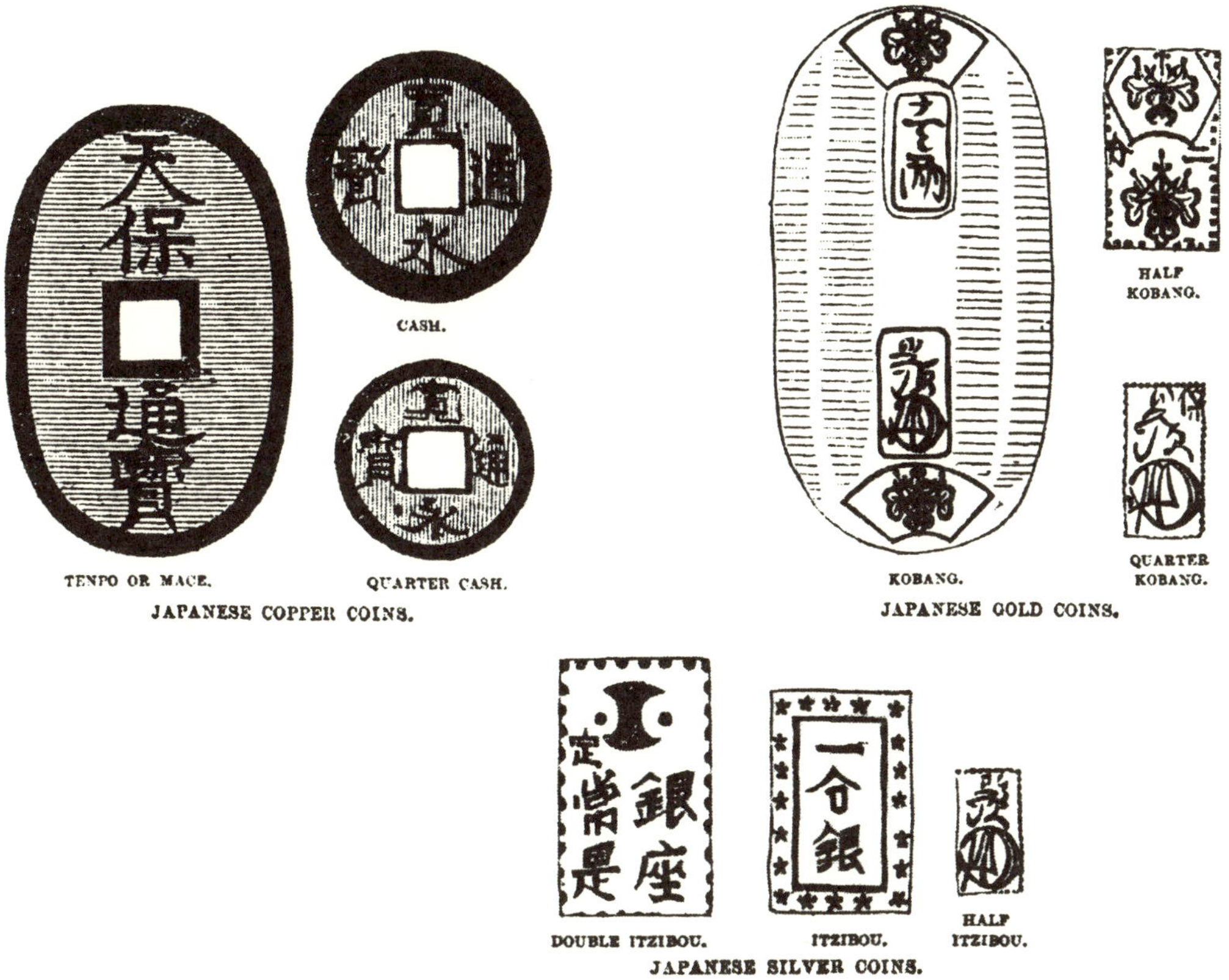


［図1］『イラストレイテッド・ロンドン・ニューズ』万延元（1860）年6月16日号　右＝金貨、左＝銭、下＝銀貨



［図2］外国の貨幣を紹介する幕末の刷り物

# 下関砲撃事件と賠償金

Ⅰ 幕末・明治篇［5］



## 幕府に重くのしかかった三〇〇万ドル

下関海峡でアメリカ、オランダなどの船が長州藩から砲撃を受けたのをきっかけに、元治元（一八六四）年にイギリス、フランス、オランダ、アメリカの四カ国の連合艦隊が下関の砲台を攻撃して陥落させた事件で、幕府は三〇〇万ドルの償金を支払うこととなった。この巨額の償金は四国連合艦隊の遠征費に加えて、下関の町を焼き払わなかったことに対する賠償金も上積みされたもので、四国代表側の強引な要求だったにもかかわらず、払わなければ下関または瀬戸内海の一港の開港という条件に幕府は償金の支払いに応じざるをえなかった。

［図1］は横浜のオリエンタル・バンクにおいて償金を支払っているところである。この絵の載った『イラストレイテッド・ロンドン・ニューズ』（一八六五〔慶応元〕年一二月二日号）には、「長門の領主（毛利敬親）の使節たちが、横浜のオリエンタル・バンク（東洋銀行）で順番を待つ間、自分たちの運んできた金を何回も数え直しているところを示す。この金は、ヨーロッパ船舶に対して、下関海峡の航路をふさごうとした長門の領主の敵対行為に対する賠償金として、女王陛下の政府の勘定に払いこまれることになっている」（訳は『描かれた幕末・明治』という記事が掲載されている。

［図1］『イラストレイテッド・ロンドン・ニューズ』
慶応元（1865）年12月2日号

［図2］はこの賠償金支払いの内幕を諷刺したもので、イギリスに三〇〇万ドルの血抜きをされているのは幕府である。この大きな負担によって幕府は深刻な財政難に陥ることとなる。いっぽう、左端に描かれた長州は幕府が血を抜かれるのを見ながら高笑いしている。

三〇〇万ドルは幕府にとってあまりにも莫大な金額で、到底一度で払えるものではなく、分割での支払いとなったが、完済しないうちに幕府は崩壊、残額一五〇万ドルは新政府へと引き継がれることとなる。この償金に絡んで支払い延期の代わりに茶や生糸の輸出税引き上げの実施猶予が行われたり、内地旅行などとの交換に賠償金免除という考えが四カ国側から提案されるなど、紆余曲折があったが、明治七（一八七四）年に政府は完済して賠償金問題にピリオドが打たれた。しかし、この頃になると茶や生糸の輸出税引き上げは輸出にマイナスとの方針が出され、輸出税引き上げは見送られた。

下関砲撃事件の賠償金は幕府や新政府に大きな影響を与えていたのである。

［図2］『ジャパン・パンチ』
慶応2（1866）年2月号

# 近代貨幣制度への胎動

## 国際化への第一歩、幣制のシンプル化

一分銀という名目貨幣の存在によって金が海外に流出して大きな問題となったことから、幕府は金銀の国際比価に対応するために万延元年に大幅な改鋳を実施した。この改鋳によって発行されたのが万延小判であるが、この小判は別名姫小判といわれるようにそれまでの小判に比べると極端に小さいものであった。これによって金銀比価は国際的水準になったのだが、いっぽう、国内的には一両の価値が低下することとなり、物価の騰貴を招く原因となる。

いずれにしても、外国との関係から日本の貨幣制度は激変していった。しかし、その場の対応に追われての弥縫《びほう》策では国際社会のなかではやっていけないことも明らかだった。かくて、幕府は欧米諸国を範とした近代貨幣制度への移行を模索することとなる。

現代の私たちが考えても江戸時代の幣制はあまりにも複雑だ。計数貨幣の金貨と秤量貨幣の銀貨、それに補助貨幣的存在の銭が流通し、それぞれの間の相場が存在し、常に変動していたとなると、面倒くさいことばかりだ。計数貨幣としての金貨と秤量貨幣の銀貨が同時に流通していたのには歴史的背景があり、それなりの必然性があったのだが、国際社会に対応していくに



［図1］アメリカの造幣局を訪れた使節一行

はどうしても幣制のシンプル化が不可欠だったのである。そんな状況下で欧米貨幣制度や鋳造技術の調査がなされていった。

開港以降、幕府は欧米諸国に使節団を派遣して先進諸国の文物や制度を学びはじめた。こうした使節団の嚆矢が万延元（一八六〇）年の遣米使節である。この使節の目的は安政五（一八五八）年に調印された日米修好通商条約を批准することだったが、使節一行は貨幣制度を視察するためにアメリカの造幣局にも訪れている。［図1］はこのときの様子を描いたもので、造幣局における貨幣の製法やその機械などを見学し、記念のメダルを送られている。

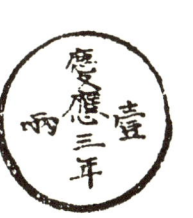

また、慶応元（一八六五）年には柴田日向守剛中《しばたひゅうがのかみたけなか》を正使とする使節が横須賀製鉄所設立の準備などの役割を担ってフランスに派遣されている。このとき、近代的造幣局建設のための視察と技術者の招聘なども行った。また、新しい銀貨の見本をつくらせて持ち帰っていることも記録されている。この貨幣がどのようなものだったのかは定かでないが、貨幣の見本までつくらせていたのだ。［図2］は淀稲葉家文書に描かれた貨幣のサンプル図である。円形のスタイルで近代的貨幣らしさが出ている。これらのことからも幕末に近代貨幣制度確立に向けて動き出していたことがわかる。しかし、幕末の混乱のなかで造幣局設立は実現することなく終わり、計画は新政府に引き継がれて行くこととなる。

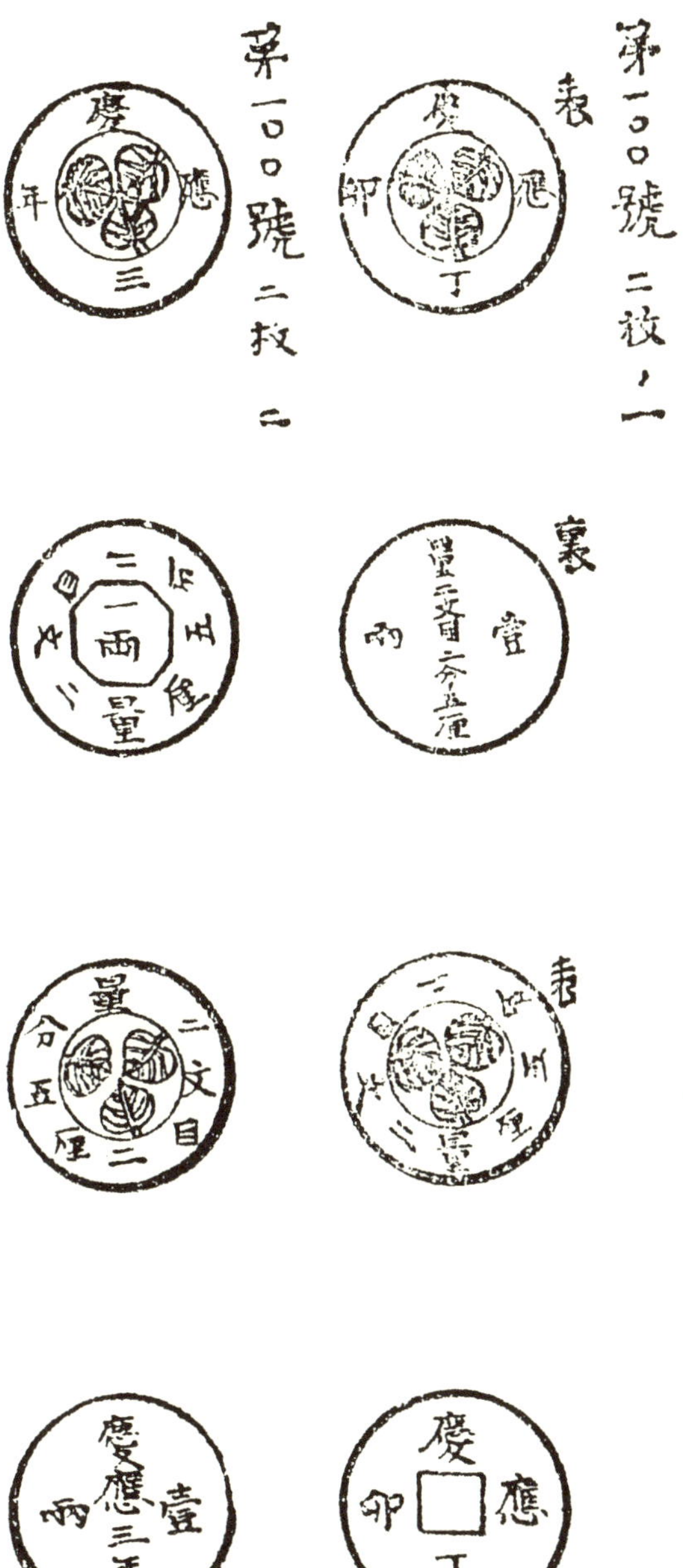

［図2］『淀稲葉家文書』

## 工業国日本のスタート

幕府は欧米からの技術導入による近代化が必要であることを認識し、艦船の自力製造を目指して計画されたのが横須賀製鉄所である。幕府の計画に対して積極的にアプローチしてきたのがフランスである。駐日フランス公使レオン・ロッシュは本国と連絡を取りながら具体的な提案を幕府に持ちかけ、建設地はフランスの軍港ツーロンに地形の似た横須賀と決定し、慶応元（一八六五）年に起工式が執り行われている。工事責任者のフランソワ・レオンス・ヴェルニーをはじめとした多くのフランス人が横須賀製鉄所の建設に携わっていった。

［図1］はフランス公使館書記官メルメ・カションが建設費一五〇万ドルを要求しているところである。彼はドルを持っていなければ一分銀でも構わないと提案しているが、その相場は相当ふっかけているようで、後方でこれを聞いている銀行家たちはびっくりし、遣り手のカションにあきれているようだ。もっとも、この諷刺画はイギリス人画家チャールズ・ワーグマンによって描かれたもので、欧米列強の勢力争いが続けられた幕末の日本の状況を考えると「イギリス側」に映った横須賀製鉄所建設事情の一端といえよう。

しかし、横須賀製鉄所は完成をみる前に幕府が崩壊し、事業



［図1］『ジャパン・パンチ』慶応2（1866）年6月号

は新政府に引き継がれて明治四（一八七一）年に第一期工事が完成する。［図2］は完成した横須賀製鉄所の遠景である。大きな建物がいくつも建てられており、大規模な施設であることがわかる。横須賀製鉄所は近代化を国是とした明治政府にとって極めて重要な施設で、その後の日本の発展にも大きく貢献している。そんなこともあり、天皇も行幸している。明治四年一一月一三日の『太政官日誌』には「来廿一日横須賀造船所行幸濱殿ヨリ軍艦乗御、翌廿二還幸被仰出候事」とある。

明治五年にはお召し船が建造されている。同年四月の『新聞雑誌』三九号は「今般、主上御召船横須賀造船所ニ於テ新ニ御製造相成リ御船号蒼龍丸ト定メラレタル由」とあるが、これも横須賀製鉄所の象徴的な事業だったといえよう。横須賀製鉄所は工業国日本のスタートともいえるものだったのである。

［図2］『イリュストラシオン』明治5（1872）年3月2日号

# 新政府の樹立と貨幣司

## 贋造二分金が大量に作られることに

幕府を倒した新政府はいち早く貨幣の製造所たる金座、銀座の接収に着手した。慶応四（一八六八）年四月一一日、江戸城は無血開城となり、一四日には大総督有栖川宮熾仁親王一行が江戸へと入り、金座、銀座の接収も即日行われた。

新政府は京都、大坂を中心とした豪商らに三〇〇万両を太政官札発行準備金として課していたが、それだけでは資金不足であり、新しい政治体制を確立していくためにも財源はいくらあっても足りないほどで、金座、銀座接収も急を要する重要な任務であった。また、貨幣製造所の接収は新政府の実効支配の象徴でもあり、大きな意味を持っていた。

接収を終えた新政府は閏四月二一日には早くも会計官中に貨幣司を設置して旧幕時代と同じスタイルの二分金、一分銀、一朱銀をつくっていった。すぐに新しい貨幣を発行するには時間的にも技術的にも無理があったためである。

貨幣司の支署は大坂などにも設置されたが、［図1］はその大阪長堀の貨幣司支署である。「二分判作り方細工所」「一分銀細工所」等々、いくつもの部屋に分かれてさまざまな過程の仕事が行われていたことがわかるが、これらはすべて旧金座、旧銀座から踏襲された製造方法だったのである。新政府は逼迫した財政をまかなうために貨幣司において旧幕府のものより品位を落とした二分金などを大量につくっていった。二分金の品位は二〇パーセントにも満たないほどで、薩摩、土佐などの諸藩もこれらの二分金を大量に贋造して軍費に充てていたくらいである。さらに、贋造二分金のなかには銀台や銅台に金メッキしたものまで出現し、貨幣司の劣位二分金と相まって貨幣に対する信用は著しく低下していったが、これらは外国との貿易においても大きな問題となって、しばしばトラブルを引き起こしている。

貨幣司は明治二年（一八六九）に廃されて近代貨幣発行に向けての事業が展開され、四年二月の造幣寮開業に至る。造幣寮開業から一年ほどした五年一月の『萬国新聞』一号には、「従来世間ニ流布之贋造弐分判既ニ引換相成候得共、若相残居候分有之候ハヾ、断裁之上、地金トシテ致売買候儀ハ、自今勝手タルベシトノ御布令アリ」との記事が掲載されているが、この記事からも贋造二分金が大量に流通していて混乱を生じさせていたことがわかる。

新政府が樹立された直後はまだまだ幕府の幣制を引きずっていたのである。

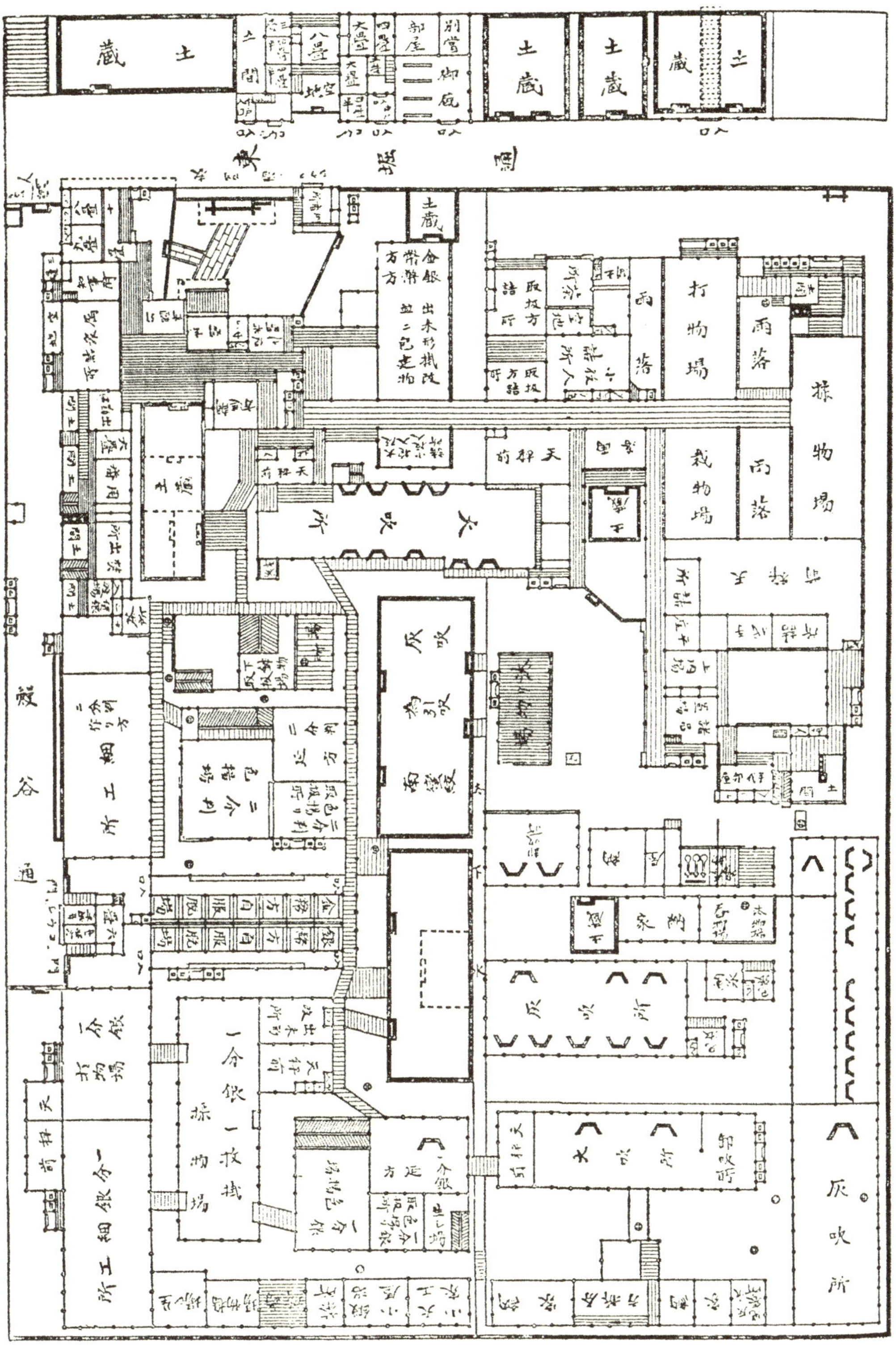


[図1] 大阪長堀貨幣司支署の図(『日本貨幣史』)

# 太政官札（金札）の発行と廃止





## 近代化のための苦肉の策として発行された

慶応四（一八六八）年閏四月、新政府は財政不足を打破するために三岡八郎の建議に基づいて太政官札を大量に発行、それを列藩などに貸し付け殖産資金とすることを目指した。

慶応四年閏四月の『太政官日誌』一六号に、「金札御製造之上、列藩石高ニ応ジ、萬石ニ付壱萬両ヅヽ拝借被仰付候間其筋へ可願出候事」（金札を製造して、藩の石高に応じて、一万石につき一万両ずつ拝借するよう仰せ付けることを、その筋へ願い出た）とある。

太政官札は十両、五両、一両、一分、一朱の五種類が製造された。さらに、明治二（一八六九）年には小額紙幣として二分、一分、二朱、一朱の民部省札を発行した。［図1］は太政官札の十両と民部省札の二分である。

太政官札は会計官出納司を通じて政府に三〇〇〇万両ほどが貸し付けられた。また、藩、府、県などにも貸し付けられ総計四八〇〇万両もの大量の紙幣が出回ったのである。民部省札も七五〇万両発行された。これらは不換紙幣ということで信用は低く、価格は低下するばかりだった。明治二年四月四日の『太政官日誌』には、「即今内外、莫大之御失費相重、人民困窮ニ及候ニ付、金札御施行相成、一般融通為致、上下之疲弊御救助可相成御主意ニ候処、近来金札格外下落、人民窮迫……」とあるが、誰もが金札を金や銀に交換してしまう状態で、元年一二月には金札の時価通用を認めるほどで、金札一二〇両を正貨一〇〇両に充てて納付することを許可している。翌年には時価通用を禁止したものの、太政官札は贋札も出回るほどで、新貨幣鋳造と太政官札との引き換えを約束して信用低下に歯止めをかけたのである。

明治四年、新紙幣発行にともなって金札と交換が行われ、回収された金札は焼却されるなどの処分が実施された。七年二月二三日の『東京日日新聞』は、藩札とともに太政官札八十四万四百八十九両二分三朱（三十二万七千二百七十枚）、民部省五万三千四百六十二両一分三朱（十六万二千七百九十七枚）が焼却されたことを、「第五大区小四区佐久間町一丁目河岸ニオイテ、紙幣寮庄野致一、稲垣房長、佐久間信英、出納寮野口直温、検査寮多久正忠ノ諸官員立合ニテ、本月十四日焼却ニ相成タリ」と報じている。

［図2］はこの焼却場の位置を示したものであるが、神田川沿いに「紙幣寮御用地」とある。『明治事物起原』は、「六年九月より、第五大区佐久間町一丁目河岸火除地にて焼棄、下見縦覧苦しからずと布達せるはこゝなり。明治八年中に、一旦廃紙幣を焼却するを止め、之を煮たゞらして、製紙原料に還元せるが、十三年九月二十五日より、又旧にかへりて、焼却法を行ひ、一般人をして縦覧せしめき」と記している。

新政府の財源を確保するために苦肉の策として発行された金札はこのようにして短い役割を終えたのである。

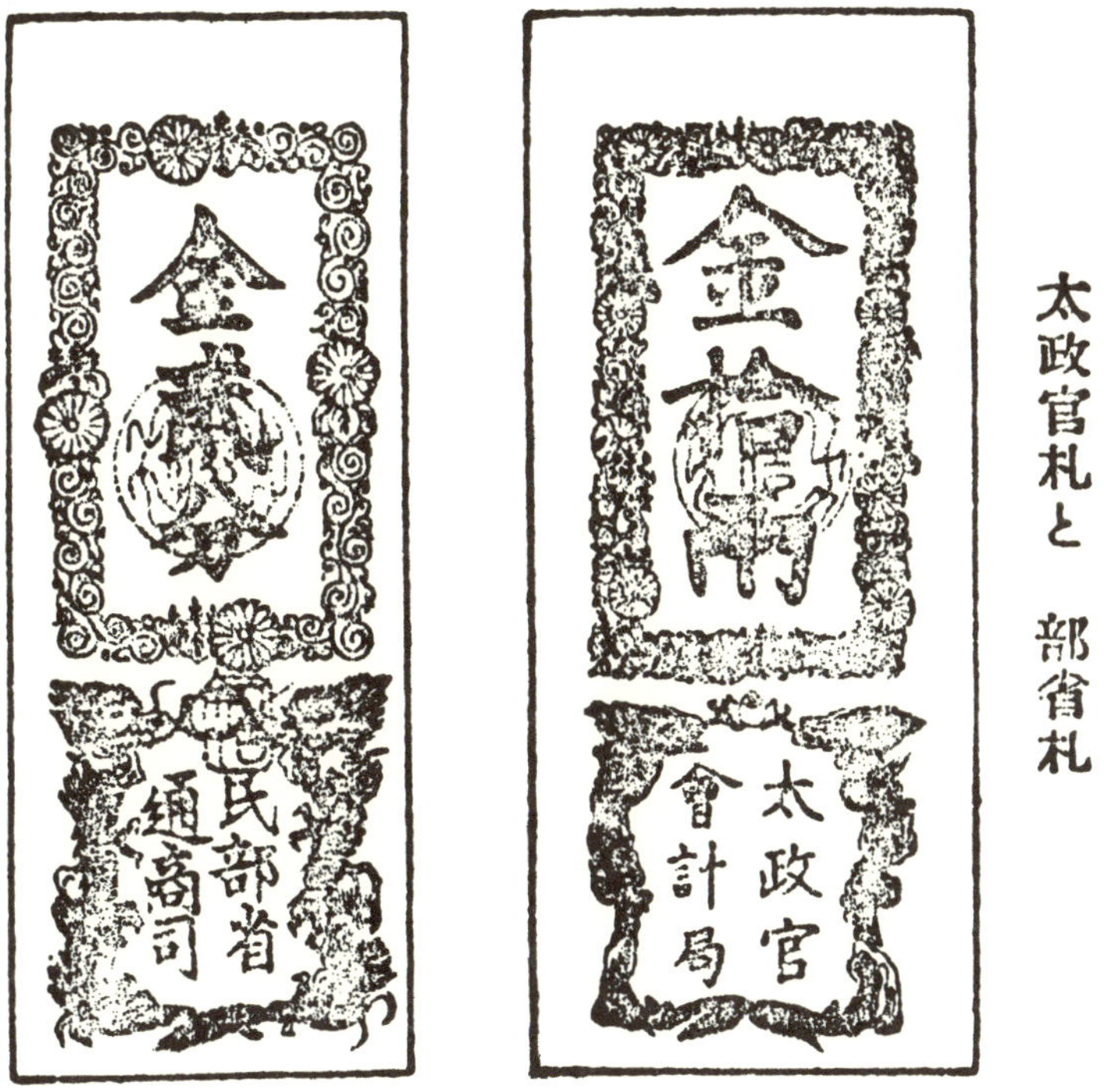


［図1］明治4年7月20日、外務省、大蔵省連署達



［図2］明治7年9月新刻『東京区分図』

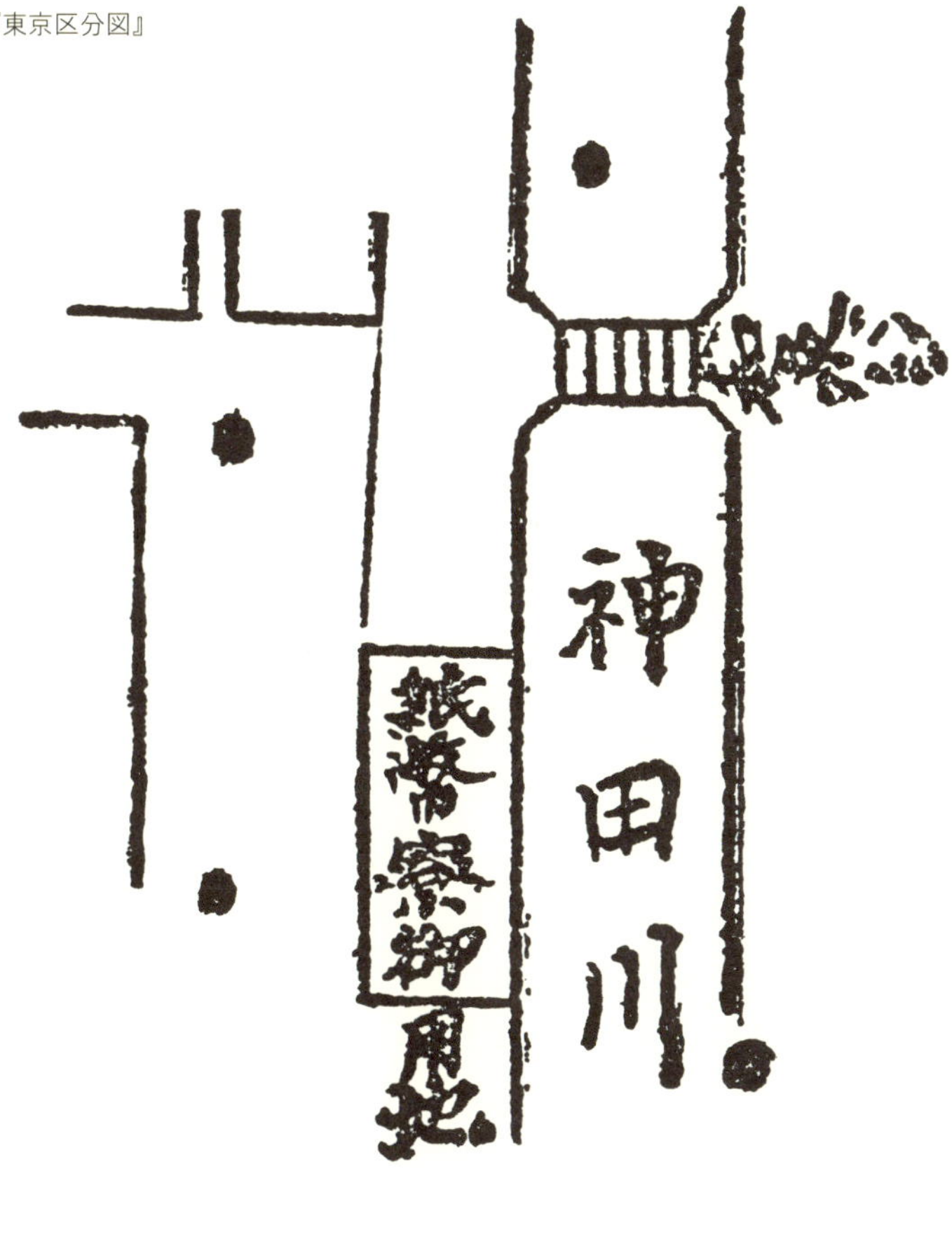

## 財政逼迫のたびに検討される手段

外資導入による外国資本の侵入を恐れた明治政府は外債を募ることには消極的であったが、鉄道建設という国家事業遂行のために明治三（一八七〇）年にイギリスより九パーセントの利率で一〇〇ポンド（約四八八万円）、六年には秩禄処分のために七パーセントの利率で二四〇ポンドの外債を募った。

前者は明治一五年が償還期限、後者は明治三〇年が償還期限となっていたが、その償還は早くから問題となっていた。明治八年一〇月二六日の『郵便報知新聞』は、「外債消却に付ては、是迄様々の論があり升が、今度政府において輸出の物品数をお調になり、横浜抔内地売耀しの利益と、各国輸送の売買利益とを予算し、右余分の利得を以て外債償却に充んと、国内商人の仕入品を抵当として資本を貸付、航海の節其筋の官員、上乗をして夫々の取締を立つる等の事を国債寮へ御委托になり、明治九年より御発行になるとの風説で御座ります」との記事を載せているが、なかには全ての国民に外債を均等割りにして負担させて償還するといった案を建言する人物も現れるほどだった。

明治一〇年には西南戦争による出費も嵩み財政は逼迫していった。そんななかで再び外債募集が表面化していった。［図1］は外債や内債の通帳を持ったサイ（債）のお化けが出現して役

↓［図1］『団団珍聞』明治11年5月4日号

人たちをビックリさせているところである。

明治一三年九月六日の『東京日日新聞』には、「此ごろ仄かに聞く、我が廟堂に於ては、断然二千万磅《ポンド》の外債を起して一億万円の紙幣を一時に銷還すべしとの説頗る盛にして、或は既に之に決定せられたりと云へり。仮令政府の策茲に出でざるも、何れにか救済の策あるべきは決して疑ひなかるべし。吾々は今よりして其日を楽むなりと東京経済雑誌に見ゆ」とあり、大量に出回っている紙幣を整理するために再度の外債募集の動きがあったことが窺われる。

［図2］は外債によって外国に対して多額の借金を抱える日本の財政状況を危惧したもので、「西洋カリコミ所」なる看板を掲げた床屋が外国の金貨や銀貨で繁昌している有様を描いている。「西洋カリコミ所」とは「西洋から金を借り込む」といった意で、「から滅法足の高い奴らを無暗《やみ》にかり込んだら仕舞にやアから坊主に成て日ポンポンと木魚を叩き金なしだアとお念仏を言ざアなるめへ」と心配している。

結局、この時には外債を募集することなく、外国資本の無秩序な侵入に結びつくことはなかった。


↓［図2］『団団珍聞』明治12年6月7日号

# 造幣寮開業





## 貨幣の信用を確立することが急がれた

旧幕時代の複雑な幣制を一新することは明治政府にとって急を要する課題であった。諸外国との交易を円滑に行うためにも欧米の幣制を参考にした新しい貨幣が不可欠だったのである。

明治二（一八六九）年二月五日の『太政官日誌』には、「今般貨幣新造被仰出候ニ付、太政官中新ニ造幣局御取建ニ相成候」との記事がみえる。造幣寮はお雇い外国人のトーマス・ジェームス・ウォートルスが設計と工事監督を行い、大阪の淀川沿いに建設され、造幣機械は一八六八年に閉鎖されたイギリスの香港造幣局から輸入された。また、技術者も元香港造幣局長官ウィリアム・キンドルをはじめとしてイギリス人を中心に招聘されていった。

明治二年七月九日の『中外新聞』は、「器械を以て円き板金の様にし、尚器械の仕掛にて文字のあらはるゝ様に造らせ賜ふ事、全く西洋の諸国の常法を採用せらるゝ由なり。此の如くなれば四五年の後には新吹の金銀海内に行渡り、物価も次第に一定すべき事必然なり。旧幕府にて古金銀引換の儀度々布告ありしと雖《いえど》も、兎角古金銀の引換へ尽し難きは、近来吹立の度毎に金銀の性合次第に悪くのみ成り行きし故にて、更に怪むに足らず。若し実に古金銀よりも性合宜しき金銀出来して、其後引換

の布告あらば、誰か令に違ひて引換を否むものあらんや」を記している。旧幕府は改鋳を繰り返し、そのたびに金銀の品位を変更して貨幣の信用を落としていったことから、新政府の新しい貨幣に対する期待のほどが窺われる内容といえよう。貨幣の信用を確立することは国内的にも対外的にも重要なことで、造幣寮開業は明治政府の根幹的政策だったのである。

〔図1〕は『イラストレイテッド・ロンドン・ニューズ』に掲載された造幣寮である。造幣寮の開業は外国のメディアにも挿絵入りで紹介されるほど注目を浴びる出来事だったのである。淀川のほとりに出現した近代的で大規模な建物は大阪名所となって錦絵にも登場するほどであった。

明治四年二月の開業式は右大臣三条実美、大蔵卿伊達宗城、参議大隈重信をはじめとして各国公使らも列席して盛大に挙行された。国家の威信をかけた造幣寮の開業によって欧米諸国と遜色のない貨幣が誕生したのである。その後、毎年実施された貨幣大試験でも精度の高さは証明され、内外の信用を確立していった。

造幣寮では貨幣製造のために必要な薬品なども製造していたが、硫酸などは大量につくることが可能となり、民間に払い下げられたり、中国に輸出されるほどであった。

〔図1〕『イラストレイテッド・ロンドン・ニューズ』明治4（1871）年5月27日号

# 新貨条例

I
幕末・明治篇
［12］



## 十進法の新制度のスタート

江戸時代の貨幣はそのさまざまな形状ゆえ、品位もまちまちで複雑な幣制となっていた。外国からは楕円形や四角形、さらには中央に四角い穴が穿たれた貨幣は奇異に映ったことであろう。また、計数貨幣と秤量貨幣が混在することも複雑怪奇だったに違いない（本篇4参照）。このような幕府の幣制を根本的に変え、欧米に準じた貨幣制度を確立することが新政府の急務だった。かくて、明治四（一八七一）年に貨幣に関する初めての条例を制定した。これが新貨条例である。新貨条例は「皇国往古ヨリ他邦貿易ノ事少ナク、貨幣之制度未精密ナラズ、其品類各種ニシテ其価位モ亦一定セズ」という書き出しであることからも新しい貨幣をつくりあげなくてはならないといった新政府の姿勢が伝わってくる。新貨条例には「新貨幣ノ呼称ハ、円ヲ以テ起票トシ、其多寡ヲ論ゼズ、都テ円ノ原称ニ数字ヲ加ヘテ之ヲ計算スベシ。但シ、一円以下ハ銭（一円ノ百分一）ト厘（一銭ノ十分一）トヲ以テ、少数ノ計算ニ用フベシ」「算則ハ、都テ十進一位ノ法ヲ用ヒ、一厘十ヲ合シテ一銭トイヒ、一銭十ヲ合シテ十戦トイヒ、十戦十（即チ百銭）ヲ以テ一円トス、一円ヨリ上、十百千万ニ至ルトイフトモ、皆十数ヲ合シテ一位ヲ進ム」とも記されており、新しい幣制は十進法による分かり易いものだったこともみてとれる。

［図1］は『新貨条例』に描かれた新しい貨幣である。円形で天皇を象徴する龍がデザインされたものだった。このような新しい貨幣の図柄も掲載された『新貨条例』の書籍が多数出版された。新しい制度である新貨条例の国中への徹底周知は極めて重要なことだったため、太政官は各藩県へ「此度新貨幣御発行相成候ニ付テハ、各管内へ御主意之趣篤ト貫徹致シ、異説流言等ニ誤惑不致様、無洩説諭可致候。依テ此程頒布相成候新貨幣条例、猶又御渡相成候事。但、不足之分ハ書肆ヨリ買上ゲ、管内普ク配達可致候事」との布告を出している。新制度告知の書籍は、不足分を書店から買い上げても新貨条例を周知させる必要があったのである。

誰にでも関係がある貨幣の制度変更は隅々まで知らせる必要があった。それでも江戸時代の銭が新貨でいくらに相当するのか等々の混乱が生じて布告が出されるなど、簡単には庶民の貨幣感覚を切り替えることはできなかったようである。

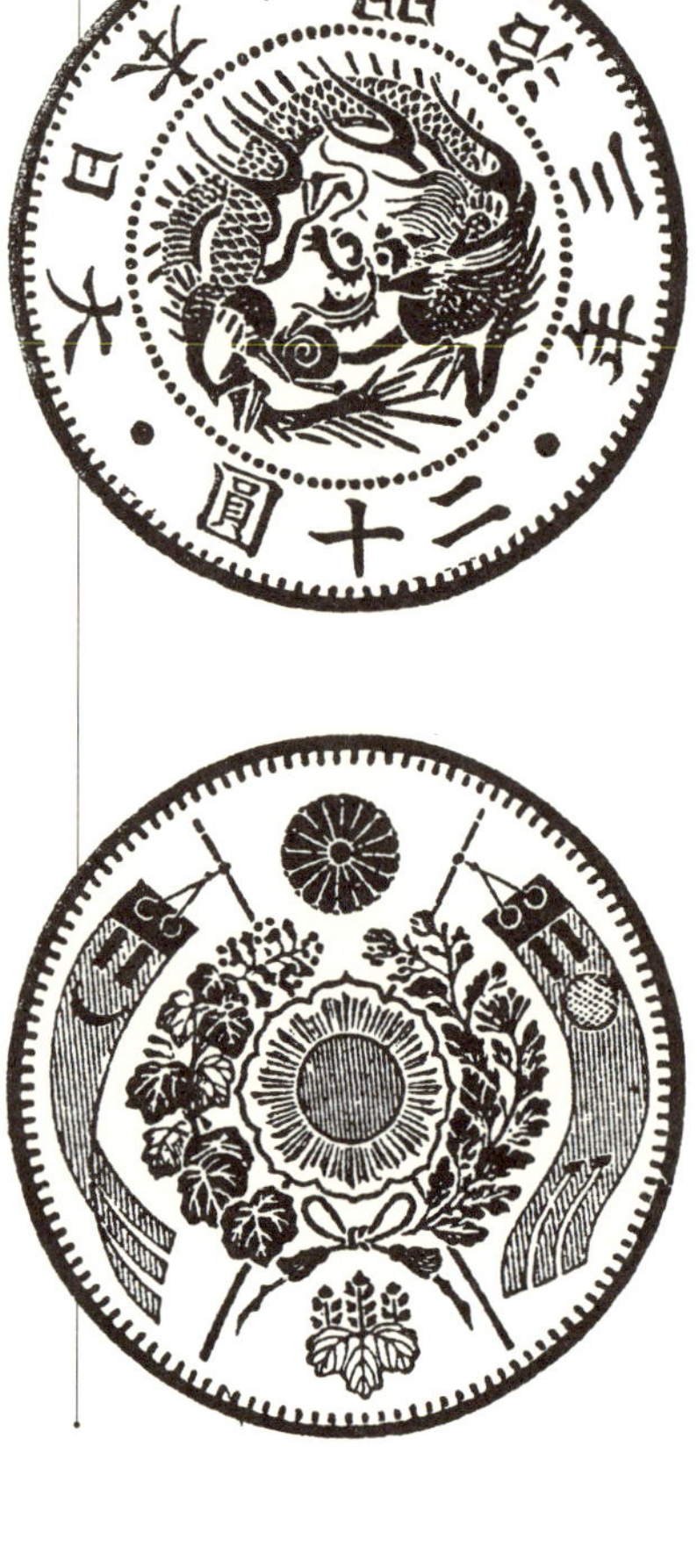

［図1］『新貨条例』明治4年

# 紙幣寮

I
幕末・
明治篇
［13］

## 自国での紙幣印刷始まる

明治四（一八七一）年、大蔵省内に紙幣司が設置され、その後、紙幣寮と改称されて、紙幣発行や公債証書発行などを行ったのだが、当時国内で精度の高い紙幣をつくるだけの技術はまだなく、ドイツやアメリカに依頼して紙幣を製造していた。このために一刻も早く国内での製造が求められていたなかで、明治七年に紙幣印刷工場を建設、本格的に紙幣印刷が始まった。

明治一二年三月三一日の『東京曙新聞』は、「大蔵省印刷局王子抄紙部に於て製造さるゝ使用紙数は、抄紙部造紙百二十三万四千百六十一枚、本部各製造紙二千十五万五千八百七十一枚、舶来西洋紙四万四千三百五十枚にして、合計二千百四十三万四千三百八十一枚なりといふ」と報じている。東京の王子に本格的な製紙工場が建設されて、紙幣、公債、証券をつくるための対応が整い、紙幣製造ができたのであるが、このようななかで紙幣濫造に拍車がかかり、紙幣過多となっていった。明治一〇年七月二四日の『朝野《ちょうや》新聞』は紙幣過多を指摘し、「今日経済論者ノ深ク憂慮ヲ懐ク所ナレドモ、是レハ此ノ論題ノ本主意ニ非ラザルヲ以テ之レヲ後日ニ譲リ、姑ク銀行紙幣準備金ノ一項ニ就キ疑問ヲ提出スル有ラントス」と国立銀行の乱立による紙幣の大量発行を憂慮している。これらの紙幣は紙幣寮で製造されていったのである。

［図1］は紙幣寮の紙幣大量発行を諷刺したもので、ドル（弗）、金、銀と書かれた軽気球がどんどん上昇している。その下の建物は紙幣寮で、「紙屑問屋」という大きな旗が掲げられており、屋根は紙幣で葺かれているようだ。大量発行によって紙幣は信用を落とし、ドルや金貨、銀貨がもてはやされたのである。そんなようすを見ている人たちは紙幣寮の悪口を言い合っているようだ。

当初は国債発行償還や銀行関係の事務も扱っていたが、明治一一年には印刷局と改称されて紙幣や印紙の製造だけを扱うようになり、三一年には官報局を統合して官報発行業務も行うようになった。

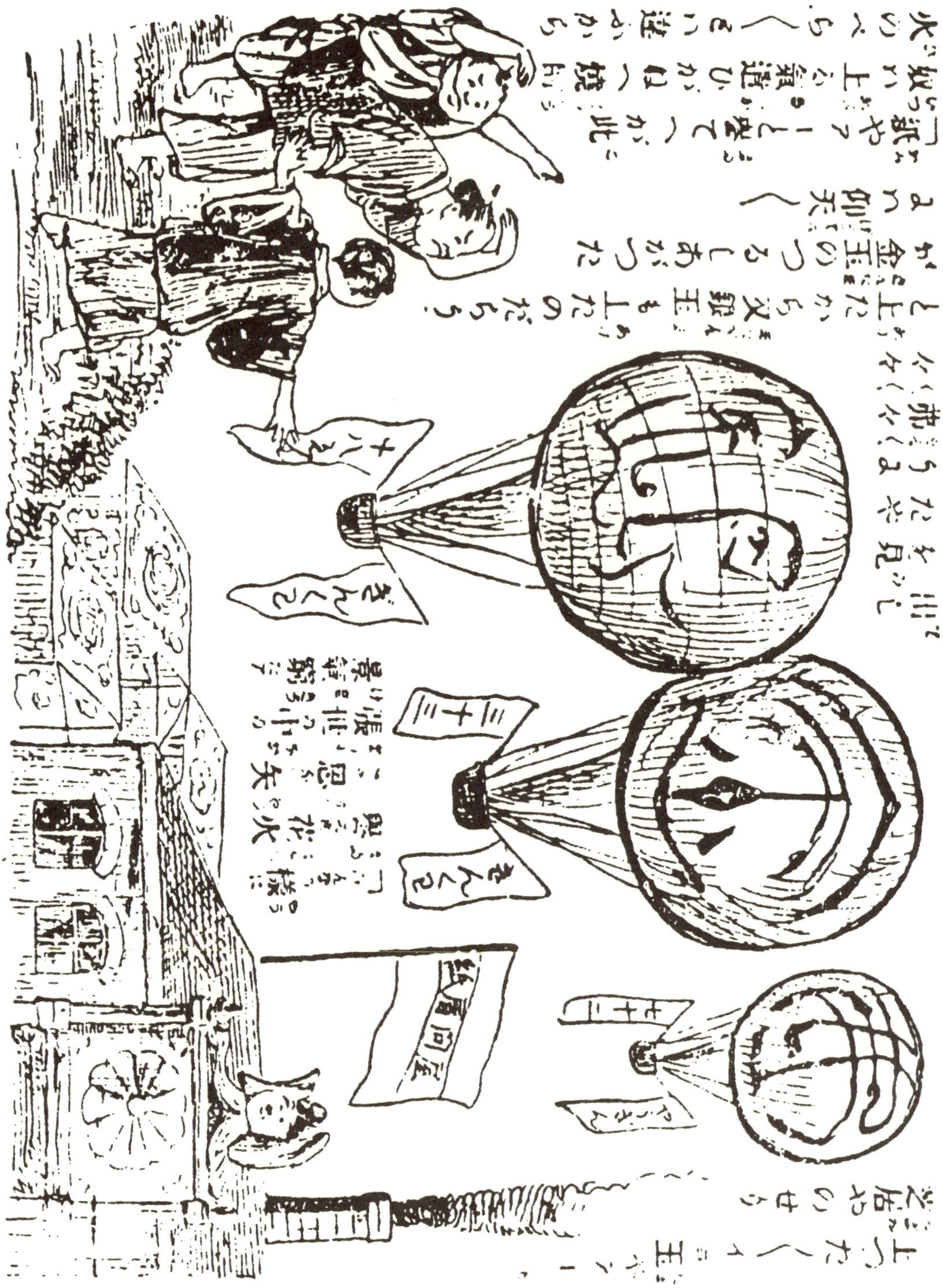

［図1］『団団珍聞』明治11年11月2日号

# 国立銀行の設立

I 幕末・明治篇 ［14］

## 乱立して、インフレが加速

明治政府は歳入不足を補うために太政官札などの紙幣を大量に発行したが、信用は薄く、紙幣整理と銀行制度の確立が急務となっていた。かくて、アメリカで南北戦争時代に大量に出された不換紙幣を整理するために公債を基金として各地に設立されたナショナル・バンクなどを参考として明治五（一八七二）年に国立銀行条例が布告されている。この条例に基づいて資本金の六割にあたる政府紙幣を上納し、それと同額の公債証書を受け取り、その公債証書を抵当として銀行券を受け取って発行するという方法で運営されたのである。国立銀行はナショナル・バンクの訳語であり、実際は有限責任の株式会社であった。

明治五年に第一国立銀行が開業するが、それから僅かの間に国立銀行はつぎつぎと設立されていった。［図1］はそんな状況を描いたもので、銀行設立のために続々と人が押し寄せて来ているが、政府の蔵のなかはほとんど金がないといった状態を描いている。

明治一〇年七月二四日の『朝野新聞』は、「銀行ノ設立ハ頗ブル容易ナルニヨリ、東京横浜新潟其ノ他ノ地方ニ於テモ開業日ニ盛ンニシテ、全国ノ間ニ已ニ二十ノ銀行アルニ至レリ」と報じている。そして、「夫レ銀行増加スレバ従テ銀行紙幣ヲ増加セザルヲ得ズ、日本政府ノ発行シタル紙幣ノ融通高ハ九千四百五萬四千七百三十一円ニシテ、之ニ加フルニ許多ノ銀行紙幣ヲ以テセバ、果シテ何等ノ影響ヲ生ズベキヤハ、今日経済論者ノ深ク憂慮ヲ懐ク所ナレドモ（後略）」と紙幣の大量発行に危惧を呈している。

［図2］は国立銀行の乱立を諷刺したもので、「紙細工処」なる看板を掲げた大倉屋庄兵衛（大蔵省）が紙細工で次から次と銀行を作っているところである。「紙」とは紙幣のことで、結局は国立銀行を通しての紙幣の濫発であった。「段々に殖して此節に至り百二十ばかり出来ました」とあるように国立銀行がアッという間に増えていったことがみてとれるが、ここでも紙幣が溢れることを憂慮していることがわかる。

国立銀行乱立によってやがて紙幣の発行高が激増してインフレが加速していったのである。

［図1］『団団珍聞』明治10年12月1日号
「ヤアこりや中には何にもなくて金の明箱と蜘蛛の巣ばかりだぞ」

一八八
團々珍聞第七十五號
明、十一、八、二十四
What a paying business it is to manufacture these paper toys. This is the 120th paper bank I have disposed of within a short time, and I hope to be able to place a lot more yet.

［図2］『団団珍聞』明治11年8月24日号

# 金禄（秩禄処分）

## 旧下級士族は生活に困窮

明治政府は旧幕府の領主や武士などに家禄、賞典禄を支給していたが、その支給額が莫大な金額にのぼり、財政支出の二五〜三〇パーセントにも達するほどで、焦眉の問題として解決が急がれた。このため、明治九（一八七六）年に金禄公債証書発行条例を公布して、いわゆる秩禄処分を実行した。

家禄や賞典禄を廃止し、金禄公債を代償として発行するというもので、家禄や賞典禄の状況に応じて利率や償還期間などが定められたのである。金禄公債の総額は年間の財政支出の三倍にものぼるほどの巨額となった。

［図1］はこんな状況のなかにおいて巨費を投じて宮内省の中庭に噴水をつくろうとしていることを諷刺したものである。「大倉の乏しい中で無益な噴水機などハ製るまいに」とあり、立派な噴水の横には何枚もの公債証書が散らばっている。金禄公債は政府の最大の財政問題だったのである。

いっぽう、金禄公債を受け取った側にもさまざまな状況があった。旧藩主や公家などの上層階級の人たちは公債を抵当として第十五国立銀行を設立するなどしているが、一般の旧士族の多くは公債の利息では暮らしていけず、公債を売却して生活費を捻出するといった状況があった。政府は最初は禁止していた公債の売買を認めたことから多くの公債が売られていったのである。［図2］はこのような金禄をめぐる状況を諷刺したもので、「鹿犬の怪物」というタイトルがつけられている。「鹿犬」とは「禄券」を意味するのであろう。山師やサイコロ（博打を意味する）や角樽（酒を意味する）等々が「鹿犬」を狙って取り押さえているのである。こんなかたちで公債を失う者も少なくなかった。また、［図3］は「旦那一人に後妻六人」とあるが、これも公債に群がる人々を描いたもので、公債がいかに注目されていたかをみることができる。

明治一一年九月一二日の『東京曙新聞』は、「兜町の株式取引所にては、昨十一日より今般御渡しの金禄公債証書の相場を建てたりと」という記事があり、公債がいかに多く売買されていたかがわかるが、鳥取県では明治一五年には公債の九割もが売りに出されたというくらいだから、全国では膨大な数の売買が行われていたことが想像に難くない。

金禄を受け取った旧下級士族の多くは生活のためにそれを手放して僅かな金銭を手に入れてもすぐに使い切り、困窮した生活を送るケースも多かったのである。

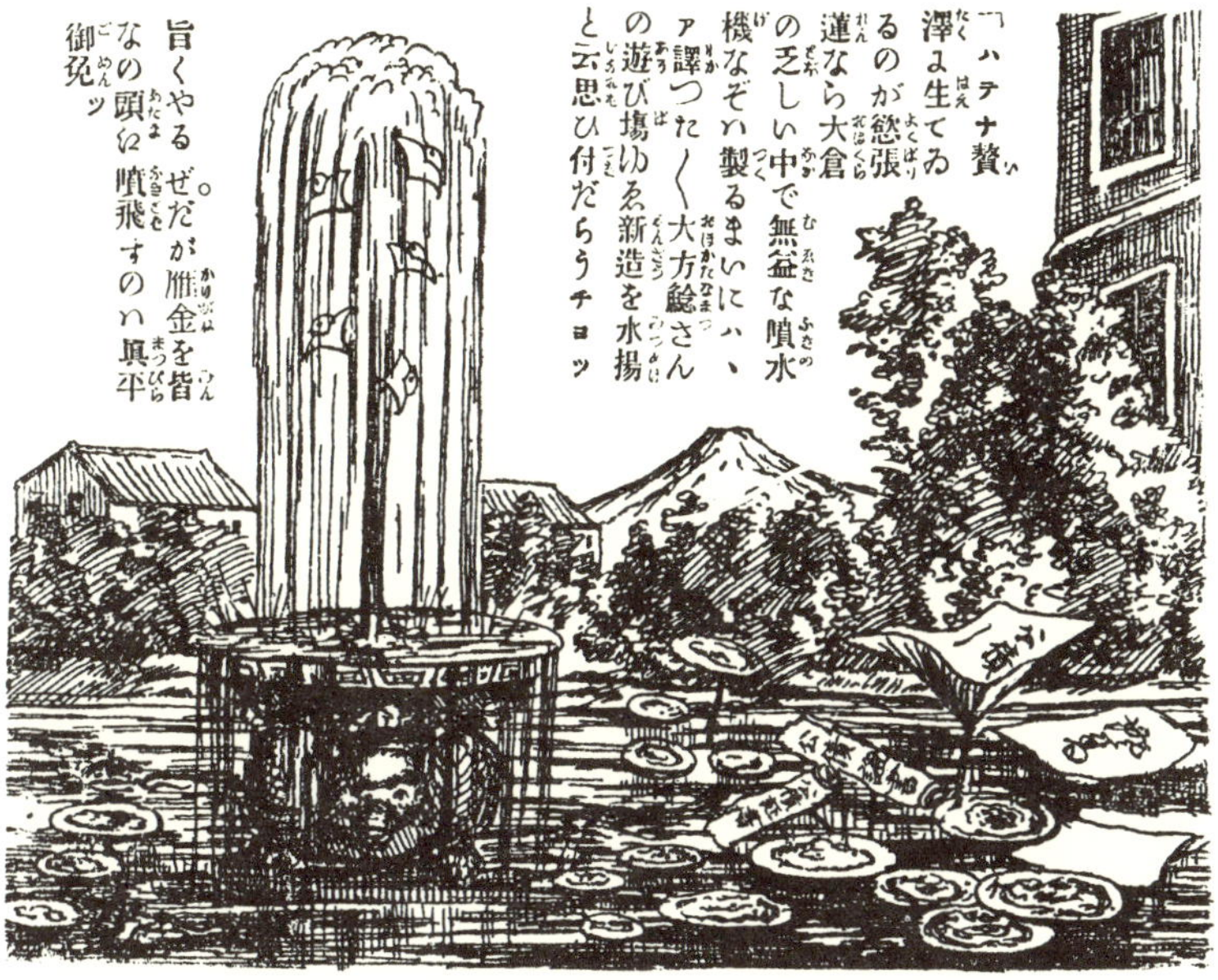


［図1］『団団珍聞』
明治11年9月21日号

［図2］『団団珍聞』
明治11年8月17日号

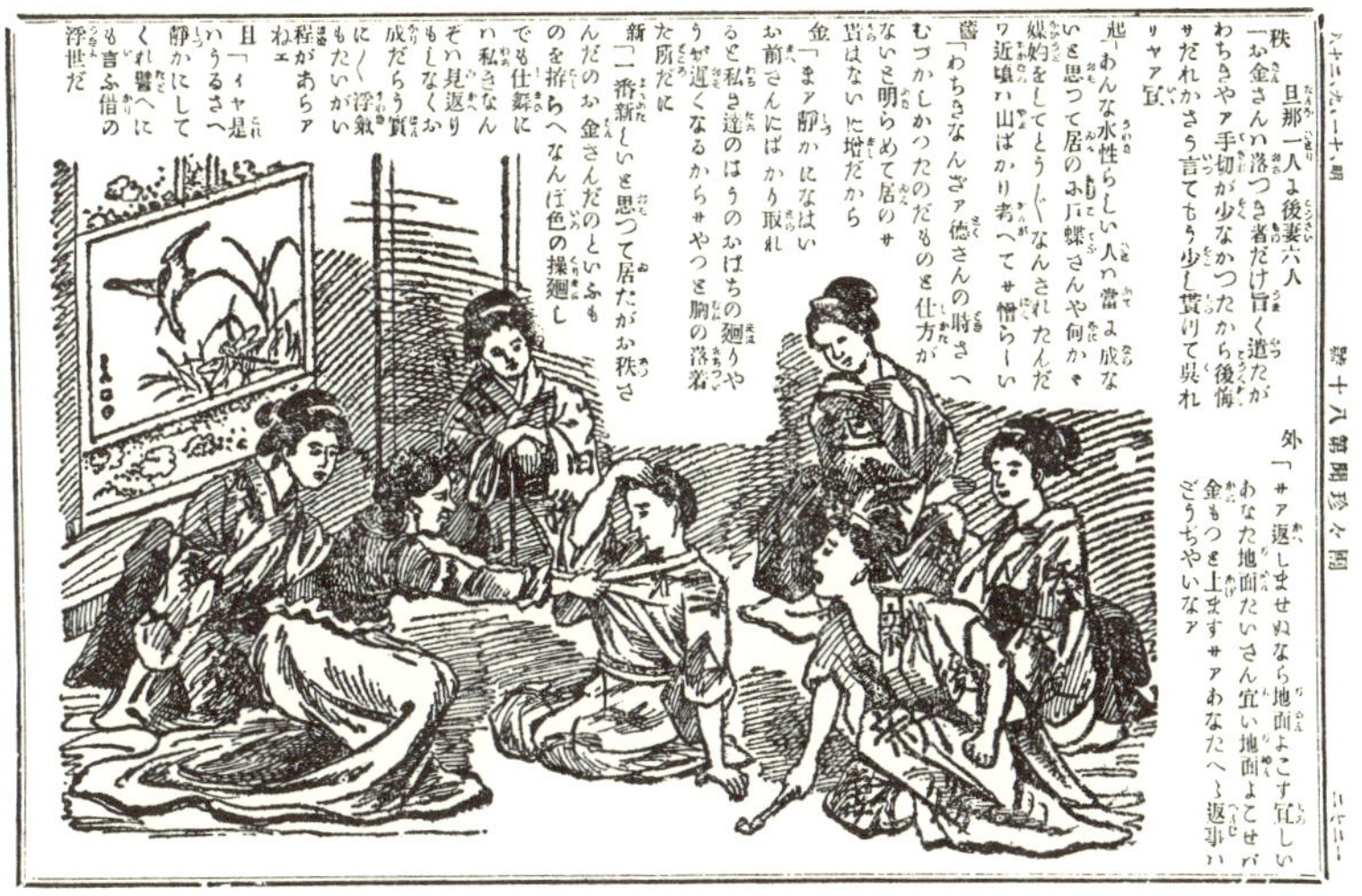


［図3］『団団珍聞』
明治11年9月28日号

# 第十五国立銀行（華族銀行）の創業



## 特別な保護を受けた華族の財産

明治五（一八七二）年、国立銀行条例が布告され、翌年には第一国立銀行が開業している。その後、全国各地に国立銀行が設立されて、その総数は一五三行にも及んでいる。国立銀行といっても有限責任の株式会社組織で、金禄などを原資として開業しているが、もっとも多額の資本金で明治一〇年に設立されたのが第十五国立銀行である。第十五国立銀行は華族銀行ともいわれるが、それは華族の資産保全を目的に開業したからである。

一〇年五月二一日の『東京日日新聞』は、「兼て噂の有りし華族銀行は、いよいよ昨日開業免許をお渡しに相成り、木挽町の元蓬莱社跡に於て開業し、第十五国立銀行と唱へ、其資本金は千七百八十二万六千百円にて、株数を十七万八千二百六十一株となし（後略）」と報じている。

［図1］は第十五国立銀行の様子を描いたもので、銀行と紙幣寮の間を無数の金貨と紙幣が行き来している。それほどに第十五国立銀行の資本金は巨額であり、当時開業していた全国立銀行の半分近くの資金が第十五国立銀行に集中していたのである。第十五国立銀行の設立は西南戦争の戦費調達を目的とする政府の政策でもあった。第十五国立銀行は華族の資金保全ということから他の国立銀行とは異なる立場にあったのも事実で、明治一〇年八月二一日の『東京日日新聞』は、「此ノ株式ハ金禄公債証書ニ出デ、金禄公債証書ハ政府ガ未ダ売買ヲ許サヾル所ニシテ、乃チ華士族ヲシテ其ノ恩賜ノ所有ヲ失フコト勿《な》カラシメン為ノ仁意ノ保護ナリ、故ニ此株式ノミハ売買ヲ許可スベカラズト、是又一隅に偏スルノ説ノミ。抑《そもそ》モ此銀行ヲ設立スルノ初メニ当リテヤ、良シヤ未ダ現品ヲ得ザルニモセヨ、華族諸人ハ既ニ其ノ金禄公債証書ヲ銀行ニ売渡シ、銀行ノ株主ハ、之ヲ華族諸人ヨリ買取タルニ非ズヤ」と問題を提起している。

明治三〇年、営業満期により国立銀行から普通銀行である十五銀行に改組したが、華族の銀行というスタンスは変わることがなかった。

明治三〇年四月一日の『官報』は、「朕、帝国議会ノ協賛ヲ経タル株式会社十五銀行株式ヲ華族世襲財産ト為スノ件ヲ裁可シ、茲《ここ》ニ之ヲ公布セシム」として十五銀行の特殊な立場を容認している。十五銀行は昭和二（一九二七）年の金融恐慌で休業に追い込まれ、その後、帝国銀行に合併されて消滅している。

［図1］『団団珍聞』明治10年6月23日号

# 西南戦争と紙幣濫発





## 金貨と紙幣のあいだに価値の差生じる

明治政府を揺るがせた西南戦争を鎮圧するために莫大な軍費が必要となり、それを賄うために多額の紙幣を濫発することとなり、財政を逼迫させていった。明治一〇（一八七七）年七月二日の『東京日日新聞』は「銀行紙幣発行の数を計算すれば千七百八十二萬八百八十円に成る。尤も此中既に発行流通せる高は五百五十萬円に過ぎずと雖《いえ》ども、到底此の千七百八十余萬の銀行紙幣は、世上に流通するは必然なり。而して政府に於て、既に発行せられし紙幣の流通高は、九千四百五萬四千七百三十一円余、合計我国に流通する紙幣は、一億一千一百八十七萬五千六百余円と成る。是を我が人口三千萬に配当すれば、一人に付三円七十三銭弱に当る」と報じているが、［図1］はそんな財政状況を描いたもので、大蔵卿の大隈重信が一億以上もの「円」を天秤に入れてきわどいバランスを取りながら綱渡りをしているところである。まわりで見ている観客は「こりゃ偉い」と喝采を送っている。いっぽう、［図2］は新年早々の紙幣大量発行を諷刺したもので、「大晦日からの雨天をも厭はず大層な初荷で当年の景気はずんど宜しく殊に常磐橋辺の紙問屋の初荷は夥ただしい金高故重いのでやつと

［図1］『ジャパン・パンチ』明治11年1月号
大隈重信の足を支えているのは、鉄道寮会計長のオルドリッチ

引て来ましたから」とのキャプションが書かれている。「常磐橋辺の紙問屋」とは常磐橋にあった紙幣寮のことで、ここで大量に紙幣が印刷されて流通していることを皮肉っているのである。

紙幣の濫発は紙幣に対する信用を低下させ、実質貨幣である金貨とのあいだに価値の違いを生じさせるほどとなった。明治一一年一〇月二七日の『新潟新聞』には「本県御雇学校教師の月給は、従来金貨にて百二十五円なりしを、本年五月中今の教師ランベル氏を雇入らるゝ時より本邦製造の紙幣百三十五円に定め置れたり。然るに近頃金貨と紙幣の間に差を生じたるに付ては十円位の増額にては迷惑ゆえ、最《も》ソッと増して貰ひたしと出願せしよし」という記事が掲載されており、紙幣の信用度が極めて低いことの一端をみることができる。

政府は鉄道建設などの公債も大量に発行したために厳しい財政に見舞われていたのである。

［図2］『団団珍聞』明治11年1月12日号

# 輸入超過と貿易収支のアンバランス

I
幕末・明治篇
［18］



## 日本財政と国民生活を脅かす

近代国家づくりに邁進する日本は欧米先進諸国から多くの物品を輸入した。大規模な機械設備だけにとどまらず、日常生活で使う品々も舶来品がドッと流れ込んできた。いっぽうで、日本からの輸出を支えていたのは生糸や茶など数品目に過ぎず、輸出入のバランスは大きく崩れていた。さらには西南戦争の戦費の捻出などによる紙幣の濫発で円安が加速し、生糸や茶を大量に輸出しても外貨が稼げず、輸入品は高額という状態が生じて貿易収支は悪化の一途を辿った。

明治一〇年一二月一九日の『東京日日新聞』は、「銀行同盟の擇善会の第二会録事中に、明治元年より同十年六月にいたるまでの輸出入略表を掲げたり。蓋し今日の貿易の形況を通覧するに、尤も緊要のものたるを以て再録して左に載す」として輸出と輸入の金額などを掲載している。さらに、一二月二一日には輸出入略表の続きを掲載しているが、それによると毎年多額の入超で、明治一〇（一八七七）年一月から六月までの半年間で五百二十八万八千六百四十五円九十一銭三厘の輸入超過となっていることがわかる。

［図1］はこのような状況を描いたもので、大きな天秤の右の皿にはゴム玉、酒、眼鏡などといった輸入品が乗せられてい

［図1］『団団珍聞』明治10年9月22日号

る。方や左の皿には生糸、茶など日本からの輸出品が乗っているが重さが釣り合わず、バランスをとるために現金を追加している。キャプションの文末には「又金を出すのだ此分で往と何様でも日本は紙の御国と成りさうだ」とあるが、「紙の御国」は「神の御国」をもじったもので、入超でさらなる紙幣濫発を危惧しているのである。

［図2］も入超を諷刺したもので、西洋の玩具屋が大和屋（日本）の店先に玩具を売りに来ているところである。店にはすでに鉄道や建物の玩具を買って子供が遊んでいるが、持ち込まれた新しい玩具を見てまだまだ欲しそうな様子である。その後方では番頭が算盤を持って思案顔をしている。番頭は、「玩弄物《おもちゃ》やめが紙幣を悪がつて貨幣ばかり持て行たがるには困る」と嘆いているように、日本の紙幣は信用がなく、外国人は金や銀といった貨幣しか相手にしてくれないのである。かくて、日本からは金や銀も外国に流れていった。

明治一三年八月一二日の『東京曙新聞』は開港以来の輸出入額を記し、「輸入ノ常ニ輸出ニ超過スルハ珍ラシカラヌコトナルモ、苟《いやしく》モ愛国ノ志気アル者ハ誰カ之ヲ視テ感憤セザル者ゾ」と論じている。

大幅な輸入超過は日本の財政を脅かすとともにインフレなどで国民生活にも少なからぬ影響を与えていったのである。



［図2］『団団珍聞』明治10年8月25日号

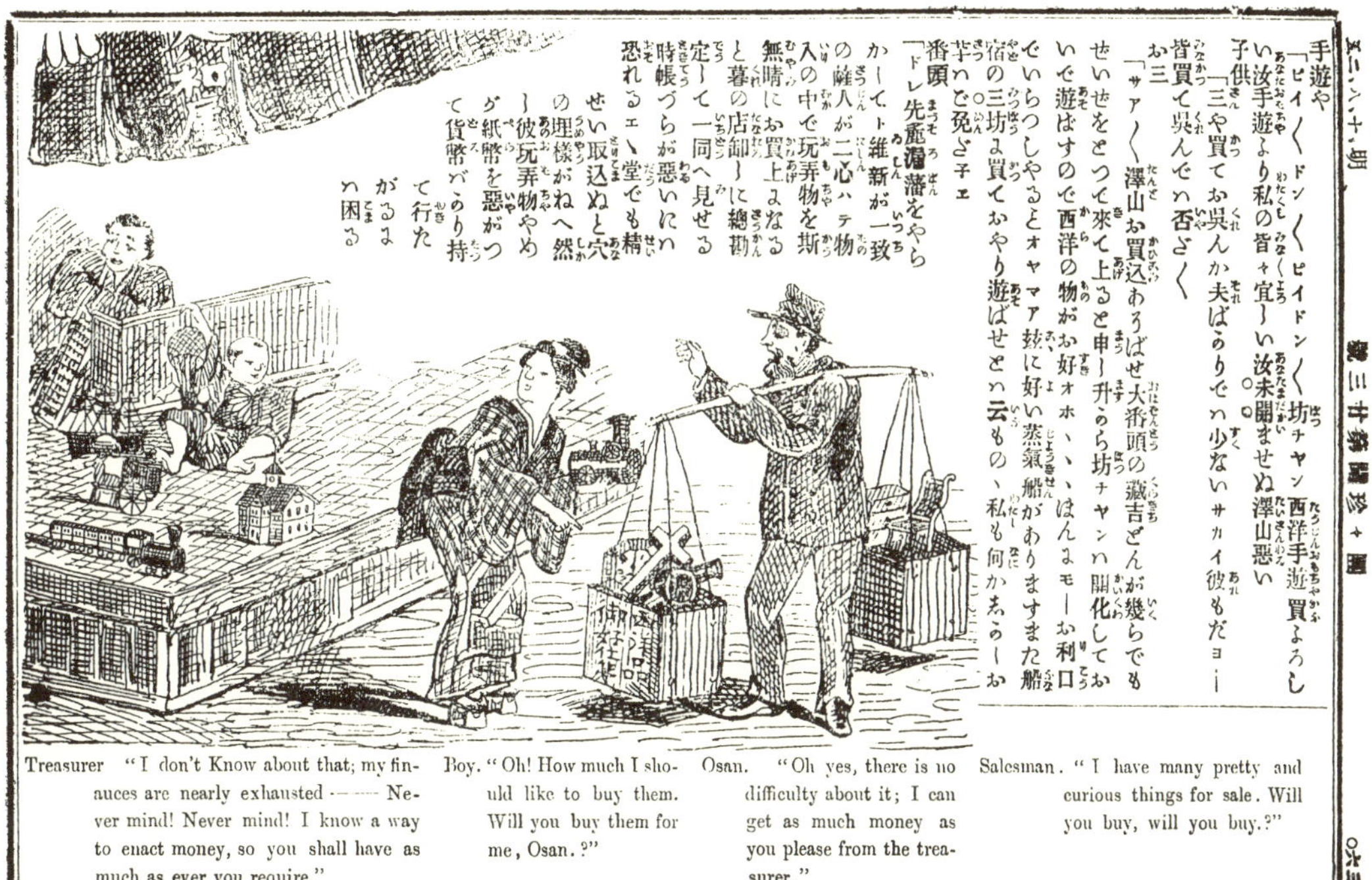

## 予想を超える応募に追加発行

　殖産興業のために不可欠な輸送手段としてスタートした鉄道事業だったが、明治一〇（一八七七）年の西南戦争で軍事的にも重要であるとの認識も広まって幹線敷設は国策となっていった。かくて、一四年には華士族授産事業としての意味もあり日本鉄道会社の設立を認めて東京と東北地方を結ぶ路線が敷かれていったが、一六年になると中山道鉄道公債証書条例が公布されて公債募集が行われた。この鉄道公債は利息もよかったことから当初から人気を呼んだ。［図1］は「後妻の連ッ子」というタイトルで後妻（公債）が子供（利息）を連れてやって来たところである。迎える側は喜んで大歓迎といったところだ。

　このような鉄道公債人気を端的に表現したのが［図2］といえよう。鉄道公債に羽が生えてつぎつぎと飛んでいってしまう様子を描いたもので、公債の異状なほどの人気が窺われる。「入梅の空とて雨はショボショボ往還の人通りも少く店の商ひも淋しくこんな日にやア幽霊でも出て来さうだ、アヽ気味が悪い気味が悪い、今の内鉄道の公債証書でも買込んで懐を温にし気を大丈夫に持つのが肝心だ」とのキャプションからも鉄道公債ブームの一端がみてとれる。

　明治一八年一月三日の『東京日日新聞』の「明治十七年の重

［図1］『団団珍聞』明治17年1月5日号

要紀事」には中山道鉄道公債について、「其募集ニ着手セラルニ及ビテハ吾曹ガ当初予言シタル如ク、果シテ其ノ募集額ヲ超過スル二百万円ニ及ベリ。爾後大蔵卿ハ五月十三日ヲ以テ更ニ額面五百万円ヲ発行シテ第二回ノ募集シタルニ、其申込ハ更ニ第一回ヨリモ多ク一千万円以上ニ超過シタリ之ニ依テ大蔵卿ハ更ニ六月廿八日ヲ以テ右第二回五百万円ノ所ヘ更ニ五百万円ヲ増加シ、都合一千万円ヲ発行セラリタリト雖《いえど》モ、猶応募者ヲシテ満足セシムルニ足ラザリケルハ当時吾曹ガ報道シタル所ナリキ」と記されているほどである。

一八年九月六日の『朝野新聞』は、「大蔵卿は中山道鉄道公債第三回募集の好結果を得たるを以て、右額面金高を増加し、同公債証書発行を増すべき旨を主張し居らるゝ趣に聞きし処、彌よ其事に定まり、即ち第四回の募集額は更に五百万円を増加せらるべしと云ふ」と報じている。

幹線鉄道敷設という国策のなかで鉄道に対する将来性を見越した投資も鉄道公債ブームが起こった要因といえよう。

［図2］『団団珍聞』
明治17年1月19日号

# 藤田組贋札事件

Ⅰ 幕末・明治篇 ［20］

## 「トンボの脚」で真贋を見分けた

明治一一（一八七八）年一二月、大蔵省が各地から徴税した紙幣のなかに大量の贋札が含まれていることが発見され、藤田組の元従業員木村真三郎の訴えによって政商藤田伝三郎と藤田組の幹部が逮捕されるに至る。木村の訴えによると藤田らは参議兼工部卿・井上馨と共謀して贋札づくりをしていたというもので、井上が資金づくりのためにヨーロッパ旅行中に現地でつくらせた贋札を藤田組を経由して流通させようとしたとの嫌疑であった。政商と政府首脳との黒い噂は自由民権運動家の攻撃材料にもなって大騒動となったが、結局は証拠不十分で藤田らは釈放され、その後、神奈川県の画家・熊坂長庵が真犯人として逮捕され事件は決着した。

しかし、事件発覚当初は大量に発見された贋二円札に人々は大きな不安を抱いて、自分の持っている二円札を銀行で両替する者が相次いで銀行業務に支障が生じるほどであった。明治一二年九月三〇日の『東京日日新聞』には、「大坂府下にては此ごろ各銀行へ二円札を引換に来るもの陸続として絶えざるが、遂には此の紙幣の一銀行に偏して交換に差支ゆる事あらんも計り難し、若し然る場合に至らば、同業者は互ひに相助けて必ず不都合なからしむべし、万一各銀行とも交換し尽すの時に至ら

↓［図1］『団団珍聞』明治12年10月18日号



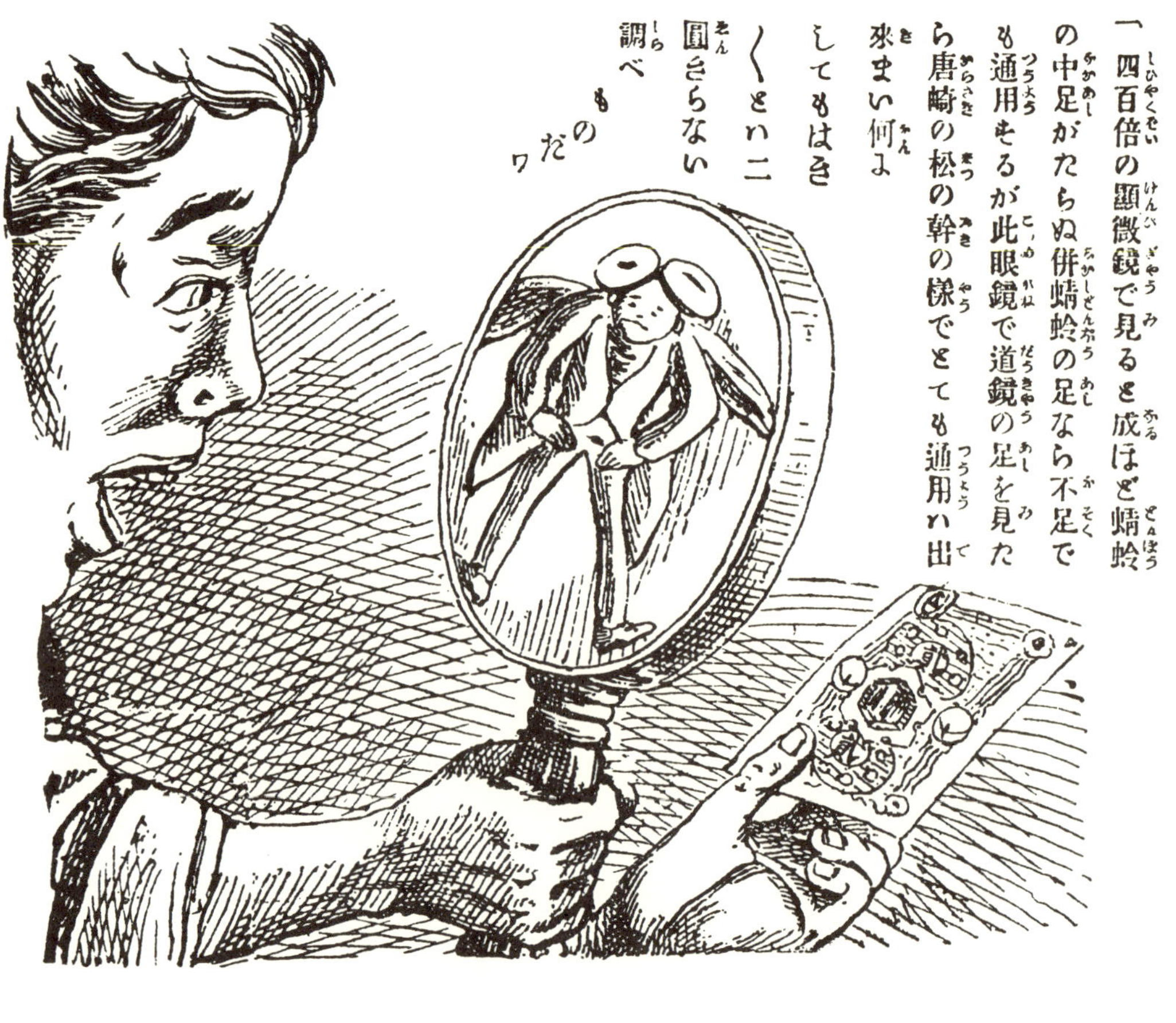

ば、其の事情を大蔵省に上申し、商法会議所に報告して良法を請求すべしと、此ほど各銀行の主任者が会同して議決したるよし、大坂の新聞に見えたり」との記事が掲載されているが、これからもいかに不安が広がっていたかがわかる。

贋札は非常に精巧に出来ていたが、裏面に描かれたトンボの脚の数が真札と贋札では違うことが両者を見分ける一番のチェックポイントといわれ、虫眼鏡などでトンボの脚をチェックすることが流行した。［図1］はそんな流行を描いたもので、二円札を虫眼鏡で食い入るように見ているところである。

このように世間を騒がせた贋札もやがて忘れ去られていったが、二〇年近くしてから国会で再びこの問題が取り上げられた。明治二七年五月二七日の『時事新報』は、「藤田組贋札事件の旧書類は自由党の代議士斉藤珪次氏によりて議会に紹介され、時ならぬ花を咲したり」と報じている。［図2］は「井から出た汚物」というタイトルがつけられているが、「井」とは井上馨を指す。古い疑惑が再び持ち出されたのであるが、こんなところからも贋札事件がいかに大きな事件だったかがわかる。

政府は贋札事件後に最新の印刷技術による新しい紙幣を発行しているが、維新期につくられた紙幣はまだまだ偽造しやすい技術水準だったのである。

［図2］『団団珍聞』明治27年6月2日号
見物人「此死体の腐れ加減を見るに二十年以前のものと考える」

# 洋銀取引所





## 紙幣の信用失墜

西南戦争に際して政府は多額の軍費をまかなうために大量の不換紙幣を発行したことで、洋銀相場は一気に高騰した。そんな状況を明治一一（一八七八）年六月二九日の『東京日日新聞』は、「此せつ横浜にては洋銀払底にて、内外を問はず借入るゝには、千弗に付き廿五匁より三十匁ぐらいの日賦を払ひしが、昨今はますますのぼり、千弗を百匁日賦にて借り受けんとあせりても、貸主のなきほどにいたれりと同港より報知」と報じている。また、同じく同年一〇月一九日の『東京日日新聞』も横浜における洋銀の高騰を伝えるとともに、「昨今は商館の取引に、日本の紙幣を嫌ひて受取らぬものあり、商人等は大に困り居ると云ふ」と報じているが、この記事からも不換紙幣の大量発行が信用不安を招いて外国人との取引では政府の紙幣が流通していない状況が垣間見られる。

本編13話の［図1］はこのような状況を描いたもので、ドル、金、銀の相場が軽気球のようにどんどん上昇している。その下には紙屑問屋と書かれた旗が掲げられた建物がみえるが、これは紙幣寮で、左側の建物は大量に刷られた紙幣で作られているようだ。不換紙幣の濫発が洋銀などの相場を急騰させ、経済にひずみを生じさせたことを諷刺したものだが、紙幣寮が紙屑問屋とは辛辣だ。しかし、商館の取引では日本の紙幣を受け取らないといった記事にもみられるように、まさに紙屑同様になってしまった紙幣の信用失墜が如実に表現されているのだ。

大蔵卿大隈重信は貿易通貨の不足がこのような事態を招いたとして正貨の供給を増すとともに、洋銀の売買を自由化して相場を下げる政策を実施し、洋銀取引所の設置を認めることとした。かくて、横浜洋銀取引所が明治一一年に設立された。［図1］はそんな状況を描いたもので、洋銀取引所（看板の絵から洋銀取引所であることがわかる）の鍵をくわえた熊（大隈重信）が大量の金を背負ってやって来たところだ。こうして洋銀取引の自由化が行われたが、それによってかえって洋銀の投機が激しくなるという混乱を引き起こすこととなったのである。

「羊《ひつじ》の金玉《きんたま》え濁《にご》り
を打《うつ》たのをごまか
し早《はや》く錠《ぢやう》を下《おろ》さし
てしまつたとサ夫《それ》
だから是《これ》まで關係
て居《ゐ》る者《もの》がオヽく
まらねへ五萬《まん》ゑ
んぱうから鼻毛《はなげ》
を拔《ぬか》れたと言《いつ》て
居《ゐ》ますト
所
大
金三万円
The new Exchange Office started under good omen. Lucky constellation
The position of "Ursus major" particularly favorable.

[図1]『団団珍聞』明治12年3月15日号

# 輸入超過と六会社

I 幕末・明治篇 ［22］

## 大会社が輸出振興のため提携

明治一三（一八八〇）年度の輸入超過は八〇〇万円にも達し、輸入抑制と輸出増加は緊急の課題となっていった。明治一三年七月一〇日の『朝野新聞』は、「大蔵省にては成る丈け外国品を用ひざる様注意すべき旨、外国調度掛りへ達せられしと申す事」と報じているくらいである。

こんな状況のなかで貿易に携わる横浜貿易商社、三井物産会社、広業商会、工商会社、佐藤組、大倉組の六社は五代友厚の仲介で提携して輸出振興を図ることとなった。［図1］は六会社による輸出振興策を描いたもので、外国人になぞらえた背の高い「輸入」と同じ高さにするために和服姿の「輸出」なる日本人が「六会社」と書かれた踏み台に上がろうとしているところである。キャプションには「輸ニューと詞が伸るので向ふの丈が高くなり輸シュツと詰るので此方らの丈の短いは其呼声でも知れて居る夫故こんどは此方から物品を持各国へ出かけて往き向ふに輸ニューと言せる積り此奮発にはいかな団々でも悪口は言れめへツ」とあり、辛辣な諷刺で有名な『団団珍聞』も珍しく誉めているほどである。

輸出を拡大しようという動きは六会社をきっかけに関西へも波及したようで、一三年一一月一二日の『東京曙新聞』は、「兼て報道せし外国貿易の事は、既に東京に於ては横浜貿易商社、三井物産会社、広業商会、工商会社、佐藤組、大倉組の六会社が正金銀行と連合して弥これに従事する由なるが、当地に於ては五代友厚氏が該会社設立の内諭を得てより、府下及び関西にて金力名望ある諸氏都て二十名を集会して、該会社設立事務を談ぜられしに、何れも我が財産困難の際に当り、応分の力を尽さんと即ち盟約して、此二十名が発起人となり、猶広く加入を許し、有志者の望みを満たしむることとなし、又東京にては六会社の設けあるも関西に於ては一会社にて三四会社程の事業をなさんと奮興せりと、大阪新報に見ゆ」と報じている。大阪の報道機関の情報を再録しているのも輸出振興に対する関心が高かったからであろう。裏を返せばそれくらい輸入超過がすすみ、貿易バランスが著しく崩れて日本の収支に大きな影響を与えているとの認識が官民を通じて広く浸透していたからといえよう。

[図1]『団団珍聞』明治13年11月27日号

# 紙幣過多とインフレ

## だぶつく紙幣の整理がはじまる

明治政府が樹立されて以来、近代国家建設に莫大な出資がかさみ、さらには西南戦争による軍費の増大で大量の紙幣が発行されていった。当然のことながら貨幣価値は下落し、インフレなどで経済に暗雲が覆うようになり、経済人からの危惧の声があがっていった。明治一三（一八八〇）年八月一二日の『朝野新聞』には、「想フニ我邦経済ノ困難今日ノ如キニ至ル者ハ、前十三年間国家ノ用度甚ダ多クシテ、過多ノ紙幣ヲ已ムヲ得ザルニ発行シタルガ為メニ非ザルハ無シ、然ラバ則チ此困難ヨリ生ズル今日ノ危急ヲ救ハント欲セバ、大ニ国家ノ用度ヲ減ジ、而シテ可成紙幣ヲ消滅セザル可ラズ、是レ則チ困弊ノ病原ヲ知ッテ之レガ療法ヲ定ムル者ナリ」との論説が載っている。

だぶつく紙幣は政府にとっての大きな問題であった。一三年二月三日の『郵便報知新聞』は、「去る明治十二年の夏頃、大蔵卿大隈重信君より財政四策を挙行せられんことを太政大臣に建議せられたる趣なるが其内一条は地租改正の際に甚しき軽重ありし分のみを再度の検査に改正せらるゝこと、第二は国庫の余金を以て紙幣七百万円を断切すること（後略）」とある。また、一三年一一月九日の『東京日日新聞』には「中央政府ハ果然ソノ歳計ヲ節約シ、紙幣銷却ノ元資ヲ増加シ（後略）」とあり、紙

↓［図1］『団団珍聞』明治13年7月24日号

○蛭子《ひるこ》剣難《けんなん》に逢《あ》はんとぞ
一恵比須三郎卿《ゑびすさぶろうきよう》はさておいて目《め》ざすところは安直《あんちよく》相場《さうば》夫《それ》を狂《くる》はすベラ紙《がみ》の一門鳳凰《いちもんほうわう》蜻蛉《とんぼう》とて容捨《ようしや》が成《な》らうかと陣屋《ぢんや》の熊谷然《くまがやぜん》で遣《や》らかしたは外《ほか》でもねへ年々《としどし》よ三百五十万圓とペラリと切捨《きりすて》かみの御國《みくに》と言《い》ひながら餘《あま》りよかみが多《おほ》い故是らのかみは免職《めんしよく》させ物《ぶつ》價《か》を下《さげ》る此度《このたび》の目算《もくさん》とりや左樣《さう》甘《うま》く行《いけ》ば宜《い》いが「力《ちから》の限《かぎ》り勉《つと》めさせて置《おい》て免職《めんしよく》とは慈悲《じひ》がない、や！金がないイヤ洒落《しやれ》ところの話《はなし》じやない

幣に対する政策を進めていったことがわかる。

［図1］は恵比寿が捕らえられてハサミで切られようとしているところである。「かみの御国と言ひながら余りにかみが多い故是らのかみは免職させ物価を下る此度の目算」とのキャプションからも紙幣を減らそうとする政府の姿勢が読みとれる。紙幣の象徴として恵比寿が描かれているのは明治一〇年に発行された国立銀行新一円札と翌年発行された同五円札の裏面に恵比寿像があるからだ。

［図2］は消却処分を免れようとして逃げ出す恵比寿である。「鳳凰君の構へも蜻蛉先生の家へも火が附いた（後略）」と言いながら逃げているが、「鳳凰君」「蜻蛉先生」は明治通宝と呼ばれる旧来の紙幣のデザインを指している。それらと同じような運命になったらたまらないと避難しているのである。

このようなかたちで紙幣整理が着手されたが、本格的な紙幣整理は松方正義が大蔵卿に就任して断行されることとなる。



［図2］『団団珍聞』明治13年10月23日号

# 日本銀行開業



## 今も昔も経済に多大な影響力を持つ

明治一三（一八八〇）年に内務卿に就任した松方正義は、翌年に政変で下野した大隈重信にかわって大蔵卿に就任して紙幣整理を行うとともに、中央銀行の必要性を建議して日本銀行設立に尽力していった。明治一五年三月一日の『時事新報』は、「中央銀行設立に付ては政府にて専ら計画中のよしに聞けども、事頗る秘密に属し甚だ確実なる報知に乏し、或は云ふ、同銀行設立の上は各国立銀行の準備金を引上げ此銀行に預り置く仕組に改むるよし、此事若し事実ならんには配当金額の減少する国立銀行も出来るならんと、取越苦労の人もあるよし」と中央銀行設立情報を報じている。

中央銀行としての日本銀行は一千万円の資本金で株式会社として設立されることになったが、国庫金出納取扱、兌換紙幣発行などの特権が付与されるなどの特別な位置づけの銀行で、総裁は勅任など、国と強い関係を持つ機関であった。明治一五年七月五日の『東京日日新聞』の記事には、「今ど大蔵省中に置かるゝ日本銀行創立事務所は吉原少輔、加藤銀行局長、富田権大書記官を委員と定められしと。又た此銀行の募集に応ずる株主は意外に多く、現に去月三十日に迄に其筋へ申込むもの首《はじめ》に地方の豪農商にて、或は三万円づゝの口も、凡そ百万円許りの株高に至りしやの噂なれば、人民より募集の五百万円に満るは、最早近きにあるべしと中外物価新報に見ゆ」とある。この日本銀行創設事務所の吉原重俊が初代の日本銀行総裁に、副総裁には富田鉄之助が就任することとなる。また、株式募集も順調なことがわかるが、開業までには募集額を上回る応募があるほどの人気だった。

かくて、日本銀行は明治一五年一〇月一〇日に開業を果たした。明治一六年一月六日の『東京日日新聞』は、「抑モ《そもそも》日本銀行ノ目的ハ一切ニ官金ノ預リヲ成シ、諸銀行ノ為ニ銀行トナリテ貸金ヲナシ手形ヲ割引シ、外国ノ為替ヲ取組ミ正金回収ノ道ヲ開クニ在ルナレバ此銀行ニシテ十分営業スルノ時ニ到レバ、且ハ資本ノ欠乏ヲ救ヒ且ハ紙銀ノ荒高下ヲ制スルノ一助タランコト論ヲ俟タザル（後略）」と日本銀行の役割とその重要性を報じている。

［図1］は日銀の金利の引上げにびっくりして腰を抜かしている犀（経済）を表現している。このように、日銀の金融政策は経済に直結した大きなインパクトを有しているのは昔も今もかわらないのである。

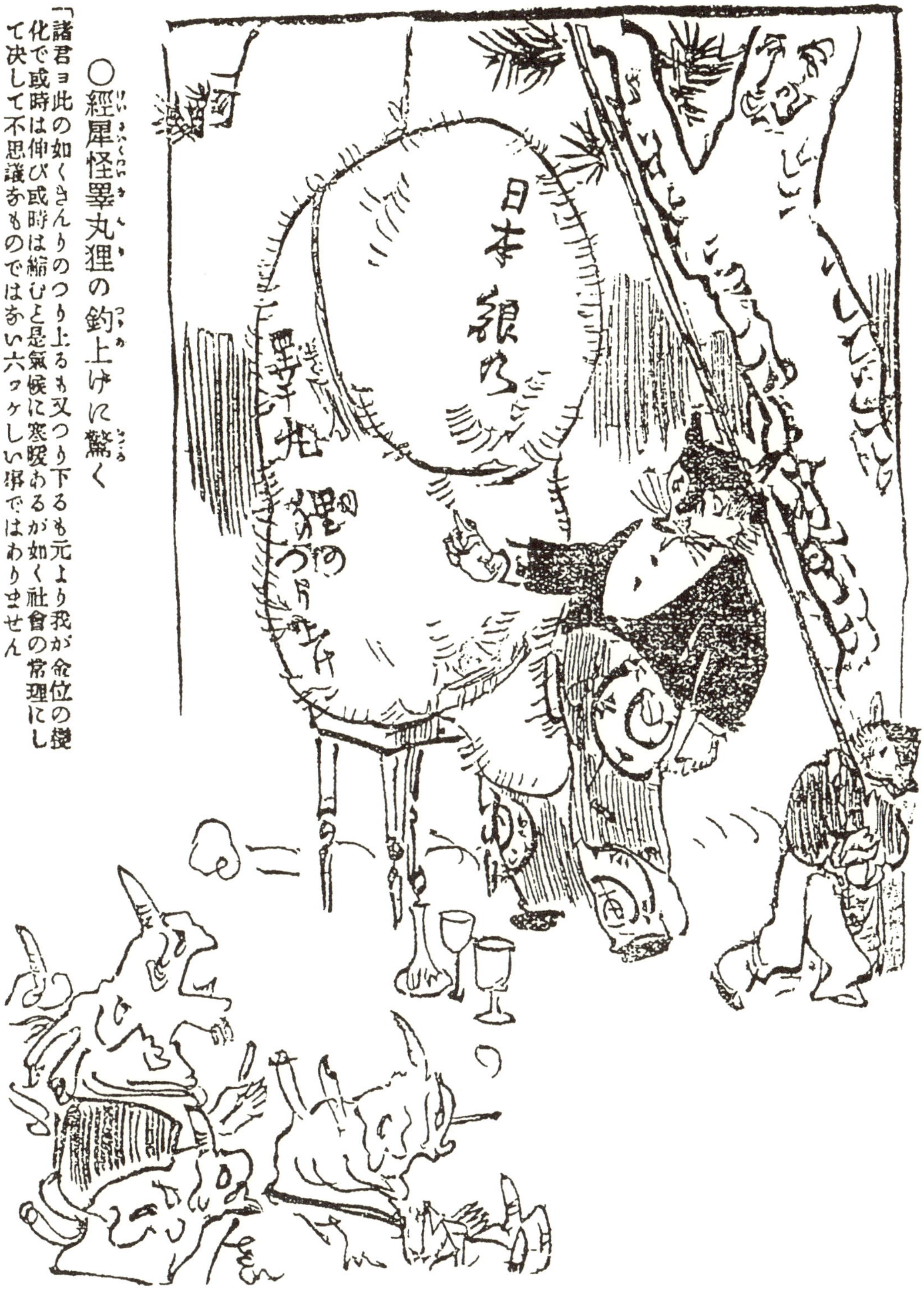
○經犀怪翠丸狸の釣上げに驚く
「諸君ヨ此の如くきんりのつり上るも又つり下るも元より我が金位の變化で或時は伸び或時は縮むと是氣候に寒暖あるが如く社會の常理にして決して不思議なものではない六ヶしい事ではありません
日本銀行

［図1］『団団珍聞』明治32年12月9日号

## 輸出の重用品を対等取引で

明治一四（一八八一）年九月、日本の貿易商たちは外国への生糸輸出において外国商人と対等取引を実現するために連合生糸荷預所を設けて、輸出する生糸をすべて連合生糸荷預所の倉庫に保管し、外国商人との取引は見本の生糸で行い、売買が成立すると連合生糸荷預所で計量、検査して品物を引き渡すという方法を実施した。これによって従来から行われていた外国商館に持ち込んでの取引を廃止し、生糸輸出の新しいシステムを構築しようとしたのである。

外国人商人たちはこれに強く反発して不買同盟を結成した。いっぽう、連合生糸荷預所も不売で対抗して両者の対立は深刻化していった。明治一四年一〇月三日の『東京日日新聞』はこの問題を、「実ニ双方相睨ミテ対峙スルノ際ニアルモノナレバ、我商権ヲ挽回シ得ルモ得ザルモ此一挙ノ成敗ニ在リテ、貿易上ニ於テハ日本全州ノ商権存亡安危ノ関スル所ナリト云ハザルベカラズ」と論じているが、このように連合生糸荷預所の問題は日本の貿易上にも重大な意味を持つと考えられていたのである。

［図1］は「縺れた糸巻」と題された諷刺画で、日本の貿易商と外国商人との間でにっちもさっちも行かなくなっている生糸問題を描いている。キャプションには「上にも下にも惣体へ



［図1］『団団珍聞』明治14年10月22日号

引掛ったのだものヲ中々一寸に解るものか併《しか》し筋道が分りさへすれば解るは必定何でも飽く迄も筋を立るがよい青筋までも」とあり、筋道が通った解決を要望しているようだ。しかし、実際には［図2］のように両者の戦いであった。日本の商人は生糸で鎧を作り外国商人からの攻撃を防いでいるといったところだ。「狡猾に交ぜ物をした毛糸と違ひ正直正銘丈夫専一の日本生糸だモウ斯《こ》う五体を固めた以上は弾丸でも槍でも通る気遣ハねへ、サアやれ突けそれ突けト幾人でも突いたり〳〵」と強気の構えだ。

事態の打開をはかるために渋沢栄一、益田孝らが仲介に入って明治一四年一一月に解決をみている。その内容は、日本人貿易商による共同倉庫設立を条件に連合生糸荷預所を廃止するといったものだったが、いっぽうで、外国人商人が主張していた居留地外での自由取引は認められることはなく、居留地内貿易が再確認されたのであった。




［図2］『団団珍聞』明治14年11月19日号

## 税収源としてまず売薬が狙われた

明治一五（一八八二）年一〇月二七日に売薬印紙税規則が制定され、一六年一月一日から施行されることとなった。この規則によって売薬は定価を付記することが定められ、その定価に従って一銭までは一厘、二銭までは二厘、三銭までは三厘、五銭までは五厘、一〇銭までは一銭、それ以上は五銭ごとに五厘を増加させた印紙税がかかるという内容だった。これによって政府は印紙税の収入増加を見込めることとなるが、この売薬印紙税が制定されると『時事新報』は売薬は効能がないと論じる記事を掲載して大きな波紋を投げかけ、売薬印紙税が注目されていった。一五年一〇月三〇日の『時事新報』は売薬が効能がないと決めつけて、さらに、「今回ノ課税ハ売薬禁止ノ旨ニ出デタルモノ歟《か》、又ハ歳入増加ノ為ニシタルモノ歟《か》トノ論アレドモ、我輩ニ於テ其主義ヲ問ヲ須《もち》ヒズ、規則発行ノ後ニ自然国中ニ売薬ノ減ズル事モアラン歟《か》、毫《すこし》モ憂ルニ足ラズ、或ハ依然トシテ其売薬ヲ増減スル事ナク、唯《ただ》其税額ヲ以テ国庫ヲ富スルノミナラン歟《か》、甚ダ妙ナリ、事実ノ妨トナラズ、又人情ヲ害セズシテ歳入ヲ増スノ法ハ之ヲ良法ト云ハザルヲ得ズ（後略）」と売薬印紙税導入支持を展開している。このような論調に売薬業者や他紙から一斉に反論があがり、『時事新報』は集中砲火をあ

↓［図1］『団団珍聞』明治16年10月16日号

びることとなり、損害賠償訴訟をおこされた。［図1］はこうした状況を描いたもので、『時事新報』は売薬業者の集中攻撃に手負いの武士となっている。

　このようにして、大きな話題を呼んで登場した売薬印紙税が施行されて半年ほど経ったころに描かれたのが［図2］である。タイトルには「蓮の台《うてな》荒税帯」とあり、過酷な印紙税をかけられて窮地に追い込まれている煙草と売薬を「お染久松」に擬している。「迷子の迷子のお染やアイ久松やアイと鉦と太鼓で追来も露白、髭の土手伝ひお染は派手な帯を〆め手と手取合ふ久松も人目を包む頬冠り世を牛島と落ウ人が急ぐ彼の世も此世の責め早や窮命寺の鐘の音ならで増す直《ね》に涙を流すらん」とすでに増税のターゲットとされていることがわかる。

　明治二一年四月二八日の『金城だより』には、「売薬及煙草印紙は大いに改正する由にて調査中」との記載があるが、これなども売薬と煙草がつねにセットとして考えられていたからに他ならない。薬と嗜好品の煙草が同じ次元で扱われるのはおかしな話だが、確実な税収という面から売薬が狙われたのであろう。

　三八年売薬税法が公布されて売薬はすべて定価の一割の課税がなされるようになり、それを印紙を貼付することによって納めることとなった。このように、売薬は日露戦争後にも大きな税収源として位置づけられていったのである。

↓［図2］『団団珍聞』明治16年7月14日号

# 天保通宝の通用禁止

I 幕末・明治篇 ［27］



## 長く、大量に扱われた通貨の終焉

江戸時代の幣制は計数貨幣の金貨、秤量貨幣の銀貨、銭の三種類でかたちづくられており、三つの貨幣の交換は相場により決まり、一定ではなかった。また、一両が四分、一分が四朱という四進法だったので、きわめて複雑な制度だったといえる。

新政府は近代化を推進するなかで幣制の改革も行い、「円」という新しい通貨単位を決め、補助貨幣として「銭」と「厘」という単位もつくって十進法によるシンプルなスタイルに変えていった。一円は一〇〇銭、一銭は一〇厘という数え方である。二銭、一銭、半銭、一厘の四種類の銅貨を発行して、江戸時代の銭に代わって流通させたのである。江戸時代の銭といっても二五〇年以上ものなかでさまざまな種類が出されていたが、もっとも長く、大量に発行されていたのが寛永通宝である。また、文久永宝も幕末に発行されて出回っていた。このような円形の銭とは別に小判形をした天保通宝も天保六（一八三五）年に鋳造されて以降、広く使われていた。天保通宝は一枚が百文という価値が定められたが、実際には八〇文程度の価値で流通していたようだ。これら江戸時代の銭貨は新政府になったからといってすぐさま流通が停止されることはなく、寛永通宝一文銭は一厘として通用するなど、決められたレートで実際にはしばらくの間使われていた。天保通宝はもともとは百文の価値を持たされていたが、八厘という価値で流通することとなる。形といい、価値といい、何ともイレギュラーな貨幣が明治時代になっても通用していたわけである。その天保通宝を明治一九年限りで流通を禁止するという布告が一七年一〇月に出された。

［図1］はこの布告の直後に描かれたもので、明治政府が発行した紙幣に暇を申し渡されている天保銭である。タイトルには「足らぬ知恵」とあり、決められた価値では通用せずに何かと馬鹿にされてきた天保銭の状況を如実に表している。解説には、「天保年中から今日まで当百の爵位を持て居ながら人にハ抜作だの天保銭だのト安く云はれる、元ハト云へバ身成ハ太くても夫程に直打《ね》もなく知恵もなければ働もない故ト夫《それ》ハ諦めてもとゞの詰りハ永の暇とハチエー残念ナ」とあるが、これも天保銭が世間でどのように扱われてきたのかをよく示している。

明治一八年一一月二〇日の『朝野新聞』は一七年一〇月から一八年一〇月までの一年間に交換された天保銭は七千八百八十三万三千三百二十枚にも及んだが、実際に鋳造されたのは四億枚以上だったとしている。このような実情から一九年限りでの通用禁止は二四年にまで延期されることとなる。もっとも、都会では次第に天保銭は姿を消していったようで、明治二〇年一月六日の『東京日日新聞』は、「東京にては天保通宝の通用は該年の初より大に減少して大抵は銅貨を以て一般の通用に充るに至れり」と前年を振り返った記事のなかで述べている。

長いあいだ使われ続け、大量に出回っている通貨を停止させるのは容易なことではなかったといえよう。

［図1］『団団珍聞』明治17年10月11日号

# ブールス問題

## 勢力争いで経済界大騒動に

株式取引所と米商会所を合併して共同相場会社を設立するという、いわゆるブールス問題は以前からあったものの、明治一九（一八八六）年にあらためて浮上して経済界を混乱させるほどの影響を与えていった。ブールス問題を取り上げた明治一九年一〇月二九日の『東京日日新聞』は、ブールス論者のいう、なぜブールスなのかについて、「ブールス説を主張するの趣意を聴くに、云く（一）物品の相場を投機者の為に昂低せらるゝは実業者の不利益なり、（二）今日の仲買は投機を専とするに付き、信をおき難し、（三）仲買の外に株主ありて相場の利益を占むるは不適宜なり、（四）右に付き此弊害を匡済するには、一、新にブールスを設立すべし、二、身分あるものを勧めて其の仲買たらしむべし、三、米、麦、綿、塩、油其他の物品にして、相場あるものは皆このブールスにて取引を成さしむべし、四、公債株券も亦このブールスにて取引を為さしむべし、五、然る時は物品其他の相場にも荒高下なく、仲買は身柄あるを以て投機を為さゞるべし、実業者は投機の為に迷惑を被らざるべしと云ふが如き単純なる趣意にすぎざるべしと思はるゝなり」と紹介している。

ブールス導入は政府でも研究していたこともあって経済界で大騒動となったのである。［図1］は株式取引所と米商会所の合併が間近という噂を描いたもので、共同大相場会社ならぬ「驚動大相場会社」で溶かした鉄で「萬《よろず》双刃」をつくっている。「萬双刃」とは「萬相場」の意で、あらゆる相場ということである。「斯う斯う斯ういふ塩梅に出したり入れたりして煽て居れば何んな刃物でも扣き延す事が出来れば縮る事もぞうさなしだがアレアレ斯う押す度毎に手を火傷したり面を焦す奴が沢山あるが堂も仕方がねイヽヤ此地さへ傷みが無けりア構ふ事アねへ独鯉《どっこい》〳〵ブールス〳〵」と噂に相当迷惑しているようだ。

［図2］は株式取引所と米商会所の合併に関する条例を扱ったもので、木と竹を接いでいるところである。この接ぎ木をしている人物は実がすぐに食べられればどんな方法で接ぎ木してもかまわないと考えているようだ。ブールスとはこんな状況だというのだろう。

また、［図3］は「大取ひき」なる大蝦蟇を前と後ろから自分の方へと引き合っている連中である。両方で引き合っているので蝦蟇はどちらにも動きそうにない。これはブールス条例の成立にともなって株式取引所と米商会所が勢力争いしている様子を描いたものである。

明治二〇年八月二二日の『官報』は、「本年勅令第十一号取引所条例ニ拠リ、八月三日佐賀県佐賀ニ佐賀取引所、同月五日大阪府大阪ニ大阪取引所、同六日滋賀県大津ニ大津取引所ノ設立ヲ農商務省ニ於テ特許シタリ」と記している。

［図1］『団団珍聞』明治20年4月16日号

［図2］『団団珍聞』明治20年5月21日号

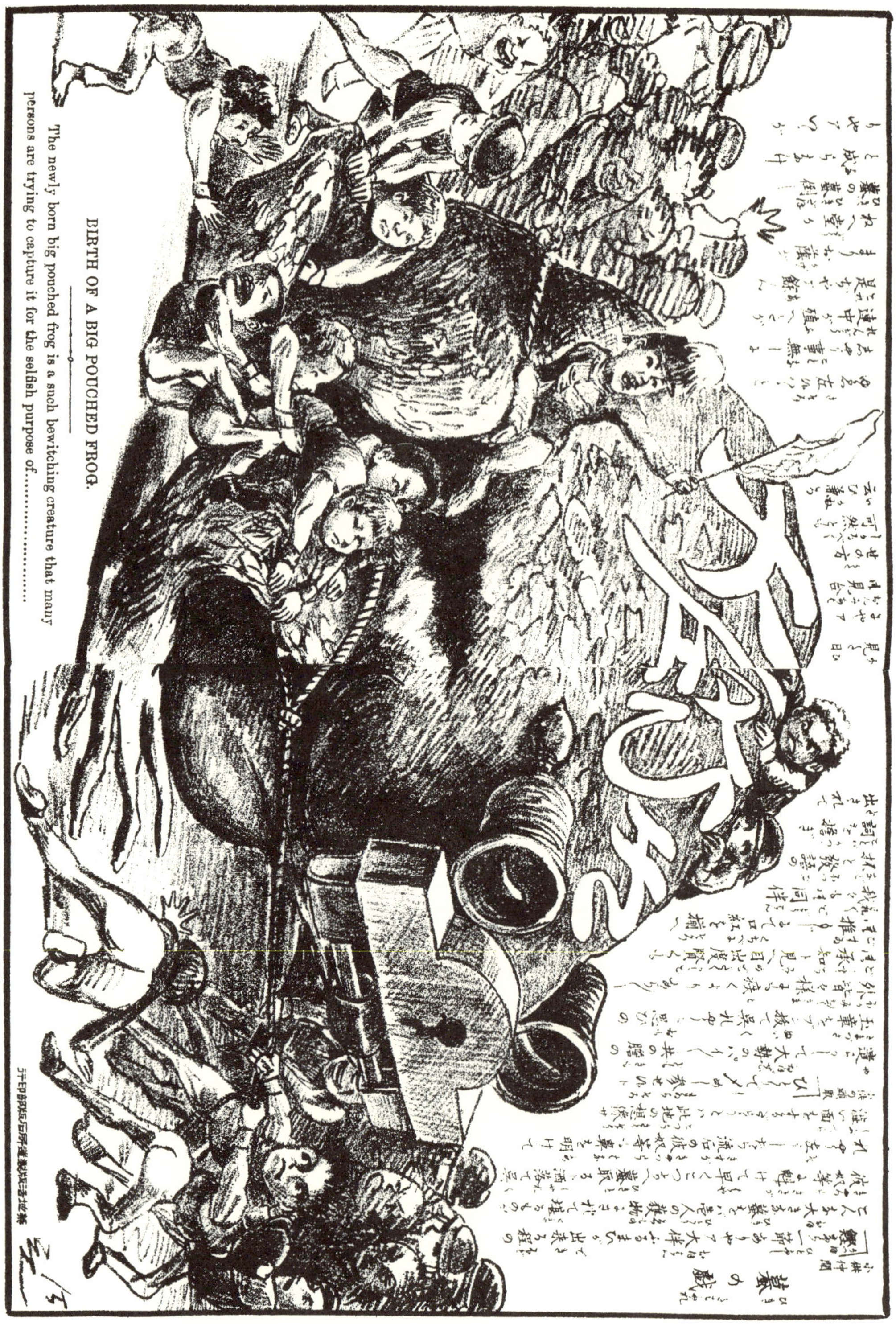


[図3]『団団珍聞』明治20年5月28日号

# 鉄道株ブーム

Ⅰ
幕末・明治篇
［29］

## 私鉄の開業が官営を上回るなか

明治五（一八七二）年、新橋～横浜間に鉄道が開通して日本の鉄道の歴史が始まるが、一四年には政府の資金難と士族授産を背景に日本最初の私鉄となる日本鉄道会社が設立されている。日本鉄道会社は一六年に上野～熊谷間で営業を開始し、二四年には青森までの全線を開通させているが、日本鉄道会社の成功や鉄道網の充実を推進した政府の方針もあって、二〇年前後には各地でつぎつぎと鉄道建設が計画された。

そんななかで鉄道株がブームとなっていった。［図1］は神田の朝市に全国各地から鉄道蕪（株）が続々と押し寄せているところである。蕪の産地は「両毛」「九州」「信越」「山陽」「東北」「青森」「水戸」などありとあらゆるところからのようだ。

明治二〇年三月五日の『高知日報』はあちこちで建設される鉄道の様子を、「各地鉄道。和河摂間鉄道布設の議は既に其筋より起工の許可を得たる由の説ありしが、尚聞けば未ださる運びに至らざる由にて、同鉄道発起者恒岡直史、岡橋治助の二氏は近日上京して尚此事に尽力周旋する筈なりと云ふ。水戸鉄道敷設の工事は川崎八右衛門氏が引受け、材料等も同氏が米国へ注文せりとの説あり。信越鉄道工事中、上野上田間の鉄道路線なる犀川、千曲川の架橋は吉川技師の担当にて目下工事中なり、



［図1］『団団珍聞』明治20年4月2日号
売人「サアサアこんな鉄のような堅い宜い蕪はな
今の内買はねへとモーあとが無くなる早く買た買た」

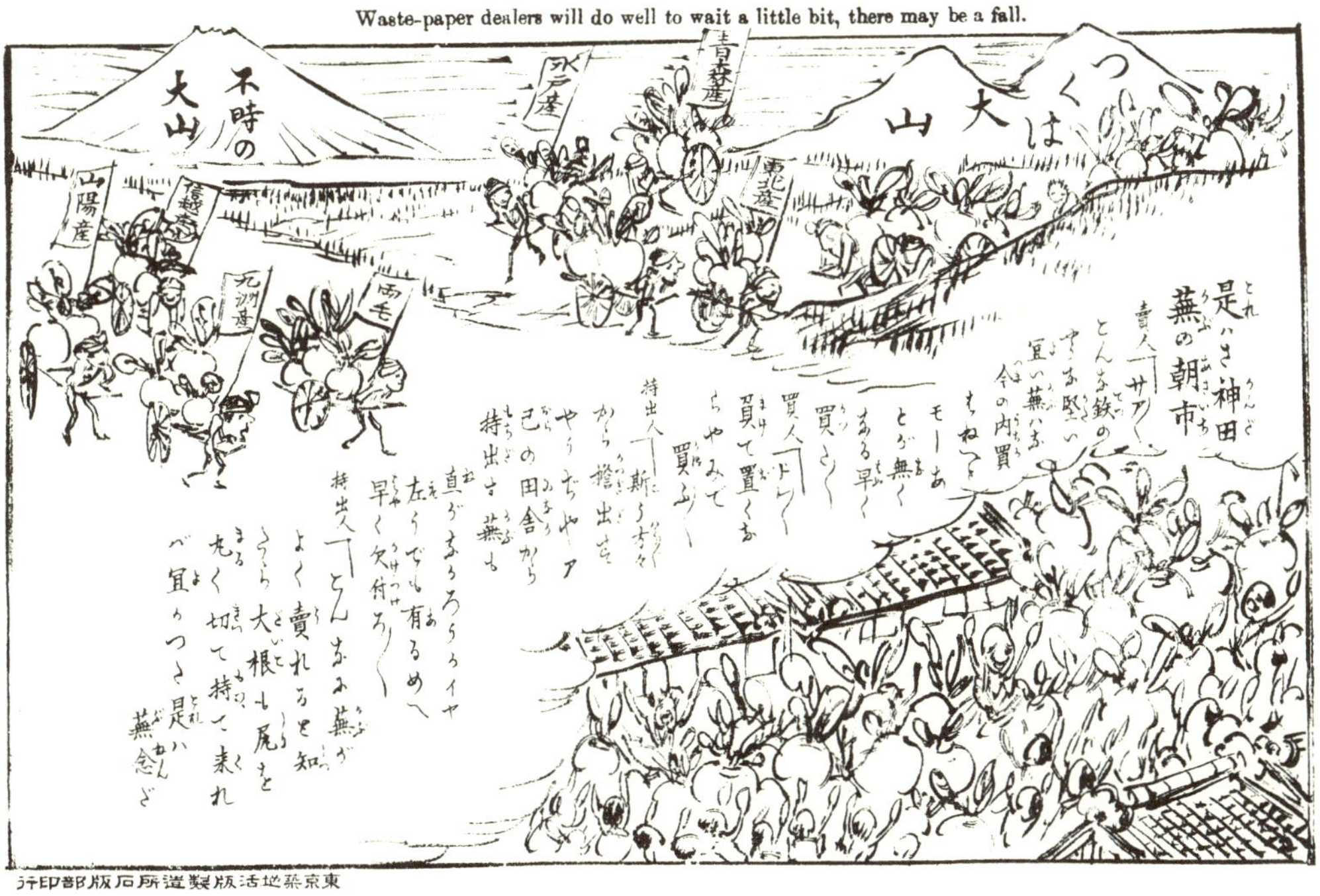

又、上田より直江津迄全通するは、本年七八月の頃なるべしと云ふ。日本鉄道会社の第三区路線中、福島宮城間は来る六月中に竣工し七月一日より開業の予定なりと聞けりと、客月廿七日の東京日々新聞に見えたり」と報じており、各地の実情と、地方における鉄道建設への大きな関心をみることができる。

［図2］もそんな鉄道建設にともなう鉄道株ブームを描いたもので、鉄道発起人たちがまだ眠っているころから早く株を販売しないかと店先で行列をつくっている投資家たちである。彼らは口々に催促しており、鉄道株の人気のほどが窺われる。明治二〇年三月三日の『東京日日新聞』は、「神戸より馬関に達すべき山陽鉄道は、総会に於て定款其他も議定し、弥々《いよいよ》起工する事に運びたるを以て、同鉄道株は頗る好気配なりと、目下百円一株が、百八十円位にて内取引あるに至りし由なり」と鉄道株の人気を伝えている。

いっぽう、鉄道建設ラッシュのなかで鉄道建設反対も各地で起こっている。［図3］は両毛鉄道への地元の反対を描いたもので、とんだ大風に鉄道株募集所も吹き飛ばされそうになっている。鉄道株ブームのかげでいろいろな問題が生じていたのである。なかには株式投資による利益だけを求めるようなケースも出て大きな問題となっている。それでも私鉄は順調に発展して二二年には私鉄の営業距離が官営鉄道を上回るまでとなっている。しかし、二三年の恐慌によって鉄道株による多大な利益を目論んだ企業や資本家は多大な損失を被ることとなる。



［図2］『団団珍聞』明治20年2月12日号　発起人はまだ夢だか烟だかを見ている内に最うコレが朝湯へでも来たやうに出来たか出来たかと株券の催促は矢を突くどころか鼻を突く程……

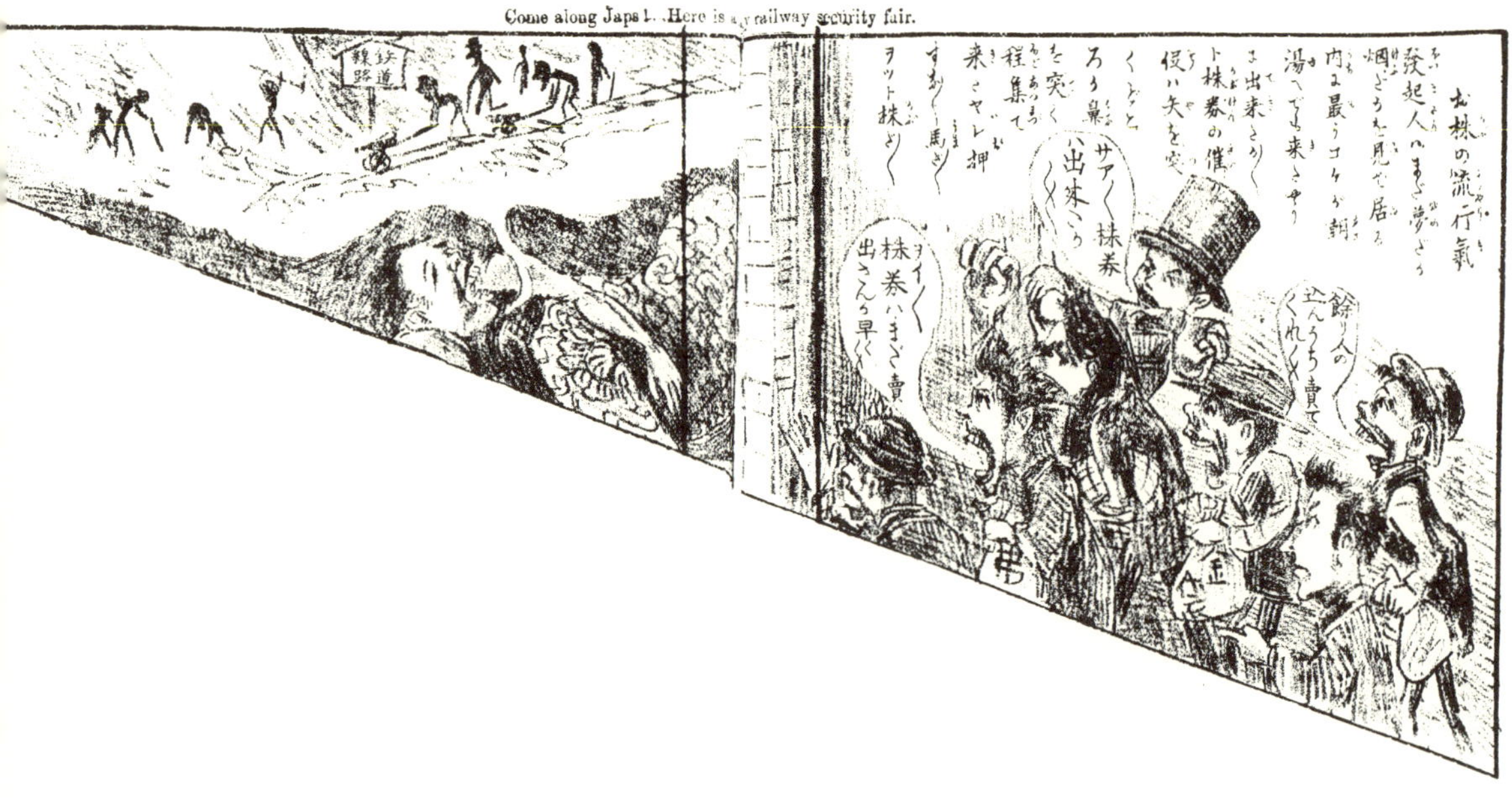

[図3]『団団珍聞』明治20年4月9日号
余りこの南風に強く遣つちやあ此店はめちやめちやだらう早く防げ防げ

## 地租の徴収がより効率的に

明治政府は明治五（一八七二）年、売買譲渡の土地に地券の発行を行い、さらに私有地への地券発行へと政策をすすめていった。翌六年には地租改正法が公布されて改正地券が発行されることとなる。

改正地券は五年の地券と同じく土地の所有権と納税義務が明記されており、所有権が移転すると地券は書き替えられていたが、一二年には裏書方式に変更され、翌年には所有権の移転は戸長役場での公証によることになったために、地券の裏書は納税義務者の変更を示すものとなっていった。

［図1］はこんな地券の状況を描いたもので、「迷子の張札」とのタイトルがあり、迷子石に迷子の地券を探す迷子札を貼っているところだ。札には「歯医師智軒（廃止地券）」と書かれているが、地券を探しに来た人たちは、「歯医師智軒の標札は出て居ても何処へ何う成たか行方知れず」と呟いている。土地が何回転売されても地券の表に書かれた人物は最初の所有者のままなのだ。

その後、二二年には地券が廃止されて土地台帳制度に変更されていった。明治二二年三月二四日の『中外商業新報』は「本紙官報中に掲ぐる如く地券を廃し、地租は土地台帳に登録した る地価に依り、其記名者より徴収する旨今般法律第十三号を以て公布せられたり」と報じている。

［図2］には地券が廃止されて土地台帳制度が発足したことをえがいたもので、「不動山調整寺」に擬せられた土地台帳制度に千社札を貼っているところで、「入札依頼所」「田畑買入所」「濡手で粟」等々、さまざまな言葉が書かれているのがわかる。土地の権利に絡むさまざまなことがすべて土地台帳制度によって整理されたということなのだろう。明治二三年一月一〇日の『東京日日新聞』は前年にスタートした土地台帳制度について、「彼の地券を廃して土地台帳の制を定めたるは（三月廿三日）謂ゆる繁を省き簡に就きたるものにして、人民にも亦た便なりと云ふべし」と記して評価している。

地券の廃止、土地台帳制度の確立によって、地租の徴収はより効率的に行われるようになっていった。

［図2］『団団珍聞』明治22年3月16日号

○迷子《まいて》の張札《はりふだ》
「何《なん》でも家中《うちぢう》の目欲《めぼ》しい物《もの》を懇意《こんい》な道具《だうぐ》屋《や》へ二束《そく》三文《もん》に賣《うつ》て仕舞《しま》ふの何《なん》のと騒《さわい》で居《ゐ》た時分《じぶん》から堂《だう》も本氣《ほんき》の沙汰《さた》では有《あ》るめヱと思《おもつ》た詞《まこと》に氣《き》の毒《どく》なのハ家《うち》の景況《ありさま》ヨ表《おもて》よア歯醫師《はゐし》知軒《ちけん》の標札《へうさつ》ハ出《で》て居《ゐ》ても何處《どこ》へ何《だ》う成たか行方《かた》知《し》れずで三千五百オットと大勢《おほぜい》の子《こ》供達《どもたち》ハ首《くび》を延《のば》して待《まつ》て居《ゐ》らア可愛《かあい》さうよ


［図1］『団団珍聞』明治14年12月24日号

条約改正問題と経済

## 見込み発車の商取引もあった

明治二二（一八八九）年、条約改正問題をめぐる議論が沸騰して外務大臣・大隈重信の乗る馬車に爆弾が投げられ、大隈が重傷を負うという事件が起こった。それほど条約改正反対運動も激しかった。これは日本の主権が回復されるかという大きな問題に対する論議だった。

［図1］はこんな政治状況を尻目に景気を謳歌している職種の人々を描いたもので、政治の「苦熱」に対して「納涼」といった具合である。いっぽう、［図2］は「速成入眼」と題された諷刺画で、内地雑居を睨んで眼球の入れ替えをしているといった様子である。看板には「黒眼碧眼速成入目処」とあり、内地雑居でこんな珍商売も登場するだろうといったしたたかな商活動を描いているのである。

条約改正は政治的大問題であったが、経済活動ではこの機を捉えようとする人々も少なくなかったのである。この時の条約改正は結局は強い反対で中止されることとなるが、明治二三年七月一五日の『国民新聞』は「［大阪通信］拝啓事業不振金融逼迫等の嘆声は此に大坂商法会議所をして其挽回の策を講せしめし処《ところ》今回委員は其原因を以て条約改正の中止にありと議決仕候、其の仔細といふを聞くに第一、大隈伯条約改正の件歩々《ほほ》進

［図1］『団団珍聞』明治22年9月7日号

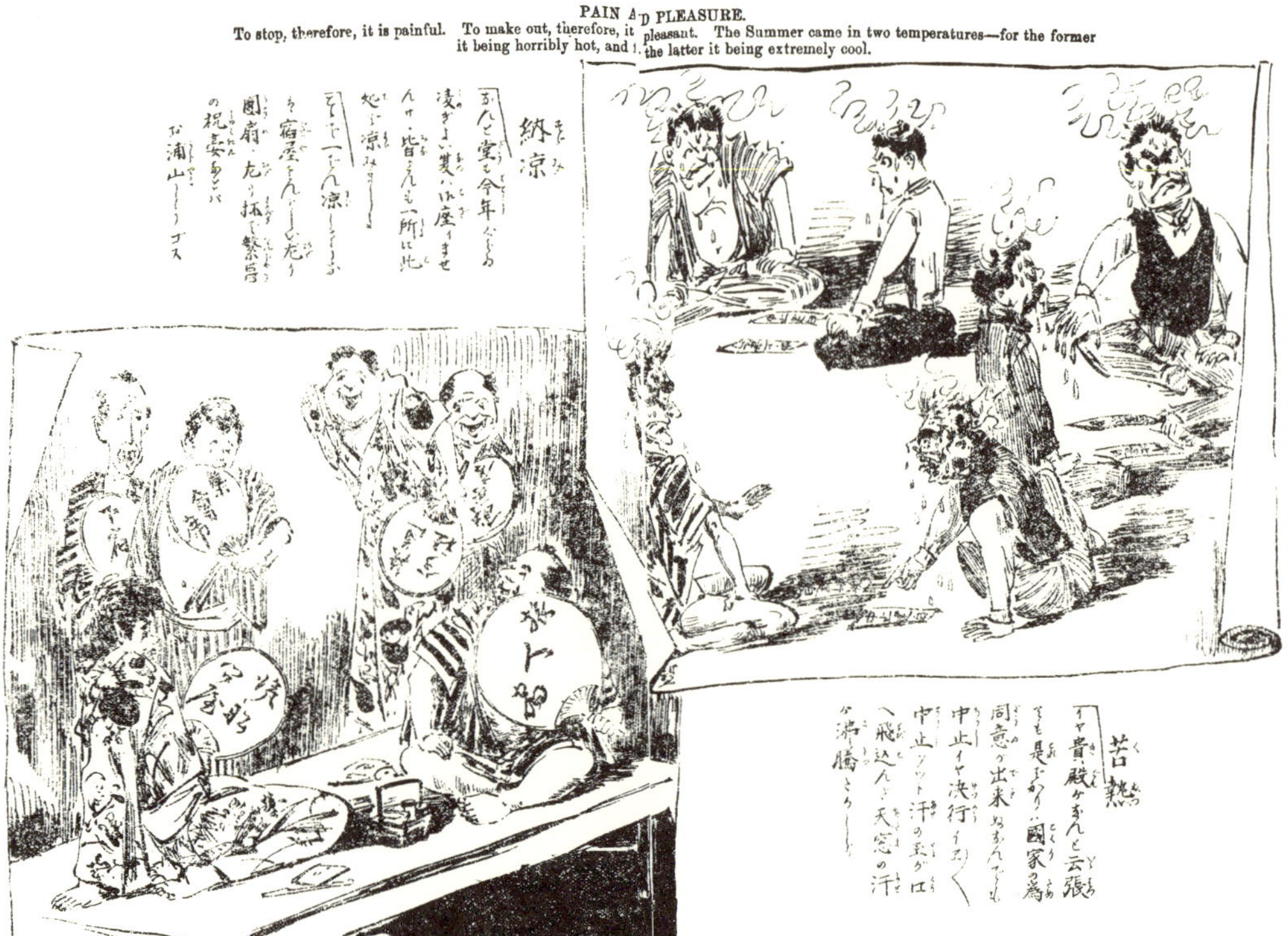

み行くや、天下の人皆外人は必らず其優等なる金力と智力とを持ち来って事業を起すべし、宜しく彼等の来らざるに先つて本邦人の手を以て之れを起すべしとて此に百般事業を勃起せしめて流通資本をして固定の資本となし一部は海外に流出せしめたり。第二、条約改正せられ内地雑居の事行はるゝや、三府五港は勿論其他外人に便なるの地は悉《ことごと》く其の買上る所とならんと競って高利の大金を投じて之を買占めたるに、一朝談判の已《や》むや以上の金は他に入ってまた出でず、之が為めに全く他の金融世界を逼迫せしむるに至れり。第三、条約改正は手に取るが如く今にも行はれんとしたれば、其行はるゝの暁には関税の権我にあつて、之が為め輸入品の価格を高うせんことを心配して、早くも莫大なる外品を注文したるに、一朝談判のやむや是れまた無用の品となり、石油、洋反物の如きもの市場にあふるゝに至れり。以上の三原因こそ今日の不景気を助長するの大原因なりと云ふべし云々に御座候」との記事を掲載している。この記事からも条約改正を見込んでさまざまな経済活動が行われていたのを見ることができるのである。




［図2］『団団珍聞』明治22年9月7日号

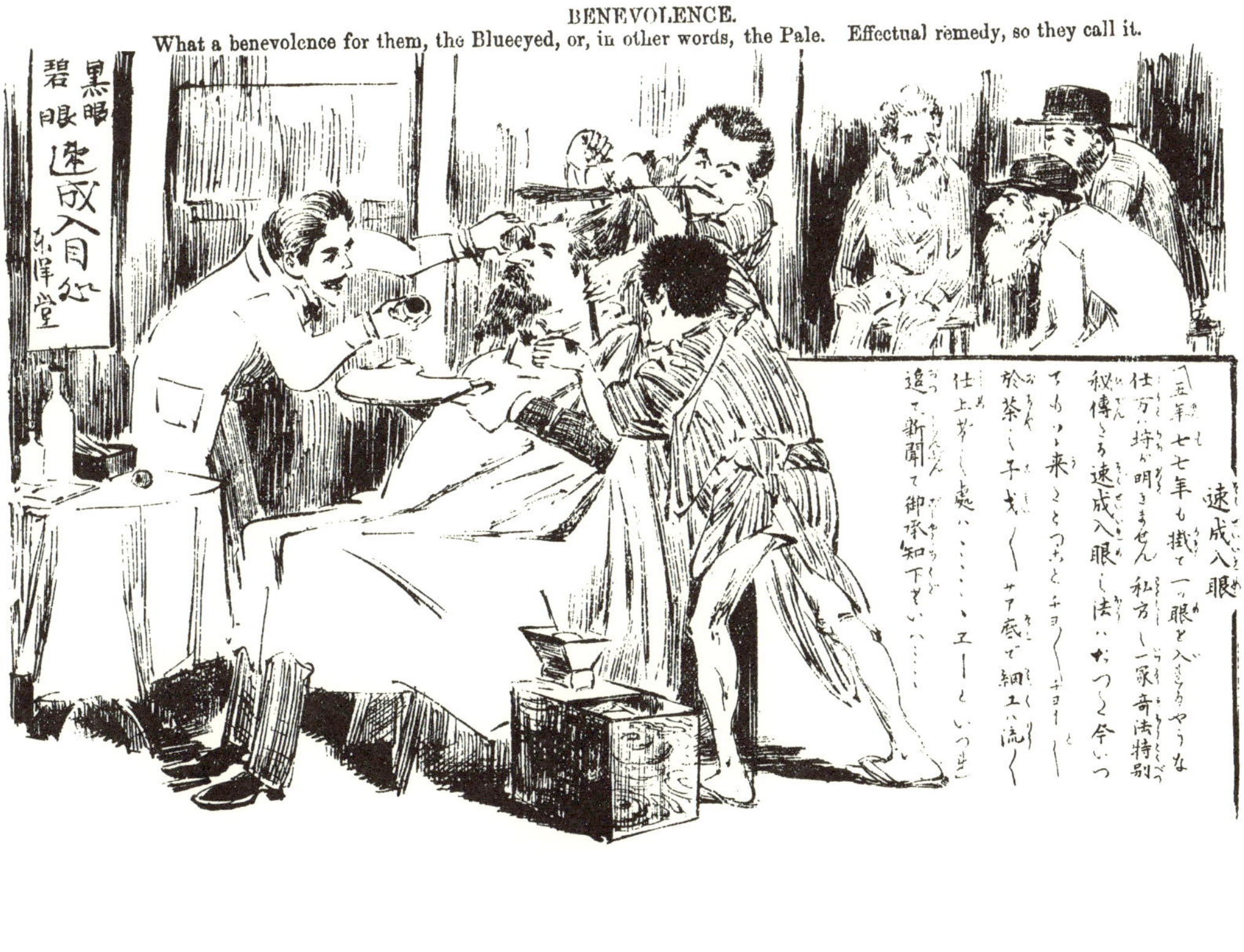

## 小作農民の貧窮極まる

明治二三（一八九〇）年一月、富山市で貧民が救済を求めて市役所などに押し掛ける事件がおこった。一月二五日の『朝野新聞』は「昨年来米価暴騰のため各地とも貧民窮迫の余り、追追不穏の萌ある趣なるが、富山県下富山市に於ては、目下白米一升の価八銭三四厘に上りしに、降雪のため貧民の業たる荷車曳き、其他日々の稼業殆ど打絶えたれば、其窮迫殊に甚《はなはだ》しきため、遂に去る十八日午前十一時頃同市西部の貧民三百余名打揃ひ、同市役所に押寄せ救助を請ふて止まざりしが、種々説諭を加へ漸々退散せしめたるも、尚ほ市中の豪農に就き救助を強求せり、然るに東部の貧民も之を見て共に騒ぎ立つる景況あるより、其向にては種々取鎮めに尽力中なりと云ふ」と米騒動の発端を報じている。

その後、鳥取、新潟、福島、山口、京都、石川、福井、滋賀、愛媛、宮城、奈良などの府県にも騒動が広がっていったが、なかでも佐渡の相川町とその周辺における騒動は激しく、警察だけでは手におえずに一個中隊の軍隊によってやっと鎮圧されるといった有様だった。七月五日の『東京日日新聞』には「昨三日午後八時新潟県の電報に曰く、相川の貧民二千数百名再び暴起し、坑夫之に加はりて其勢猖獗《しょうけつ》なり。警官の手にては到底鎮撫覚束無しとて、新潟県知事は第二師団歩兵第十六連隊新発田営所に出兵を要請せり。今四日午前六時四十分直江津発の電報に曰く、相川の貧民は其勢盛にして、各地の評判悪しき金満家、米商等の家屋、倉庫を襲ひ、乱入して衣類調度を奪ひ居れり」と書かれているが、この記事からもすさまじさがわかる。

［図1］は当時の民衆が売り惜しみや騰貴によって米不足に陥ってしまった状態を描いたもので、空のお鉢しかなくて子供が泣いている様子（上段右から二つ目）、橋から投身自殺しようとしている人物（上段右から三つ目）等々、苦しい生活が記録されている。これらは米はあっても庶民のもとには来ないからで、底が抜けた入れ物で米を受け取る姿に象徴されている（上段右端）のであろう。圧倒的多数の小作農民は米をつくっても自分の手元には残らないのである。

いっぽうで、［図2］は大阪の堂島において南京からの外米を投機の対象として大儲けしている商人たちを諷刺したものである。このようなことから民衆の不満が爆発した米騒動であったが、それを力で鎮圧するなど、根本的解決ははかられなかった。

[図1]『団団珍聞』明治23年6月21日号
↓[図2]『団団珍聞』明治23年8月16日号

# 米不足と外米輸入



## 食わず嫌い、買い占め……庶民の生活に大影響

米の不足と売り惜しみは国民の主食に関わる大問題となり、いわゆる米騒動が起こり世情が騒然となっていった。このようななかで、政府は緊急に外国からの米の輸入を実施した。

［図1］が政府が公債を売却して米の輸入を行ったことを描いたものである。「お米の出代り」とのタイトルがつけられており、大蔵の出て行く公債の代わりに米俵が続々と入って来ている。キャプションには、「妾は永年此大蔵造りのうちに奉公して居たがとはとは仕舞にはこうさいとまで成り上り今迄は楽をして居た身の上で有たがいよいよ出代りの時節が到来して見れば首尾よく南京のおよねさんと入れ替らずはなるまい、夫に就ても又々慶安さんの喰物でみすみすたい米の手数料を取られる訳だらうが是も今皿仕方がない、モシ慶安さんや此節から堂か何分手数料を働て下さい、へゝゝゝ」とあって緊急輸入でどたばたしている様子が窺える。この諷刺画では南京米の輸入を扱っているが、他にも印度米などが輸入されている。印度米とはいっても東南アジア産の米などのことで、明治二三（一八九〇）年四月四日の『郵便報知新聞』は、「印度米とは柴棍《サイゴン》、瓜哇《ジャワ》其の他同地近辺産出の米を総称したる名にて、我が国にては南京米と称するものと其質相似たるものなるが、過日来



［図1］『団団珍聞』明治23年5月10日号

同米の我が国に入り込むこと前後数回、其の石数も亦た決して少額にはあらざるなり、而して我が国にて同米を輸入するの多きは第一大阪にして米商に其の人ありと聞えたる同地の安部彦、藤本の二氏率先して買ひ来り、各地に供給を試みたるに其の売れ行きも案外上景気なりしより、今度二氏より東京の渋沢商店其の他二三の米商に同米を回送することになりしと、去らば東京市場に同米の出現するも遠からざるべし」と印度米の輸入を報じている。この記事では割合に売れ行きもよいと記されているが、実際には外米に対する拒絶反応も根強かった。［図2］はそんな状況を描いたもので、痩せ細った病人が外米なる薬を拒否しているところである。医師は、「此舶来の薬を飲ずば外に妙法は御座らぬ」と諭しているが、看病人は、「日本の薬の外一切病人の胸に受附けません、況して南京だのサイゴンだのとチャン〳〵めいた薬は所謂たべず嫌ひで（後略）」と病人の頑固さに困り果てているようだ。いっぽうで外米も買い占めが行われ大きな社会問題となっていった。

　このように、米不足にともなう外米輸入は社会にさまざまな波紋を引き起こし、庶民の生活にも少なからぬ影響を及ぼしたのである。



［図2］『団団珍聞』明治23年5月3日号

# 商法典論争

## 混乱のなか、施行延期が喜ばれる

日本における商法典は明治一四（一八八一）年に太政官において起草作業が始まっている。その後、紆余曲折を経て二三年に公布されているが、その前後から商法典論争が起こった。二三年三月二二日の『郵便報知新聞』には、「同草案中手形取引を始め銀行一般の貸借上に関する箇条にして、其儘《そのまま》実施さるゝ暁には容易ならざる影響を蒙り、殆んど実業の発達を妨害するかと思はるゝ処もありと洩れ聞けば（後略）」と商法の施行に疑問が出ていることを報じている。かくて、商法典に関するさまざまな論争のために商法の施行は二六年に延期された。二三年一二月二七日の『東京日日新聞』には、「予《かね》て商法の延期を主唱して、遂に其目的を達せしを祝せん為め、同会員諸氏は一昨日廿五日午後五時より浅草鷗遊館に於て盛宴を開き、会する者無慮百七八十名（後略）」と商法施行延期派は祝杯をあげているほどの論争が展開されたのである。

その後も商法論争は展開されている。［図1］は「棒押」と題された漫画で、「商棒」と「民棒」で棒押しをしているところである。右側の人たちの背中には断行を示す「断」字、左側の人の背中には延期を意味する「延」字が書かれている。

かくて、商法の施行は再延期されたが、会社法、手形法、破産法などが応急的に二六年七月一日から施行されている。その後も商法の疑点研究は継続された。二六年七月六日の『東京日日新聞』には、「法典調査会。今度実施され足る商法中に在る世間の疑問を研究するが為めに、商法会議所内に設けられ、委員は各火曜日に参集して、或は実際家の意見を尋ね、或は学者の説に依りて利害を討究さる。現に一昨夜の如きも討究の結果九時過ぎになりたる由なるが、右結了の上は、不日発表して各会社の参考に供する筈なりと」との記事が掲載されている。

その後、三一年七月一日に商法は全編施行されることとなる。

［図1］『団団珍聞』明治25年6月4日号

# 日銀の担保手形割引制度

## 助け舟に不景気も一息つく

明治二三（一八九〇）年、日本銀行は不景気による金融逼迫を救済するために株式を担保とする手形割引制度を実施した。二三年四月一八日の『東京日日新聞』は、「各銀行に於て当座預け金の高より超過したる金円を引き出し、猶は其引出したる金円の差額、予《かね》て同行に差入れ置きたる根抵当の額をも超過せんとする場合に際しては時の都合に依り、先づ九州、山陽、炭礦の三鉄道株を其の引き当とし所謂此三株を以て信用の担保をなさんことを同行に申し入れて、其の承諾を得んとの事に決したり（後略）」と財界の動きを報じている。このようななかで、日本銀行は鉄道株の担保手形制度を発表した。五月九日の『東京日日新聞』は、

日本銀行総裁は目下の大問題たる金融逼迫を救治する為め、左に列記する所の諸株式を担保品として割引を拡張し且つ是れを抵当として信用ある各銀行に対して応分の貸越を許さんと先頃大蔵大臣に請願中の所昨八日認可されしに付愈々《いよいよ》一両日の内より実行する事に確定したり。尤《もっと》も抵当価格は其銀行会社の利益并《ならび》に払込の割合に応じて、毎月一回其価格を定め大蔵大臣の認可を経るよしなり。

当座貸越並割引担保品根抵当価格左の如し。

| | |
|---|---|
| 日本鉄道会社第一回払込 | 七十円 |
| 同　第二回 | 六十五円 |
| 同　第三回 | 六十円 |
| 郵船株 | 六十円 |
| 海上保険株 | 百　円 |
| 九州鉄道 | 十七円 |
| 山陽鉄道 | 十五円 |
| 炭礦鉄道 | 十二円 |
| 水戸鉄道 | 三十円 |
| 両毛鉄道 | 三十円 |
| 甲武鉄道 | 三十五円 |
| 関西鉄道 | 二十円 |
| 坂堺鉄道 | 百円 |
| 大阪鉄道 | 三十円 |
| 讃岐鉄道 | 二十円 |

という内容を報じているが、［図1］はこの株式を担保にした手形割引を描いたもので、背中に担いだ大きな蕪（株）で往生しているところを日本銀行が手助けしてくれているといった状況である。タイトルの「重荷の一ト息」が金融逼迫に悩む銀行たちに助け船を出したことを象徴しているというよう。不景気のなかで、株式の担保という新しい制度がつくられていったのである。

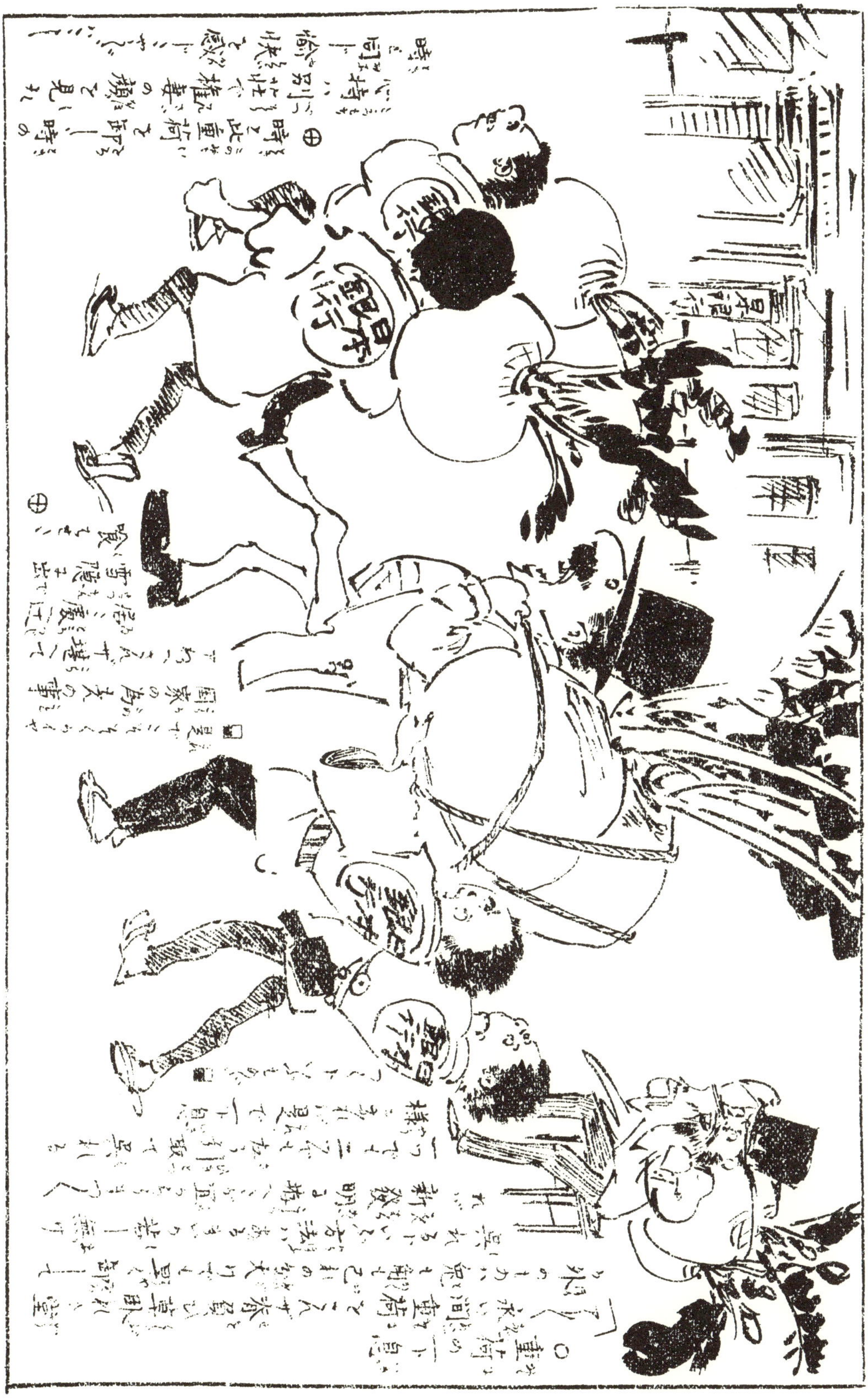


［図1］『団団珍聞』明治23年5月17日号

# 前田正名と五二会



## 「布衣の農相」活躍する

嘉永三（一八五〇）年、薩摩に生まれた前田正名は維新後に新政府に出仕し、物産調査や経済調査を行い、明治一七（一八八四）年には『第一回興業意見』を編纂して体系的経済計画構想をスタートさせた。翌年には各地をまわって自力更正を説くなどしている。二一年に山梨県知事となるが、翌年には農商務省工務局長として中央に復帰、二三年には次官となるものの農商務大臣・陸奥宗光と衝突して官を辞している。

［図1］は前田が去ったあとの次官選びを諷刺したもので、「お店の福引」との題名がつけられている。農商務省の店頭で小僧たちが籤を引いており、そのうちの一本には「じ柑」なる果物がついている。キャプションには、「此処へ寄た者丈で引て見るがよい、ソラソラ出るゾ出るゾ当るゾ当るゾ」と小僧たちを煽っており、権力に弱くて言いなりになる人物を次官に充てようとしていることへの批判が描かれている。

下野した前田は全国各地をまわって産業や農業振興運動に尽力して「布衣の農相」といわれるほどであった。そんな前田が創設したのが五二会である。その前身となったのが二七年四月一五日に京都で開会された五品大会である。五品とは織物、陶磁器、金属器、製紙器、雑貨等で、これらの業者が集まって結



［図1］『団団珍聞』明治23年6月14日号

束して振興をはかろうというものだった。五品大会において五品に敷物類と彫刻類を加えることが提案され、五プラス二ということから五二会と命名された産業振興のための組織が発足することとなる。

［図2］は「行脚の繁殖」と題されたもので、さまざまな人がその主義主張を広めるために各地を歴訪している様子を描いたものだが、その先頭（左端）にいるのが前田で、笠には「前田五二行脚」と書かれている。この諷刺画では行脚が猟官（官職を得ようと奔走すること）の手段ではないかとの疑問も呈せられているが、前田は一貫して民間で産業振興に力を尽くして大きな貢献をし、五二会は大きく成長していった。三一年一一月一〇日の『国民新聞』は、「五二会館、愈《いよいよ》呉服橋内麴町区永楽町二丁目に設立することに決し、来月上旬工事に着手し、来年三月迄には開館式を挙ぐる筈なるが、同館は資本金七万五千円を以て合資組織となし、広く内国の生産品を収集し、陳列販売する目的なりと」と報じている。三二年四月二七日の『国民新聞』は伊勢山田における五二会大会の様子を伝えているが、「来会者は山県総理大臣、松方大蔵大臣、樺山文部大臣、青木外務大臣、曾禰農商務大臣、山県三重県知事、沖愛知県知事他六知事、各府県書記官、参事官、各地商業会議所会頭、其他貴顕紳士の来会するもの七百余名にして（後略）」とあり、その盛会ぶりが窺われる。

このように産業振興に五二会は大きな役割を果たしていった。しかし、前田は各地の開田事業で多額の負債をかかえ、晩年は不遇だった。

↓［図2］『団団珍聞』明治30年5月29日号

# 高利貸し

## 悪徳「氷菓子」が横行する

［図1］は国会に提出された高利貸取締法案を描いたもので、「徳川時代の氷菓子」「欧州各国氷菓子」「現今の氷菓子」が机に並べられて説明されているところである。「氷菓子」や「アイスクリーム」は「高利貸し」の意でしばしば用いられたが、いずれも明治時代に広まった隠語で、それほどに近代社会になっても江戸時代からの悪徳高利貸しは依然として存在していたのである。

明治二七（一八九四）年八月一〇日の『国民新聞』は「高利貸の悪逆は常に耳にする所なるが、曾て解散を命ぜられし広島同愛舎は一時廃滅に帰したれども、此頃に至り其筋の目を逃れ、府下の各貧窟に入り込み、暗々裏に一円二円の金をまきて貧民の血を吸ふ怪物多き由、其貸附方を聞くに、一円の金に日賦三銭宛を課し、若し返済出来ざるに於ては、貧愚の民を嚇して多からぬ家財道具に封印を為して手をつけざらしめ、又は甘言を以て貧民の児女に茶屋奉公を勧め、上州辺に連れ行きては達磨に売こかし、其児女をしてのつぴきの出来ぬやうにして、彼等のみうまき汁を吸ひ居るとかや、是等の事は宜しく其筋に於て注意ありたきもの也」と高利貸しの実態を報じているが、組織として広域に活動していたケースもあったことが見てとれる。

そんな状況から国会でも問題として取り上げられるまでになったのだが、［図1］を掲載した『団団珍聞』明治三二年一二月九日号は、『岡寛』高利貸取締法案を説明して曰く、高利貸は公益を害し道徳風儀を乱し其悪むべき事盗賊よりも尚甚しと、被仰。其盗賊より悪むべき高利貸から歳費を三重四重に抵当として金を借込み随分高利貸を手古摺せる先生も有るやうだ。而見ると其先生達は盗賊よりも今二三上手の悪むべき先生達だとは或る高利貸の談話だ」『高利』の金抔を借込奴は碌な事は為ない。詐欺師か偽瞞の種か、破落戸が賭博の資か、山師が虚業の資本か、放蕩議員が酒色の費用位のものだ。現に山内吉郎兵衛は国許に七八人の妾を飼て置て其費用悉皆《ことごとく》歳費を抵当で高利貸から借た金だ、畢竟《ひっきょう》借る奴が有から貸奴も出来るのだ。高利貸よりも、高利借取締法案を提出するが善い」などと国会議員に対して辛辣に論じている。ちなみに「岡寛」とは弁護士で茨城県選出の代議士岡野寛のことである。

明治中期、高利貸しの横行は「氷菓子」「アイスクリーム」という言葉が広まったほどに大きな社会問題となっていたのである。

[図1]『団団珍聞』明治32年12月9日号
堂々たる帝国議会で変な商売を始める人があるイヤハヤ滑稽滑稽

# 日清戦争と公債

## 「貧者の一灯」が軍事費を支えた

朝鮮をめぐる日本と清国との争いはやがて抜き差しならない状態となり、明治二七（一八九四）年に日清戦争が勃発することとなる。日清戦争は日本にとって最初の大戦であり、東洋の大国である清国を敵として戦うことから国を挙げての戦争として国民の関心も大きなものがあった。そんなことから、戦争義捐金《ぎえん》がつぎつぎと寄せられたが、［図1］はそんな様子を描いたもので、豆腐屋、人力車夫、女中、酒屋から屑拾いに至るまで多くの国民が義捐金を持って参じているところである。このような国民の熱心さと比較して政府の安閑とした態度を諷刺している。

このような国民の盛り上がりのなかで軍費捻出のための軍事公債が発行されることとなる。二七年八月一六日、勅令により軍事公債条例が裁可され、五千万円を限度に軍事公債が募集された。［図2］は「長者の万灯」というタイトルが付けられているが、大々的に公債応募を打ち上げた連中が腰砕けになってしまったことを諷刺しており、「報国会」なる大きな行灯を担ぎ出して、「公債応募」をアピールしているが、行灯の蠟燭はすでに消えており、手前では大きな蠟燭を抱えながら火を吹き消そうとしている。そんなドタバタをビックリしながら見てい



［図1］『団団珍聞』明治27年8月18日号
義捐する世の中に大きな門構への内ではいびきの声だか
相談の声だかのヒソヒソムニヤムニヤ

る庶民は［図1］のように「貧者の一灯」を身をもって実践している人々ということなのであろう。

　このようにさまざまなことがあった軍事公債だったが、応募は順調で、二七年九月一五日の『時事新報』は軍事公債募集の結果を報じているなかで、「此応募の景況に依る亦邦人の報国心厚きを知るに足るべし」と記しているほどである。

　その後も軍事公債は追加発行されていったが、一二月一九日の『時事新報』は、「軍事公債募集の好結果なりしは既に記す所なるが尚ほ昨日迄に集りたる報告に依り調査したる処によれば、更に左の如き結果となり、殆んど二倍に近からんとする勢なり」と報じている。

　日清戦争で勝利した日本だったが、その直後からロシアとの対立が深まったこともあり、戦争が終結した後も軍事公債は発行されて軍備強化にあてられていった。







［図2］『団団珍聞』明治27年9月15日号

# 日英通商航海条約



## 不平等条約改正に大きな一歩

明治二七（一八九四）年七月、ロンドンにおいて日英通商航海条約が調印された。日清戦争開戦の直前のことである。

この条約は安政五（一八五八）年の不平等条約を改訂するさきがけとなったもので、領事裁判権の撤廃とともに部分的ながらも関税自主権を認めさせたものであった。この条約は第二次伊藤内閣のもとで実現したのであったが、これを契機として欧米諸国も同じような条約を結ぶこととなり、また、日清戦争直前に調印されたこともあって日本の国際的地位向上に大きく貢献している。

［図1］はこの条約調印を取り上げたものである。「嬢約の極り」とあり、嬢が、「妾《わたし》は是迄度々口は有ても纏りが附かず誠に縁遠くて困て居たに今度は存外にも早く事が極り殊に向ふは名代の大家とやらで英吉さんと云へば誰知ぬものも無いとの事こんな嬉い事は無い是と云ふも時節の来たのと日清のごたごたのお陰抔《など》と云たら仲人の藤さんが腹を立てるかも知れないからよくよく礼を云て置きませう」とあり、この条約は長いあいだ待ちに待ったものであったことがみてとれる。

部分的ながら関税自主権が回復したことは大きな前進であったが、それまでとは異なる貿易関税などによって貿易商などは喜びと不安が入り混じった状況だった。明治二七年八月二九日の『郵便報知新聞』は、「條約改正の上は輸入税の増加に因り、自然舶来品は高価となる勘定なれば、左《さ》らぬだに銀価低落の結果輸入品の不捌《ふはつ》なる矢先き、此上尚ほ其の価の騰貴したらんには、益々不景気なるべしとて、西洋雑貨商を始め稍々前途を案じ居る向も少なからざる由なるが、是れ真の杞憂のみ、輸出盛んにして内地の景気さへ好ければ、益々売行くべく、況して西洋人の入込む者も多きとき今より尚ほ好況を来さんこと必せり」「條約改正の為めに我が税権の回復せられたる暁は、輸入税に於て無慮八百余萬円の増加を見るが故に輸出税は無論廃止となるべく、然る上は我が輸出品は是より益々盛況を極むるに至るべしとて輸出商は何れも喜び居れりといふ」などといった記事が書かれている。

このようにして日英通商航海条約によって不平等条約改正に大きな一歩を踏み出した日本だったが、関税自主権の完全回復は明治四四年になってからのことであった。

[図1]『団団珍聞』明治27年9月1日号

# 日清戦争と軍事予算



## 清国との戦争に向けての予算が実施される

明治二七（一八九四）年九月、日清戦争の最中に総選挙が実施され、戦争に伴って広島に移された帝国議会の開院式が一〇月一八日に挙行された。戦時のなかでの臨時帝国議会ということから、天皇の勅語は、「朕、貴族院及衆議院の各員に告ぐ、朕茲に臨時帝国議会を召集し、特に国務大臣に命じて、刻下の急要なる陸海軍に関する議案を提出せしむ」という言葉で始まっている。

かくて、政府は議会が召集された当日に衆議院に次のような議案を提出している。

一、臨時軍事費特別会計法案
二、清国及び朝鮮国交渉事件に関する軍費支弁の為め、一億円を限り公債募集及び借入金を為すの法律案
三、臨時軍事費予算（総額一億五千万円の内、二千六百万円は余剰金より支出、其他は軍事公債募集額より支出の計画とす）
四、本年勅令第百四十三号（憲法第七十条に基き、財政上緊急処分を為すの件）事後承諾の件

臨時帝国議会は二二日に閉院したが、この短期間に軍費に関する法案をアッという間に成立させたのである。閉院式にあたっての勅語のなかで、「朕が国務大臣に命じ提出せしめたる軍国急要の議案を体膺し協賛の務を尽せるの労を嘉奨す」と述べているが、このことからも軍費に関わる立法がいかに早く成立したかが窺える。

［図1］はこのような日本の軍事予算の素早い決定に驚いている清国駐日大使だった汪鳳藻である。タイトルに「可臀に尻餅」とあるように、「一億五千万の可臀」なる大きな尻が突きだしてきたので、自分も尻餅をついてしまった汪といったところであろう。彼は、「是れは意外意外、こんな事とは夢々知らなかつた」とビックリしているが、駐日大使として日本の事情にも詳しかった汪にとってもこれほどまでにスピーディーに予算面から戦時体制を確立するとは思わなかったということだろう。右側には汪の情報が間違っていたために頭を抱えている清国政府といった具合だ。

日本は東洋の大国である清との戦いという決意で日清戦争に臨んでいたが、清国には日本との戦争に危機感をそれほどには感じていなかったのであろう。日清戦争によって清国は近代化の必要性を痛感することとなるのである。

[図1]『団団珍聞』明治27年9月1日号

# 日清戦争賠償金





## 欧米とのつながりを強める力となる

朝鮮半島における日本と清国との争いはやがて両国の戦争へと至る。明治二七（一八九四）年七月、宣戦を布告した日本はあちこちで清国を圧倒していった。そして、二八年五月に日清講和条約が結ばれて戦争は終結し、日本は清国にかわって東洋の大国としての地位を固めていくこととなる。

講和条約は日本の下関で行われたが、この交渉は戦勝国である日本の主導権のもとにすすめられていった。そんななかで賠償金は大きな関心を呼んだ。賠償金が講和条約においても重要なテーマとなっていたのであるが、［図1］はそんな状況をえがいたものである。左側には武器が積まれ、右側には大きな袋の詰め込まれた「償金」が置かれている。そして、両者の中央には巨大な的が回転しており、「和」と「戦」と書かれている。まさに講和条約交渉を的確に表現した諷刺漫画といえよう。

こんななかで政府内部ではすでに賠償金の分配をいかに自分のところで多く獲得するかといったことが話題となっていた。［図2］はこうした事情を取り上げたものである。「彼の娘の当込み」というタイトルで、「堂しても彼の娘に限る、彼れを此地へ引き込んでからの話しトテ、汗をタラタラ迂《う》唱《な》るもあり又外に引張るものが有て己れは何んにも彼れが当込みだト甲も乙も己れの都合に抜目無き夢見最中肝心の彼の娘ト云ふはまだ門口に足音もせず遠く方でカラコロカラコロ」と記されている。「巨大な償金」娘が自分のところに来ることを夢見ている連中の前には「教育書」「経済論」「文学」「陸戦術」などの本が置かれており、政府各省の勝手な償金獲得構想を諷刺しているのである。

いっぽう、賠償金を払う清国はその捻出に苦労し、そんななかで列強の中国における権益拡大を狙った支援なども目立つようになっていった。［図3］はロシアが据え膳で金を積んで食べるようにと清国を誘っているところである。明治二八年五月一二日の『国民新聞』は、「日耳曼《ゼルマン》コロンガゼットの記す所によれば、清国政府は英、独、仏銀行家の組合に対し、戦償金として二千五百萬磅の公債を借入るゝの談判を始めたりさきに清国が日耳曼銀行家の組合より借入れし六部利附三千萬マアクの公債は、先頃南京総督の取結びたるものにて、右は唯一時の事に過ぎずと」と賠償金捻出について報じている。

日本は三〇年に金本位制に移行し、世界的潮流に合わせていったが、このようなことが出来たのも日清戦争で獲得した賠償金が大きな力となったことは見逃せない。欧米の金本位制に合わせたために実施された金本位制は日本の金融政策の一大転換となったのである。日清戦争に勝利した日本は金融、貿易の面からも欧米との関係をより強くしていくこととなる。

[図1]『団団珍聞』
明治28年4月20日号

[図2]『団団珍聞』
明治28年5月4日号

[図3]『団団珍聞』
明治28年7月6日号

# 国立銀行の普通銀行化

## 延期のための裏工作も

明治五（一八七二）年一一月、国立銀行条例が布告され、翌年七月にはこの条例に則って最初の国立銀行として資本金二四四万八〇〇円で第一国立銀行が開業している。国立銀行とはアメリカ各地に公債を基金として設立され、南北戦争時の不換紙幣整理にあたったナショナル・バンクを参考にして設立されたもので、名前のナショナル・バンクを訳して国立銀行としたもので、国の経営する銀行ではなく、株式会社組織の民間銀行なのだが、公債証書を抵当にして同額の銀行券を受け取って発行するといった方式の経営が行われていた。

国立銀行は全国各地に設立され、一五三行にものぼったが、その紙幣発行高は膨大な量となり、インフレの大きな要因となっていった。そのために一五年には銀行制度改革により日本銀行条例が発布され、唯一の発券銀行としての日本銀行が営業を開始していった。

日本銀行の設立によって国立銀行は免許期限満了を以て普通銀行に転換することが決められたが、国立銀行の免許期限が近づくとその延期を求める動きが激しくなっていった。明治二五年九月一四日の『東京日日新聞』は、「各銀行一致を以て右の年限後更に若干年間の延期を請願せんと熱心せるも多き由にて



[図1]『団団珍聞』明治28年1月26日号

(後略)」「公債証書の意外に市価を高めたる場合に於ては積立金全額を以て紙幣償却に充つべきのみならず、初より備へ置ける紙幣償却準備金を以て屹度《きっと》営業年限の終に償却す可しと命令あれば、銀行者が今更ら目算の違ひて年限の終に於て積立金準備金の元資を其儘残し得ずといふが為に一旦法律を以て規定したる年限の伸縮に当局者が同意を与るが如きは萬々之れ無き事なりと云へり」などと、延期運動の活発化とその背景が報じられている。満期が翌年にスタートする二八年になると延期工作はさらに活発化していった。[図1]は日比谷楼(日比谷にあった国会を指す)の蛙(議員)を買いに来た銀行を描いたもので、議員に働きかけて延期を実現しようとしており、着物には「延期」の文字も見える。札束の入っていそうなバッグにも「継」と書かれており、継続の工作が金で行われていると批判しているのである。

[図2]も延期のための裏工作を描いたもので、「銅像の臭気」とのタイトルがある。銅像の前には「賄銭箱」が備え付けられているが、この「賄銭箱」を奉納したのは「延期講中」のようである。

このような動きがあったものの、二九年九月には最初に満期が来た第一国立銀行が第一銀行となり、その後、次々と普通銀行に転換したり廃業して三二年には国立銀行は全て姿を消していった。

[図2]『団団珍聞』
明治28年2月2日号

# 金本位制

## 交換する方もされる方も損ばかり？

幕末の開港によって外国貨幣と日本の貨幣の交換に関するさまざまな問題が生じたが、なかでも金銀比価の違いによる金の流出は激しく、経済活動を混乱に陥れるほどであった。新政府は新しい貨幣制度の確立を目指して世界の大勢である金本位制を採用したものの、アジアにおける銀本位制に鑑み貿易銀として一円銀貨を発行しており、実質的には金銀両本位制といった形態となっていた。

しかし、一九世紀後半における銀相場の下落などで、安定的な価値を有する金に対する評価が強まってヨーロッパ諸国では金本位制となるところが相次いだ。欧米との交易が日本の発展に不可欠であったなかで、日清戦争で清国からの賠償金を得たこともあってそれまで検討されていたものの実現できなかった金本位制が明治二九（一八九六）年に樹立された第二次松方内閣のもとで実施にむけてすすめられ、翌三〇年一〇月一日に貨幣法が施行されて金本位制となったのである。

しかし、金本位制による金流出など、幾多の問題が指摘されていた。[図1] は金本位制施行を前にさまざまな問題に悩まされている松方を描いたもので、目の上には「辞職勧告」なる瘤が大きくなっている。それに加えてスネに「金制失敗」とい

[図1]『団団珍聞』明治30年8月26日号

○脛《すね》の疵《きず》ト目《め》の上《うへ》の瘤《こぶ》
「脛もすねで悩み升がさし詰目の上の奴に因り升是がだん〳〵大きく成てはちと閉口致し升
「膏薬ぐらゐで旨くゆけばよいが遂には難症になりさうだ

う怪我ができてしまったようだ。松方は「脛もすねで悩み升《ます》がさし詰目《づめ》の上の奴に困り升是がだん〳〵大きく成てはちと閉口致し升」と嘆いている。湿布薬を貼ろうとしている人物は「膏薬ぐらゐで旨くゆけばよいが遂には難病になりさうだ」と心配している。金本位制もこのように危惧されていたのである。

［図２］は金本位制にともなって貿易銀の一円銀貨が続々と帰ってくる状況を描いたものである。大型の船から円銀たちが長旅を終えて列をなして上陸しており、「イョー帰て来たゾ〳〵、ウョウョ帰て来た、まさか是丈ケとも思わなかつた」と迎えに来た者は驚いている。

［図３］も銀貨がたくさん戻って来ている様子を取り上げており、そんな状況だから銀貨を預けてもしばらくは無利息だと嘆いている人が描かれている。いっぽうでは円銀を金貨に交換するために金貨の搬入で運賃がかかって仕方ないと愚痴をこぼしているといった具合で、交換する方も、される方も損ばかりだといっているのだ。

このようなさまざまな出来事があったものの金本位制は大きな混乱もなく動き出していった。

［図2］『団団珍聞』明治30年10月2日号

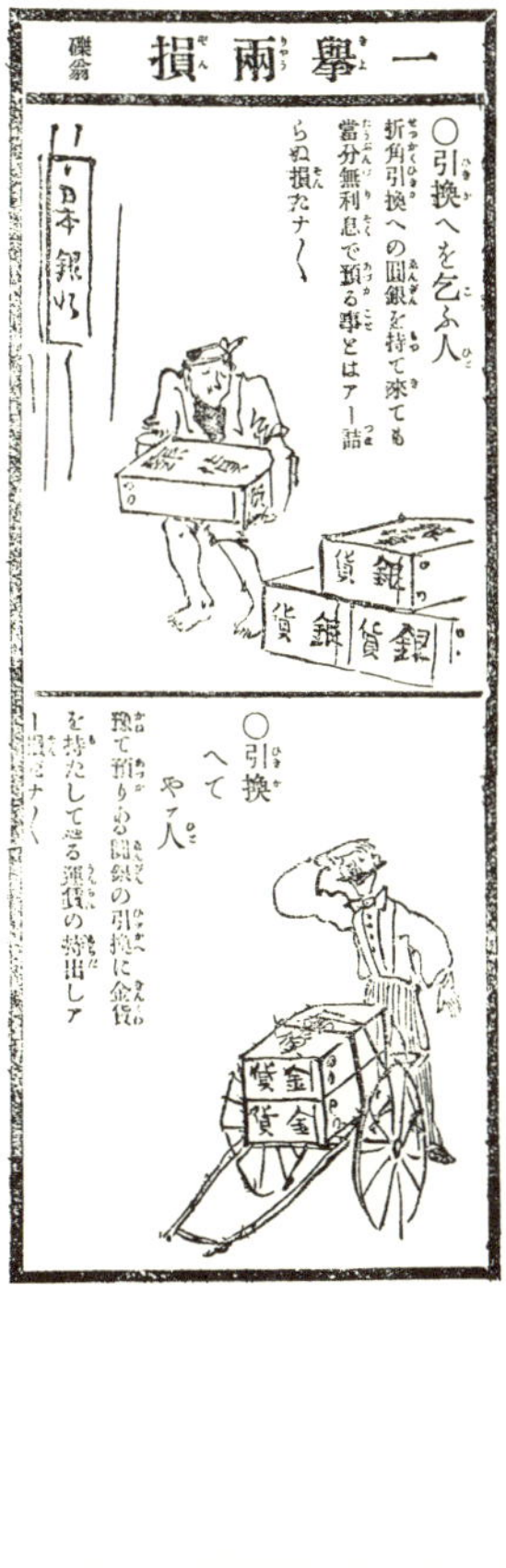

［図3］『団団珍聞』明治30年10月2日号
○引換へてやる人　予て預りある円銀の引換に
金貨を持たして遣る運賃の持出しアー損だナ損だナ

# 日本興業銀行





## 設備資金融資を期待されて誕生

日本興業銀行は明治三五（一九〇二）年、株式や債券の流通を円滑にして設備資金を融資するための特殊銀行として設立されている。三三年三月に公布された日本工業銀行法によると「国債證券、地方債證券、社債券及株券ヲ質トスル貸付」「国債證券、地方債證券、社債券ノ応募又ハ引受」「預リ金及保護預リ」「地方債證券、社債券及株券ニ関スル信託ノ業務」という業務内容であった。

日本興業銀行法公布直後に『中外商業新報』の取材をうけた大阪の有力財界人・藤田伝三郎は、「大阪の二三人からコチラは工業の盛んなる土地でもあるし、東京と違って兎角資金が乏しい土地だから、興業銀行の本店が一つ位あっても可《よ》いではないかと言ふ談がありましたから、それもソウだと申して置きました（後略）」（『中外商業新報』明治三三年三月二八日号）と答えている。こんなところにも設備資金融資を目的とする日本興業銀行に対する期待が感じられるが、三四年一一月一六日の『時事新報』は、「日本興業銀行の設立準備は、其筋に於ても追々歩を進め居る由なるが、同行の設立に就き、最初より最も熱心なりし日本工業協会側にては、今日の如き諸工業不振の時節こそ特に同行の必要ある所以なれば、一日も早く其営業を開始して、悲況に沈める者に向ひ適当なる貸附を為すべしとて、同行の急速開始を主張して頻りに奔走中なりと」報じていることからも設立が待望されていたことがわかる。

［図1］はそんななかで開業目前となった日本興業銀行の人気の程を窺わせるもので、「申込み口の沢山」というタイトルがつけられている。「日本興業銀行創立事務所」と書かれた入り口の前には大勢の「申込み口」（口が顔となっている）が殺到している。これらは融資の申込みや、就職口を求めてのことであろう。

入り口に立っている初代頭取の添田寿一は「うまい口だと思ってかコウ大勢の口に押込れては此方で閉口」とうんざりした様子だ。

明治三八年、日本興業銀行法が改正となり、海外投資業務が加わり、中国、朝鮮に対する投資を中心に業務を拡大していった。その後、第二次世界大戦後に特殊銀行法は廃止され、昭和二七（一九五二）年の長期信用銀行法の制定にともなって長期信用銀行に転換していった。

［図1］『団団珍聞』明治35年3月15日号

# 興銀による外資導入

## 日露関係悪化のなかの外債募集

明治三四（一九〇一）年四月一九日の『時事新報』は、「紐育発電に拠れば、横浜駐在米国領事は其本国に電報して、日本は歳出過大に失し、並びに外債募集其度を過ぎしが為め財政上の危機に瀕し、又近頃公債募集の計画失敗し、其一結果として日本は満州及び朝鮮に関し、外向的に露国と協商を遂げんと勉めつゝありとの説ありと云へり」と、きな臭さを増している日露関係のなかで外債募集も過大となっていることを指摘している。また、一〇月二八日の『時事新報』は、「紐育発電に拠れば、伊藤侯は同市メトロポリタン倶楽部の晩餐会に於て、左の如き趣意の演説を為したり。即ち日本が巨額の公債を要するは、各種の事業を経営し並に一般の改良を行ふの計画を実行するに在り、而して日本の国情にては、目下国内に於て募集するは甚だ困難なりと」と報じて外債募集の可能性を臭わせる発言をしている。

当時はロシアとの関係なども睨んで国力を充実させるためにも財源の必要があったが、翌三五年一月には日英同盟が締結され、ロシアに対する対決姿勢を鮮明にしていった。そんななかで、四月には公債や社債を募集、引受けることを業務とした日本興業銀行が開業している。かくて、日本興業銀行は国債、地方債、社債だけではなく、同盟関係を結んだイギリスで大蔵省所有の公債を売り出している。一〇月三日の『東京日日新聞』は、「先頃来当局に於て極秘密の間に進行中なりし外資輸入の談は、漸く円満なる協商を遂げ、双方の調印を了へたり、輸入の方法は大蔵省預金部所有の五分利付公債五千万円を、手取り九十八磅《ボンド》の価格にて日本興業銀行に売渡し、同行は之を香港上海銀行の手を経て、倫敦《ロンドン》市場に百三磅に売出す手筈なり、而して現金は明年二三両月に本邦へ取寄する契約なりといふ」と伝えているが、このようにして募集した公債は人気が高く大成功をおさめた。一〇月一二日の『時事新報』は、「日本公債の売出しは締切と為り、申込額は定額の約三倍に上れり」と報じている。

［図1］はこのようにして得た五千万円の棒で傾いた大蔵を何とか支えているものの、これでは急場しのぎで抜本的解決にはなっていないと諷刺している。［図2］もこの外資導入を諷刺したもので、イギリス狸からの大借金を喜んで三方に受けとめている日本といった内容である。狸は「重荷を押しいたゞいて喜んで居るのはおかしい、今に押しつぶして食物にするのだ」と呟いているものの日本は単純に資金ができたのが嬉しくて、「五千万きん拝借は有難い〳〵」とはしゃいでいるようだ。

日本興業銀行はこのように外資導入にも大きく貢献しているが、三八年には海外投資が業務に加えられ中国や朝鮮への権益拡大に重要な役割を果たしていった。

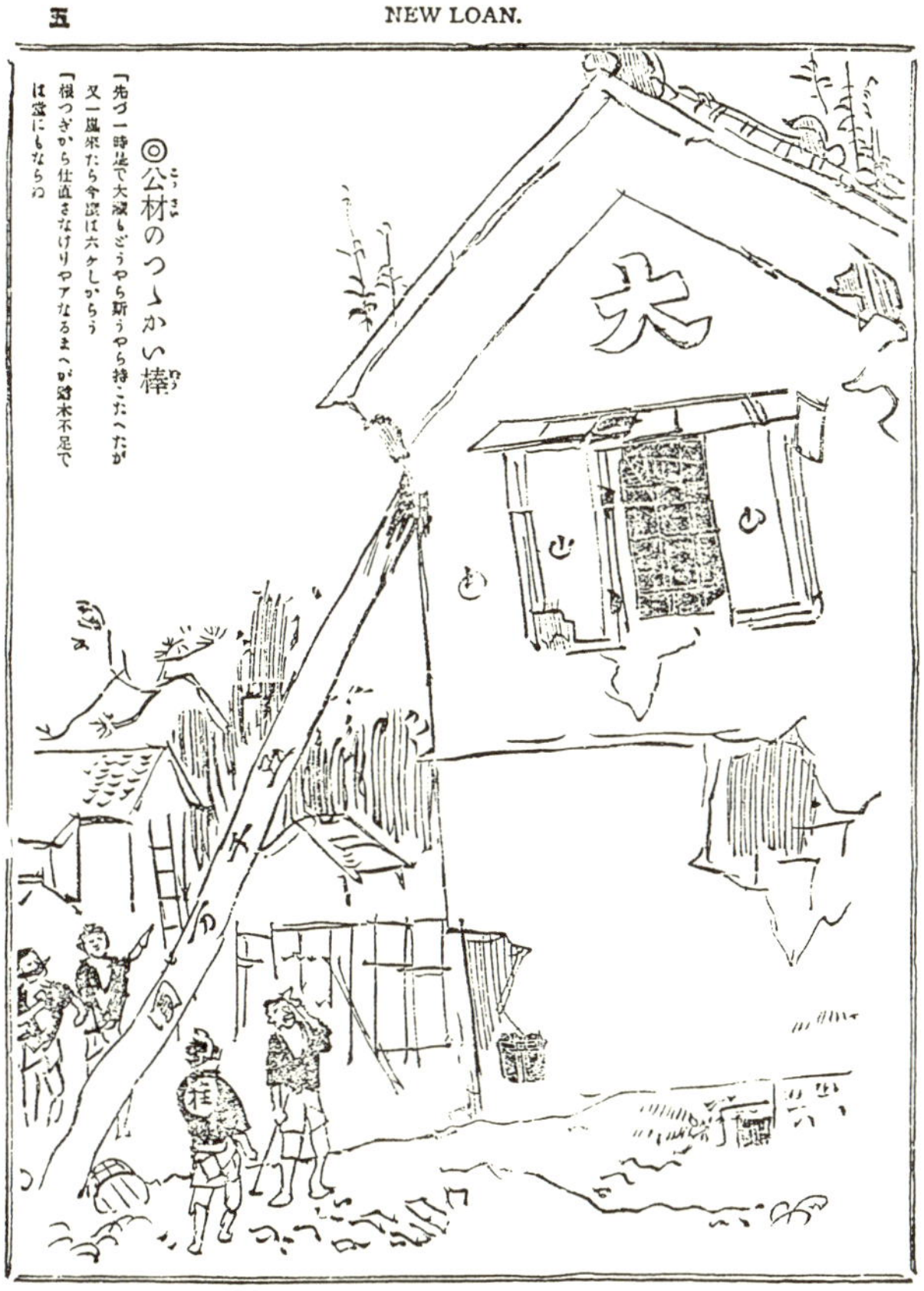


[図1]『団団珍聞』
明治35年10月11日号

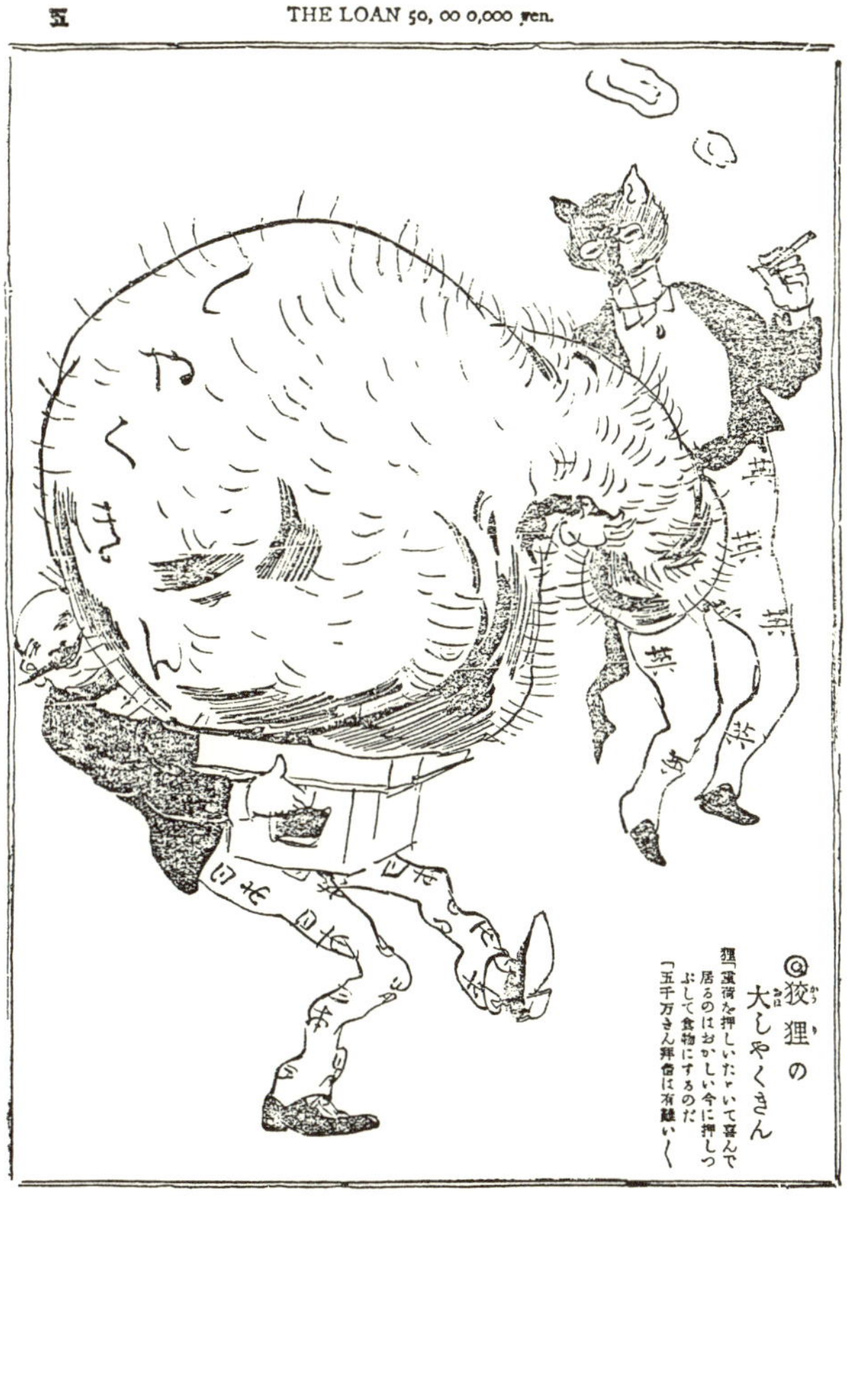


[図2]『団団珍聞』
明治35年10月11日号

# 取引所令改正

I
幕末・明治篇
［46］



## 資本金引き上げに猛反発

明治三五（一九〇二）年六月、農商務省によって取引所令の改正が行われ取引所の払い込み資本金の最低額が三万円から一〇万円に引き上げられた。これにより全国の大多数の取引所が増資を迫られて大きな問題となっていった。三五年六月四日の『中外商業新報』は、「現下の経済界に在ては、各取引所をして実際の増加をなす能《あた》はざらしむるの事情あり。然るに当局者は新規程の施行期限を本年に七月一日となし、今後二十余日間に於て増資及払込をなすべきの難事を強ゆるが故に、一言を以て之を掩《おお》へば、当局者が全国の小取引所に向ひ、謂れなく解散を強ゆるの無状を働くの姿なきに非ず。是れ寔《まこと》に行政上の処置として、穏当を欠くのみならず、或は行政官の権限を超越したるの措置たるなきやを疑はしむるに足れり、故に余輩は切に当局者の反省を請はんと欲する者なり」と批判を展開している。

［図1］は「取りひ木の株」を引き抜いてしまおうとしているところで、場所は「農商務省附属不景木培養場」である。この様子を見ている人は、「一身を賭して斯う根の張って居る取ひ木の株を引き抜かうとするのだ何とえらい力だらう」と不安そうにしている。

いっぽう、［図2］は「蚊面の困難」と題された諷刺画で、

［図1］『団団珍聞』
明治35年6月14日号

取引所令改正で騒ぎ出した経済界を蚊にたとえ、その蚊に刺されて悲鳴をあげている首相の桂太郎だ。桂は、「こんなに騒ぎが出さうとは思はなかつたに実業蚊や経済蚊がブン〳〵やって来るのは困つたものだ、この機につけ込んで、また政治蚊が来るだらう、ハテピシャリと打つ訳にもゆくまいが……」と困った様子だ。

しかし、政府は実施に強気だった。その様子を描いたのが［図3］で「とりひき」と書かれた大蝦蟇が気炎をあげており、まわりの人たちはビックリしている。このような政府の態度に取引所関係者の反発は激しかった。三五年六月一三日の『中外商業新報』は、「東京株式取引所理事長中野武営氏は、今回の取引所問題に就て痛く当局者の措置を憤慨すると同時に、同取引所株主及全国同業者に対し不面目を極めりとて衷心大に決する所あり、今回の反対運動にして愈々《いよいよ》不得要領に了はるが如きことあるに於ては、現職を辞し専ら政界に身を投じて、我が経済社会の擁護に尽力する筈なりしとか、氏の立場としては至極尤もの次第なりと謂ふべし」と報じている。取引所令改正をめぐる混乱で東京株式取引所は暴落して立会停止となったほどである。







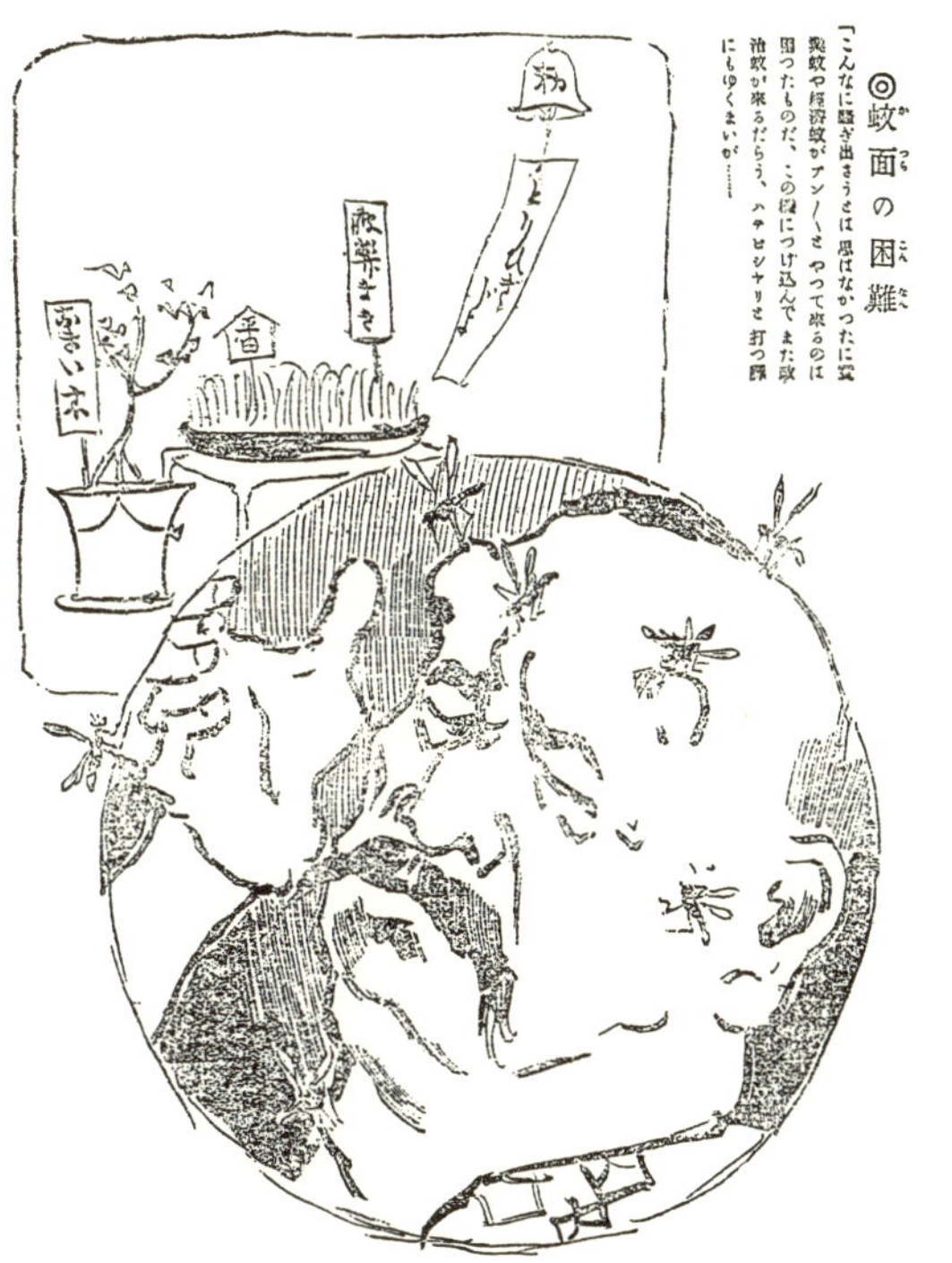


［図2］『団団珍聞』明治35年6月21日号

［図3］『団団珍聞』明治35年6月28日号
「まづどうかこうか問題をふみつぶしたから先づ我々の世の中に成つたと云ふもんだ」

# 日露戦争前夜の日本売り



## 日本不利の予想に公債大暴落

日清戦争に勝利した日本が極東において大国ロシアとの角逐を生じてやがて一触即発の情勢になっていった。諸外国の見方は戦争になった場合、国力の差からロシアが圧倒的に有利というもので、日露戦争直前においては日本の公債は信用を低下させ、海外市場では急激な値崩れを起こしていた。

明治三六（一九〇三）年一〇月一四日の『中外商業新報』には、「日露問題の切迫せるに連れ、倫敦市場の日本公債は低落に低落を加へ居たるが頃来に到り殊に甚だしく昨日の入電に依れば、四分利附日本公債は遂に七十九磅《ポンド》（前電より二磅安）に暴落し、五分利附公債は更に九十磅迄に暴落し実に近来未曾有の大暴落を呈したり。然るに昨着の電信は独り日本公債の暴落のみを報じて、英国公債は変動なきものと見へ何等の報道なしといへば、日露問題の成行を気構へたること勿論にして、同問題の倫敦市場へ反響せる程度の如何に大なるかを察知するに足るべきなり」との記事が載っている。年が明けるとこの傾向はさらに強まっていった。明治三七年一月五日の『中外商業新報』は、「横浜正金銀行へ昨四日到着せし倫敦電報に依れば、四分利附日本公債は去廿八日香上銀行へ着したるものに比すれば、四磅四分の一の大暴落にして七十五磅となり、軍事公債は旧冬廿五日正金銀行へ着せしものに比すれば、一磅五志《シリング》六片《ペンス》四分の一の崩落にて九十磅六志十片二分の一となりしに（後略）」と報じている。

［図1］はこんな日本の状況を端的に表現したもので、「輸入川瀬金貨の流出」とのタイトルがつけられ、「わが国の輸入かわせの氾濫に金貨ながれて海外へ出る」と記されている。小舟に乗った人たちは激流に流される金貨たちをどうすることも出来ずにただ呆然と見ているだけである。

このような状況のなかで戦争のために巨額な財政負担が生じ、増税や外国からの資金調達で賄うこととなる。海外からの資金調達は当初は厳しいものがあったが、何とか達成できて戦争遂行に大きく貢献していった。

［図1］『団団珍聞』明治37年1月30日号

## 日露戦争の戦費調達のため

一六世紀に南蛮貿易で日本に伝えられた煙草は江戸時代には嗜好品として広まり、幕末になると紙巻煙草が入ってくる。明治時代には岩谷商会、村井兄弟商会といった大規模な煙草製造業者が出現して販売合戦が行われたものの、明治三七（一九〇四）年になると日露戦争の戦費調達などで政府の専売品となっていった。三七年七月一日の『報知新聞』は、「煙草の製造専売は愈《いよい》よ本日を以て実施せらるゝ筈にて、昨日迄に諸般の準備は整へられたり。村井、岩谷、千葉を始め其他の製造場は今朝形式的に受授せらるべし（交附金は本日より来る九月三十日迄に申請書を提出し、専売局に於て調査の上決定次第交附する都合なりと）。煙草の元売捌人に指定せられたるもの無慮千八百名、他に三百内外の申請者あれども目下取調中にて未定に属す。小売人の申請者は約十八万人なれど、結局は二十万人内外を指定せらるゝに至るべしと」報じている。

［図1］は「新年後の塩売と莨店《たばこ》」と題された諷刺画である。煙草が専売になってからわずか半年経った時点なのだが、すでに国による専売の弊害が顕著になって来たのであろう。椅子に座って煙草をふかしている役人の煙草屋と平身低頭して売ってもらう客といった姿がそれを象徴している。

［図1］『団団珍聞』明治38年1月7日号

［図2］は「煙草楼山桜の廃業」なる諷刺画で、一番安い価格の山桜が製造中止になったことを批判しているのである。「花の咲く春に向つて山桜の廃業は変だ、今此楼での玉代のやすい女郎が廃業ではいよいよ高い女郎を買はねばならんのか知ら、ほんとに此楼ほど狡猾《ずる》い処はないぞ」と辛辣だが、専売ということで競争がなく、消費者の都合は考慮に入れずに政府が勝手に人気のある種類を廃して利益を挙げようとしているのを見抜いているのだ。

このように不評の多かった専売制度だったが、明治三八年四月一二日の『中外商業新報』は、「台湾に於ても内地同様、煙草専売の制度を実施する由は既報せるが其規程たる台湾煙草専売規則は律令第一号を以て昨日公布せらる、該規程は内地の専売法と略ぼ同一にして、紙巻煙草の専売は三十八年四月一日より、刻煙草の専売は八月一日より実施（後略）」と報じており、広く実施していったことがわかる。

［図2］『団団珍聞』
明治38年3月13日号

# 日露戦争と株式市場



## 戦時のなか相場師が暗躍

日清戦争に勝利した日本だったが、日本が極東に勢力を増してくるにしたがってロシアとの対立は深刻化して、ついには日露戦争へと至る。

明治三七（一九〇四）年二月一〇日、ロシアとの宣戦の詔勅が発せられ日露戦争に突入するが、開戦前から日露の衝突は避けられない状況となり、重苦しい空気が漂っていた。こんななかで株式市場は神経質な反応となっていった。［図1］は「市場の御用筋」というタイトルで、開戦間近の噂で、戦争になった場合にはどのような株が有望なのかを疑心暗鬼している株式市場を描いたものである。戦時に政府の大きな手に乗ることのできる株はどのようなものなのかといった、不安と期待が入り混じった勝負の時が到来ということなのである。

このようななかで、開戦直前には株価が大幅に下落している。三七年二月七日の『中外商業新聞』は、「再昨の株式市場は時局の切迫に連れ、実に日清戦役以来の安値を呼ぶに至り（後略）」と報じている。また、戦争による株式市場の動揺を避けるために東京株式取引所理事長の訓示をも紹介しているが、そのなかで理事長の中野武営は、「国家非常の時に際しては一層其運用を誤らざる様注意せざるべからず、若《も》し夫《そ》れ此大任を担へる仲買人諸君にして徒《いたず》らに恐怖し漫《みだり》に歓喜し、軽挙妄動して失態を暴露するが如きことあらんか、独り仲買人其人の信用を失墜するのみには非ず、実に当取引所全体の対面を毀損するものなり、否当取引所の名誉を汚すのみには非らず、実に国家経済を紊《みだ》るものなれば、此際諸君慎重熟慮好《よ》く其体面を保維し、重要なる経済機関の玄妙を発揮せられんことを切望の至りに堪えず」と述べている。

しかし、実際には戦局次第で相場が変動することは避けられず、二月一一日の『中外商業新聞』は、「昨日本場に沸騰したる東京株式市場の諸株は、大勢上進の商状を呈すべき運命を有すれども、併し彼の沸騰の如きは稍々其度を失せり。今朝は却って引緩を示さゞるべきかと予想せる者多かりしが、俄然旅順に於ける我艦隊の捷報至りたれば人気は再び沸騰し（後略）」と戦争と相場の密接な関係を指摘している。［図2］はこのような戦争相場を描いたもので、大砲を支点として米相場や株式相場が上下している。「鉄砲のドンと取たり取れたり軍次第であたる相場師」とあるが、まさに戦争による相場の変動を象徴しているといえよう。

［図3］は戦時のなかで暗躍する相場師を取り上げたもので、「株の上下は相場師の手加減次第だ」とある。結局は戦争は相場師にとっては千載一遇のチャンスであり、東京株式取引所の訓示などは聞く耳を持たなかったのである。

［図1］『団団珍聞』明治37年1月16日号

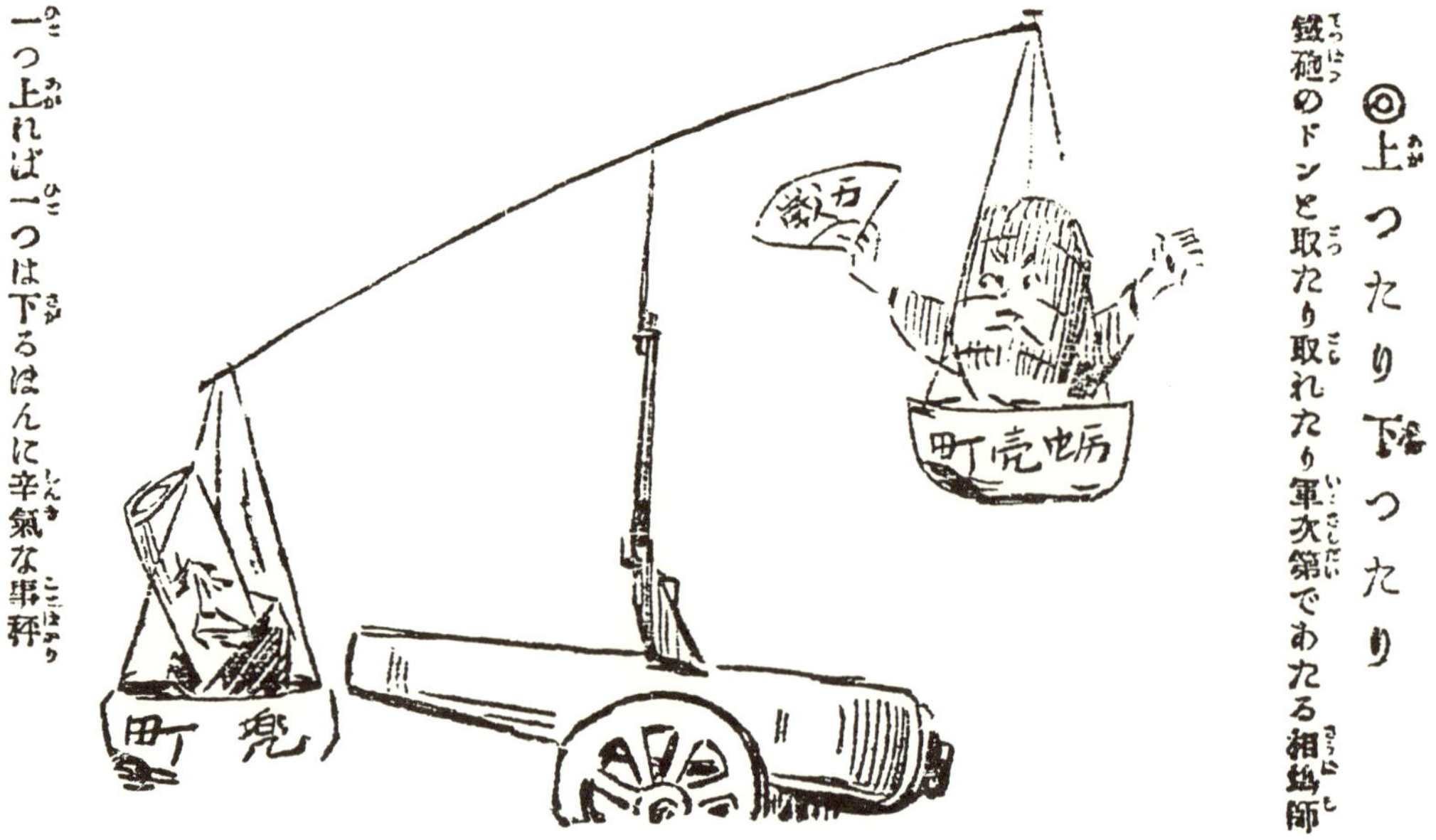


[図2]『団団珍聞』明治37年2月13日号



[図3]『団団珍聞』明治38年5月7日号

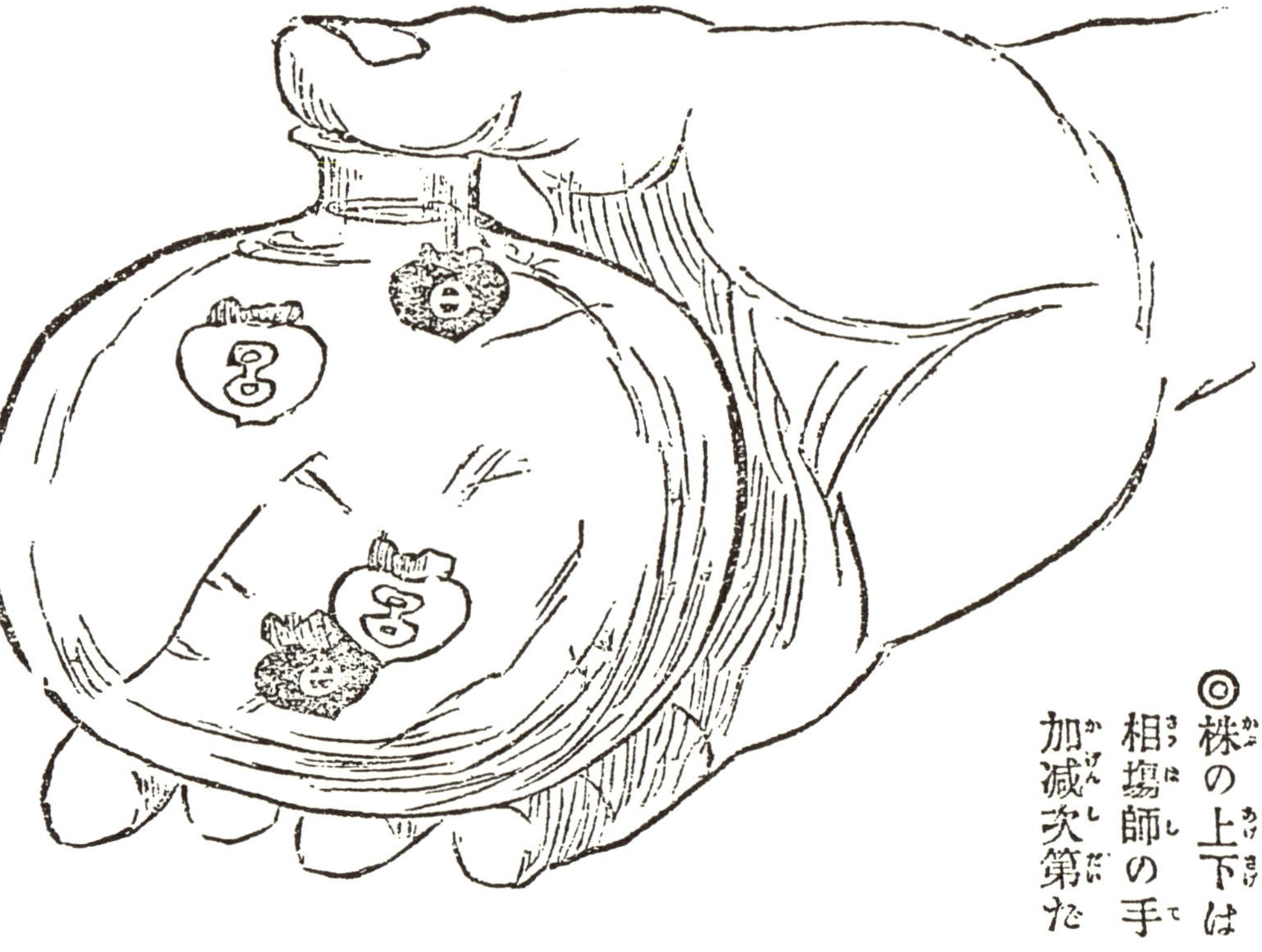

# 日露戦争と公債

I
幕末・
明治篇
［50］

## 戦況有利となるやたちまち人気に

ロシアとの戦争が避けられなくなってきた情勢のなかで政府は多大な軍費捻出のために公債募集による資金調達をはかった。三七年一月二八日の『東京朝日新聞』は、「政府は時局に顧み軍事費として愈《いよいよ》一億円の短期公債を発行することに決定せり、其の条件は五分利附九十五円にして、五箇年間に消却するものなり。是より先き政府は日露の開戦を予期し、普通の軍事公債として軍資を募集する筈なりしが、銀行家は寧ろ短期公債と為さんことを希望し相互の間に多少折合はざる点ありしも、井上、松方の両伯其の間に立ちて調停する所あり、今回前記の条件にて募集することゝなりたるなり」との記事を掲載しているが、そんななかで首相の桂太郎は全国の主要銀行を集めて公債買い入れを要請した。［図1］はそれを描いたものである。紙幣の顔をした銀行が威張って座っているところに桂が平身低頭しながらご馳走を運び込んできたところだ。「銀公の大威張」というタイトルからも政府が銀行に大きく頼って軍費捻出をしようとしていたことがわかる。キャプションには、「懇談のながた町にて財政の事をたのむも金の世の中」とあり、資金確保には政府も下手に出なければならない様子が伝わってくる。

一億円の公債は三月一日に発行されたが、二月一〇日に開戦





［図1］『団団珍聞』明治37年2月6日号

してから日本軍が優勢なこともあって、この公債は人気を呼んでいった。三月一三日の『東京朝日新聞』は、「国債応募申込総額は四億五千二百二十九萬八千百七十五円の巨額に及び、募集額の四倍強に達したり。而して其中第一に受入れらるべき価格以上申込三千四百萬円、二百円以下申込四千四百萬円、合計七千八百萬円あるを以て、募集額一億円より差引き、価格申込及二百円以上の大口三億七千四百廿九萬余円に割当てらるべき金額は、二千二百萬円内外に過ぎず、即ち申込額の約十七分の一強に相当し、一千円に付六十円弱の割当てとなるべき計算なり」とあるように、四倍もの応募があったのである。[図2]はこの応募状況を描いたもので、「四億五千万円」なる高い山を「応募車」と書かれた自転車に乗ったサイコロが一気に登ろうしているところである。「四億五千萬円などゝ応募車の意外に高くのぼるいきほひ」というキャプションが付されているが、まさに蓋を開けるまでは思ってもみなかった公債人気となったのである。

政府はこのようにして集めた資金と外国から得ることに成功した資金によって戦争を遂行していくことができたのである。



[図2]『団団珍聞』明治37年3月19日号

# 日露戦争と外債

I
幕末・明治篇
［51］

## 勝利するも重い借金が残る

日清戦争に勝利した日本は極東におけるロシアとの権益争いをおこない、やがて戦争という事態に突入することとなる。ドイツとフランスは日本の勢力拡大を阻止するために日清戦争後にロシアとともに三国干渉をおこなって日本が獲得した遼東半島を放棄させるなどの圧力をかけていた。いっぽう、日本は明治三五（一九〇二）年に日英同盟を締結してロシアに対抗するという構図のなかで情勢は緊迫の度を強めて、三七年二月一〇日に日露双方が宣戦を布告したのである。中国を破って極東における盟主となった日本だったが、ロシアは世界の列強であり、厳しい戦いが待ち受けていた。国を挙げての総力戦だったことから、莫大な軍費を賄うためには外国からの資金導入が不可欠で、外債募集を実施しなければならなかったのである。

開戦直後、政府は日銀副総裁の高橋是清を欧米に派遣して積極的な資金調達を行った。当初は人気のなかった日本国債だったが、戦局が日本に有利になるにしたがい、外債は順調に募集することができ、資金面から戦争遂行を支えることとなる。

明治三八年三月三一日の『東京朝日新聞』は、「昨日某所への入電に依れば、倫敦《ロンドン》に於ける我が新公債は、去る二十八日午前シンジケートの手より、一般公衆に目論見書を公示し、翌廿



↓［図1］『団団珍聞』明治37年11月7日号

九日午前九時より午後二時半迄の申込を受けたるに、倫敦市中のみにて一千五百萬磅《ポンド》の募集額に対し、一億磅（我が十億円）の申込あり。即ち約七倍に達し、各地方の分は未だ報告に接せざるも、是亦非常の好況なりしを以て、結局十数倍の応募額に達すべしとありたり」と報じているが、この記事からも日本国債の人気のほどが垣間見られる。最終的には軍事予算は一七億円にも達したが、そのなかで国債は一四億もの額を占め、さらにその半分以上は外債で賄われるといった状況だったのである。戦時の軍費調達という事態のなかでの外債募集という政策だったものの、その財政的負担はきわめて大きなものがあった。

［図1］はそんな様子を描いたもので、軍人姿の大黒天が打ち出の小槌ならぬ戦艦を振っているが、かれの背負った千両箱には「国債」「外債」などの文字が書かれている。他の千両箱もすべて軍費の使い道が記されている。そして、戦争には何とか勝利したものの借金だけが重くのしかかってきたのである。［図2］は「借金山道障寺の大悲観世音」とのタイトルからもわかるように、戦後の厳しい財政を象徴するような諷刺画である。賽銭箱は「国民講中」が奉納したようだが、そこに入る賽銭（税金）を頼りにしているようで、結局は国民に負担のしわ寄せがまわってくるといったところだろう。［図3］はこのような財政状況のなかで、戦争が終結しても再び外債を呼び込もうとしている政策を取り上げたもので、「内犀やら外犀やらと、ドシ〳〵居るのに、また外犀か」という言葉が書かれている。

それくらい、戦時の外債は大きな負担としてのこることとなったのである。

［図2］『団団珍聞』
明治38年9月25日号

［図3］『団団珍聞』明治38年12月1日号

## 加藤外務大臣の猛反対

明治五（一八七二）年、新橋〜横浜間に鉄道が開業し、その後、鉄道網はしだいに延長されたが、西南戦争などによる政府資金の枯渇で民営による鉄道建設が行われるようになっていった。その嚆矢が一四年に設立された日本鉄道会社で、上野〜熊谷間を一六年に営業運転している。これ以降、各地に鉄道会社が設立され、私鉄による鉄道網は大きな発展をみるが、鉄道は国有であるべきだといった考えが根強く、二四年には私設鉄道買収法案が出されるほどであった。しかし、鉄道国有化が本格的に浮上するのは明治三〇年代に入ってからのことで、有事の際に速やかに軍事物資を運搬できるようにとの考えからであった。三七年には日露戦争が勃発して鉄道の国有化に拍車がかかり、戦争終結後に一気に進展して、閣議決定され、議会への法案提出となり、三九年三月三一日に鉄道国有法が公布されることとなる。しかし、閣議でも鉄道国有には反対意見もあった。明治三九年三月二日の『東京朝日新聞』は、「加藤外務大臣が前月十七日以来の閣議に於て、鉄国案に反対し居れるは、今や公然の秘密なるが、其反対には経済上、財政上の理由の外、多少政治的の根拠も之あるが如し、一昨廿八日の閣議に於ては他の閣僚に対して、議協《わ》はず、半途に於て退出したり、此に鉄国問題

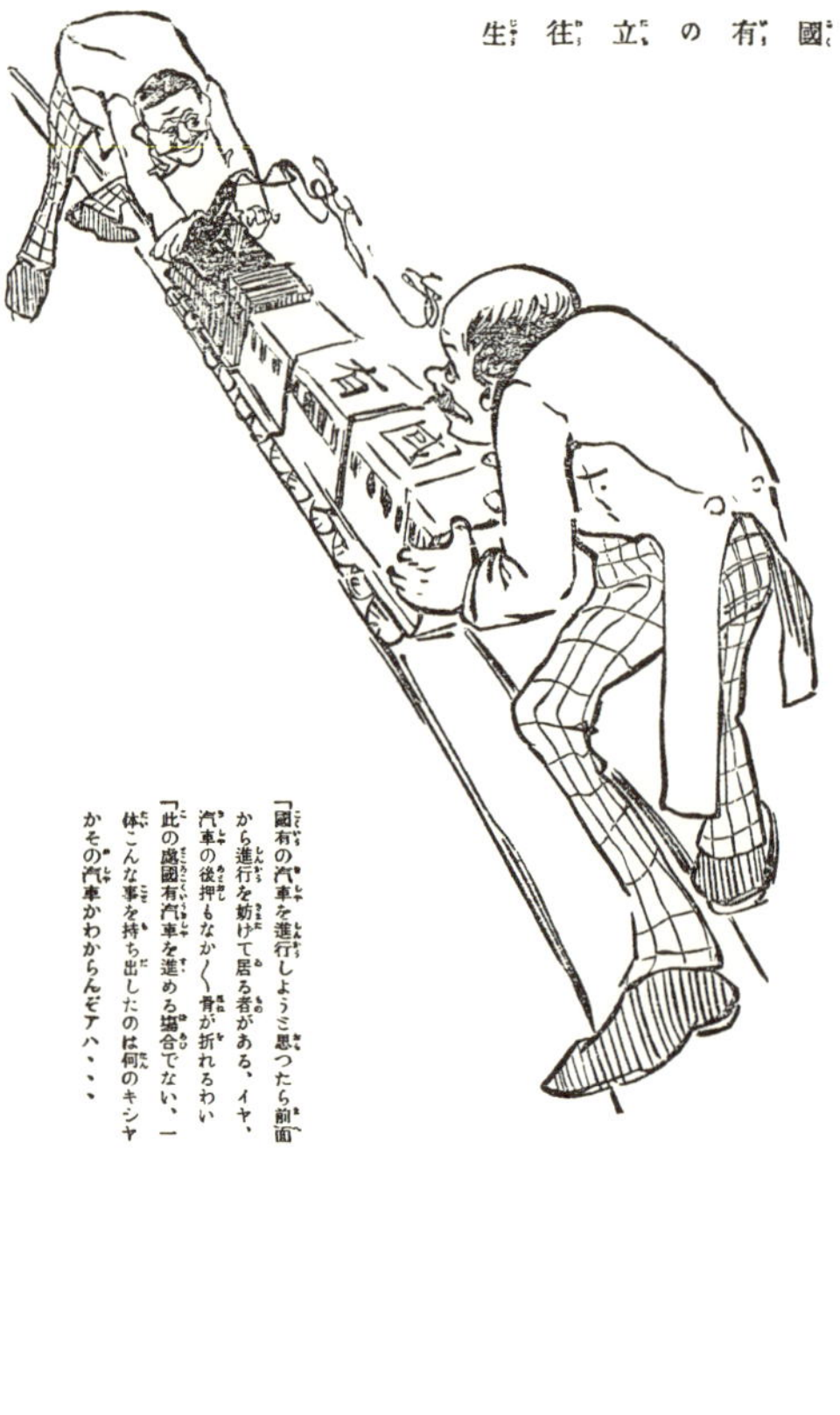

［図1］『団団珍聞』明治39年1月25日号

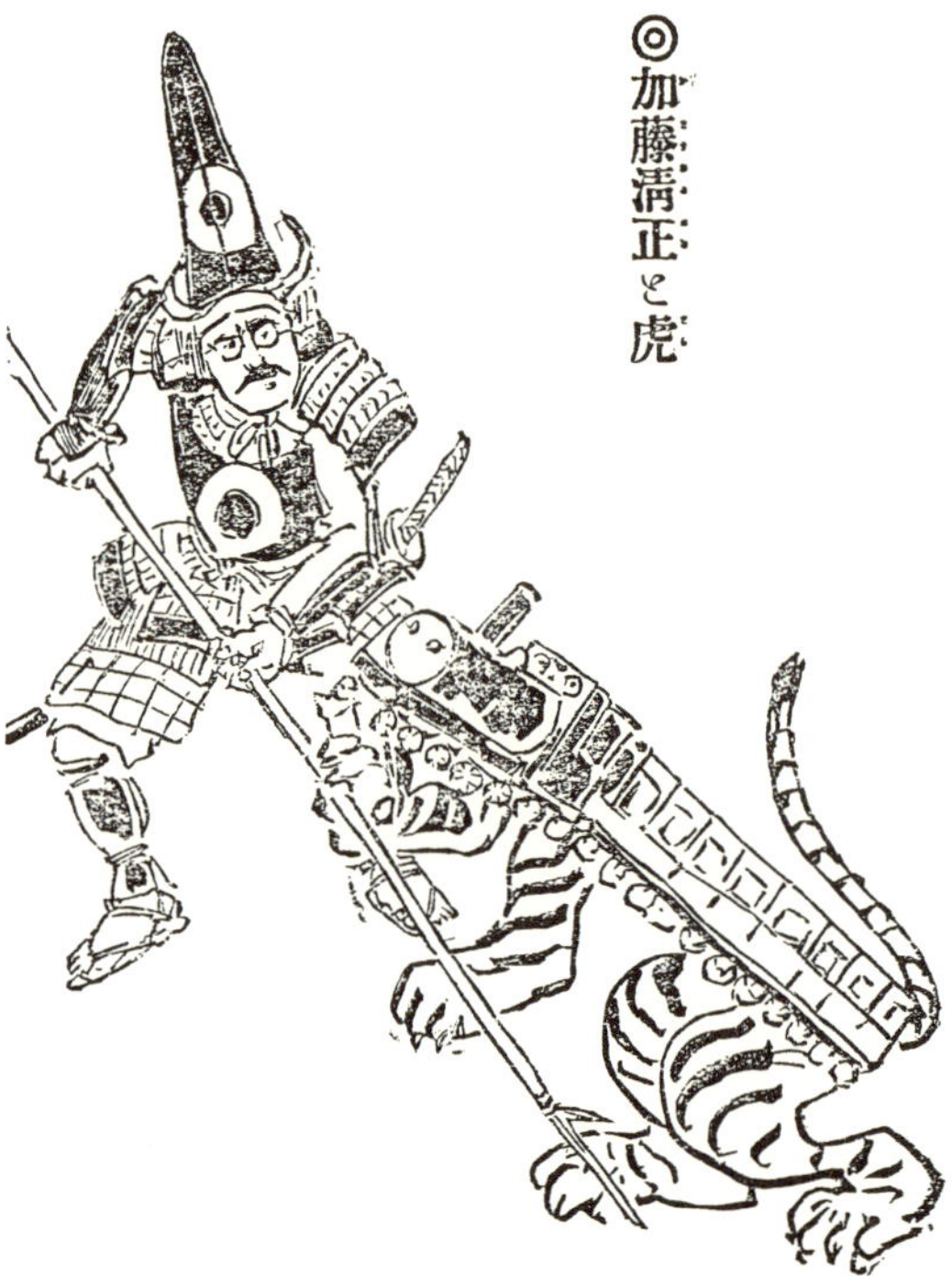

［図2］『団団珍聞』明治39年3月10日号

は愈《いよい》よ政治的問題となれり、西園寺首相は、鉄国案を議会に提出する以前、加藤外相処分問題を決せざるを得ざることゝなれり」と報じており、加藤高明の強い反対があったことがわかる。

［図1］はこの反対を描いたもので、「国有の立往生」とのタイトルがつけられている。「国有」と書かれた汽車を押そうとしているのに反対側から押し戻そうとしているのは加藤である。「国有の汽車を進行しようと思つたら前面《まえ》から進行を妨げて居る者がある。イヤ、汽車の後押もなかなか骨が折れるわい」と愚痴をこぼしているが、こんな状況が政府内で展開されていたのである。

［図2］も同じく加藤の強い反対を描いたもので、加藤清正になぞらえた加藤高明が虎の姿をした鉄道を退治しようとしているところである。しかし、結局は加藤は外務大臣を辞任することとなる。

［図3］は衆議院で鉄道国有法案が可決したことを描いたものである。「衆議屋」なる「鉄道国有鞍」を売る店が開業して大繁盛といったところだ。このようにして鉄道の国有化はすすめられていったが、［図4］は国有化にともない日本鉄道会社の役員たちが慰労金という名目で大金を手にしたことを諷刺したもので、「慰労といふ大宰丸を引ツかゝへて逃げ出すぞ、はやく尻尾を押へろ」と人々が大騒ぎしている。

こんなさまざまなことがあって鉄道の国有化が実現し、昭和六二（一九八七）年まで国有鉄道は存続することとなる。

［図3］『団団珍聞』明治39年3月31日号

［図4］『団団珍聞』明治40年1月26日号

# 日露戦争後の株と新会社ブーム



## 蕪（株）ほどうまい味のあるものはない?

日露戦争に勝利して戦勝ムードに溢れていた明治三九（一九〇六）年には戦後の発展を期待して新会社の設立ラッシュが相次ぎ、増資も盛んに行われ株式市場も活況を呈していった。

明治三九年一二月三一日の『東京朝日新聞』は三九年を回顧する記事のなかで、「戦後の我が経済に関しては、則ち本年は本年の特色を有し、決して昨年の附属年たらざりしのみならず、更に今後数年間の苦楽の種子を蒔きてけり、政府の事業に於て然り、民間の事業に於て又然らざるなし、而して吾人は民間経済の本年の創始特色に於て多く楽観し（後略）」と記しているように民間企業は大いに活気づいていた。[図1] はこんな状況での株取引を取り上げたもので、算盤の上に腰を据えた蕪（株）に相場師たちが食いついているところを描いている。「一攫千金とはこの事だ蕪ほどうまい味のあるものはないわい」という言葉からもいかに株がブームとなり、巨額な利益をもたらしていたかが窺える。三九年一一月二六日の『中外商業新聞』は「株式界見聞」として、「廿五日正午記……未曾有の受渡今十二月限の受渡高の非常の巨額に及ぶべきは、過般来予め報道せる所なれども、前項記載の如く十八萬九千余株、二千二百九十余萬円の巨額に達すべしとは、何人も予期せざりし所なる

[図1]『団団珍聞』明治39年11月17日号

[図2]『団団珍聞』明治39年11月17日号

べく、真に此市場の膨張せるに驚かざるを得ず」と報じているが、このようななかで新会社がつぎつぎと設立されるような状況となっていった。

前出の『東京朝日新聞』一二月三一日号は、「我対清輸出を始め我対米対欧輸出皆大に振はざるなく、一時に貿易の未曾有の繁昌を来し殊に輸出貿易の繁昌を来し、輸出は遂に輸入に超過するの盛況を見たるを以て（後略）」「遂に十一月十二月に入りては、新聞紙上に新事業新株式の広告募集を充満するに至る」などと報じている。［図２］はこの記事を裏付けるような漫画で、まるで田圃の案山子のようにあっちにもこっちにも新会社が出現している様子が描かれている。「戦後の山」というタイトルが日露戦争後の新会社ブームを如実に物語っているといえよう。

しかし、すべてが信頼できる会社とは限らなかったのも事実である。［図３］はそんな様子を描いたものである。「新蕪のメチャ出来」というタイトルからも新会社ブームが見てとれるが、沢山の蕪を前にして、「新かぶもいゝがコー沢山出来ては何れをとって宜いか分らない、大分尻の腐つたのも見えるからうつかりすると当てられるテ」と用心深くなっているようだ。実際にこの心配は的中し、やがて株価の暴落はおこり、株成金が没落していくこととなる。

↓［図3］『団団珍聞』明治40年1月12日号

## 逼迫するなか軍事予算だけは潤沢に

日露戦争に勝利した日本だったが、戦争を継続するだけの余力はなく、樺太の南半分だけをロシアから獲得しただけで、賠償金要求も実を結ぶことなく講和がおこなわれる。これを弱腰外交と怒った暴動も起きて、日比谷の焼き討ち事件が勃発することとなる。政府の外交に対する批判が拡大してついには桂太郎は政権を西園寺公望に譲ることとなるが、乃木希典や東郷平八郎に代表されるような軍人の活躍には国民が喝采をおくった。[図1]は明治三九年一二月三一日の『東京朝日新聞』に掲載された諷刺画だが、「空前絶後ノ年ノ暮」という言葉からも戦争が終結した翌年には軍人がいかにもてはやされていたかが窺える。大きな勲章を胸につけて、鼻高々で酒宴のところだ。

こんな状況のなかで翌年の予算が審議されたのである。国の財政は戦争中の莫大な軍費もあって逼迫していたのである。[図2]はこんな予算の現状を描いたもので、「予算の化物」というキャプションがあるが、ここに登場する化物は何の財政的背景もなく勝手に膨らんでいる予算を象徴的に表現したもので、足のない算盤の幽霊がいくつも出てくるといった具合だ。

明治四〇年三月一六日、四〇年度予算は決定をみるが、その総額は六億余円というものだった。この予算が何たるかを描い



[図1]『東京朝日新聞』明治39年12月31日号

たのが［図３］である。「予算の横行闊歩」というタイトルで、巨人として描かれた六億の予算が堂々と関所を通過するところだが、彼の洋服には大砲、軍艦、兵隊などが勲章のようにさげられている。国会議員と思しき連中はこの巨人が通り過ぎるのを帽子をとって平身低頭しながら見送っているのだ。かくて、［図２］のような財政状況にあるものの、軍事予算だけは潤沢につけられ、軍事大国として進み出していったのである。

［図４］は明治四四年一〇月四日の『報知新聞』に載った軍備拡張と取り上げた諷刺画である。内閣のお堂に「軍備拡張」の大木が覆い被さり、お堂を潰してしまうような勢いであるが、この木の横には「一枝ヲキルモノハ一指ヲ断ル可シ」という恐ろしい文面の立て札が掲げられており、木の太い幹には注連縄が張られていて誰も手を出すわけにはいかないようだ。

日露戦争後の軍備拡張は増税など、国民生活を圧迫する要因となって国家財政に大きな問題を生むこととなる。





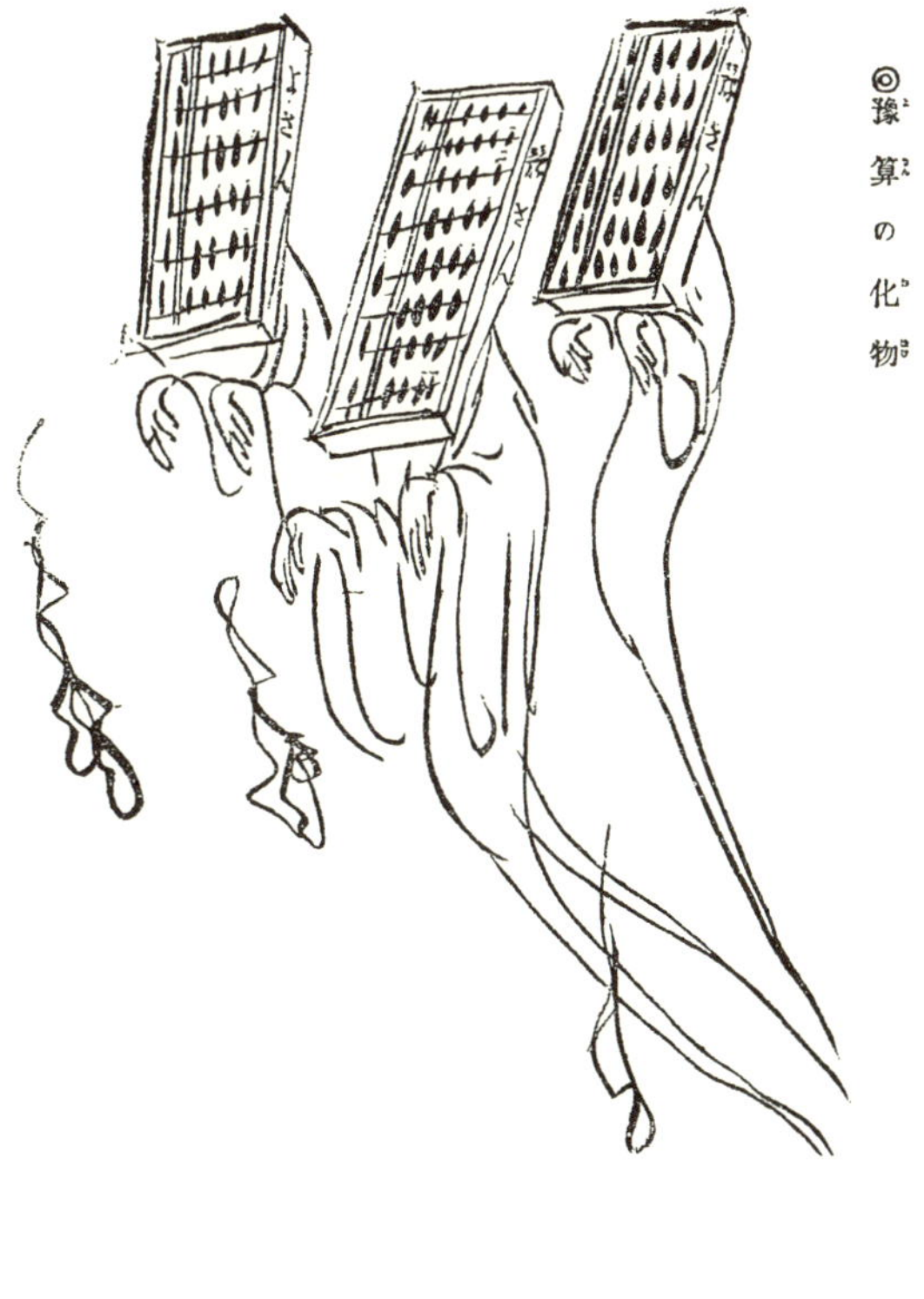

［図２］『団団珍聞』明治39年12月8日号

［図３］『団団珍聞』明治40年2月16日号

［図4］『報知珍聞』明治44年10月4日号夕刊

# 工場法

I
幕末・
明治篇
［55］

## 形だけの労働者保護

近代国家建設をめざして殖産興業を国策に産業振興を推進していった明治政府だったが、労働環境に注意が注がれることはほとんどなかった。そのために劣悪な労働条件を強いられるケースも多く、紡績業などでの女子労働者も過酷な労働環境のなかにいた。また、年少者に深夜労働を行わせることも少なくなく、政府は労働問題を放置しておくと社会混乱を引き起こすかも知れないという危惧を抱くようになり、明治三一（一八九八）年には農商務省が工場法案の起草を行っているほどだ。しかし、雇用主たちの強硬な反対でこの法案が議会に提出されることはなかった。

［図1］はまさにこの年に描かれたストライキを扱った諷刺画である。「舶来同盟罷工」とのタイトルがあるが、同盟罷工とはストライキのことで、外国から持ち込まれたストライキの思想が労働者のなかに広まっていったことが窺える。明治後期にはあちこちで労働争議が持ち上がり、その対策が急がれるような状況となり、劣悪な労働環境に歯止めをかけるためにも工場法の成立が求められるようになっていった。

しかし、雇用者側の強い反対は相変わらずだった。［図2］はそんな状況を描いたもので、「工場法案」と書かれた団扇で







［図1］『団団珍聞』明治31年3月12日号

「夜業」のランプを消そうとしているのを工場主が止めているところだ。こうした抵抗のなかで、工場法は明治四四年三月に成立した。その第三条には、「工場主ハ十五歳未満ノ者及女子ヲシテ、一日ニ付十二時間ヲ超エテ就業セシムルコトヲ得ズ」、また、第四条には、「工場主ハ十五歳未満ノ者及女子ヲシテ、午後十時ヨリ午前四時ニ至ル間ニ於テ就業セシメルコトヲ得ズ」などの文言が盛り込まれて、労働環境の基準を示した。しかし、第一條には「本法ハ左ノ各号ノ一ニ該当スル工場ニ之ヲ適用ス」とあり、「当時十五人以上ノ職工ヲ使用スルモノ」「事業ノ性質危険ナルモノ又ハ衛生上有害ノ虞《おそれ》アルモノ」だけが、工場法の適用範囲だったのである。言い換えれば、最も厳しい労働環境にある零細工場などの労働者はいままでと同じ環境で働かされることを法が認めることでもあった。工場法は労働環境の改善というより労働争議などで社会混乱を引き起こさないため、形だけの労働者保護を標榜して成立した法律だったといえよう。



[図2]『二六新報』明治43年11月12日号

# II

# 大正篇

# 第一次世界大戦と軍事費

II
大正篇
［1］

## 秘密裏に多額の戦費の支出が決まる

ヨーロッパで勃発した第一次世界大戦は拡大をみせ、日本も参戦することとなるが、政府や議会も戦争への対応一色となっていった。大正三（一九一四）年九月六日の『時事新報』はそんな議会の様子を、「軍国の二字に依って弥《や》が上にも重々しく彩られたる臨時議会に白がすりの浴衣が処々に紹紋付に透きながら残暑の扇が他愛もなく動くのを背景としては聊《いささ》か活気の横溢を欠くが、「高が独逸位」と云ふ挙国一致の自負心は這《ママ》の悠々たる大国民の態度に依って表現されて居ないでも無い、貴院は首相外相の演説総計二十五分を以て咳払ひ一つなしに神妙に聴届けられて暫時休憩」などとレポートされている。

衆議院では戦争に関する議論があったものの挙国一致の名の下に審議がすすんでいった。［図1］はこのような議会を描いたもので、首相の大隈重信のかけ声のもとで、政友会、同志会、国民党など、すべての会派が賛成にまわっている議会といったところであろう。

いくら白熱した議論があっても、戦争遂行という大義の前には、結局は挙国一致という流れに抗することができない政治の現実が大きく横たわっていたのだ。

かくて、臨時軍事費も決定されることとなるが、その過程は

［図1］『時事新報』
大正3年9月5日号
画＝北澤楽天

軍事に関する機密ということで秘密会が多く、詳しい内容は国民の知るところとはならなかった。九月六日の『時事新報』には、「戸水寛人氏質問の第一矢として起ち本会議に於ける加藤外相の外交顛末の説明を引照して外交の失敗を難せんとするや加藤外相之を制し秘密会に於て為せる説明を茲《ここ》に引照するに於ては前の秘密会は無意義に終る可しと抗議を為すや議場小波瀾を見たるも結局井上委員長の裁量にて秘密会と決し一般傍聴者の退去を命ず時に三時四十分なりし斯くて秘密会の儘《まま》四時三十分に散会せり」といった報道もあるくらいで、秘密会によって決められていった。

［図２］はこれを描いたもので、戦争に関する「臨時事件費」が「秘密会」という幕の向こうで審議され、国民はただその幕を見ているだけといった状況である。「高い場代を払って居る国民に外交の芝居は一切秘密の幕とは（後略）」との説明が添えられているが、戦争遂行の費用は国民の負担にもかかわらずその当事者には何も知らされないといった不満を表現したといえる。このようにして多額の戦費が支出されていったのである。

［図2］『時事新報』大正3年9月6日号　画＝北澤楽天

# 物価調節令

## 横行する買い占めに実効少なく

第一次世界大戦の影響による生産低下や原料不足などから世界的に物資が乏しくなっていたこともあり、日本でも物価の高騰が起こっている。また、この機に乗じて買い占めや出荷調整によって多大な利益を目論む資本家なども横行して物価は焦眉の政治問題となっていった。

大正六（一九一七）年八月三〇日、政府は物価を沈静させるために物価調節令を公布した。同日の『国民新聞』は仲小路農相の「最も憂ふ可《べ》きものは種々の思惑を試み、又は各種の不穏な手段に依って、国民生活上の必需品に対し買占売惜み等の事から市価の激変を誘致せしめて、其間に暴利を得んとする者のある事だ」というコメントを紹介しているが、このようなことから物価調節令が公布されたのである。このコメントに続けて同紙は「売る可き立場に在る日本製粉会社が売出さずに、却《かえっ》て商品を逆に買占て居る。之が小麦粉を騰貴せしめた最大原因で、同時に他の日清、東亜、両製粉のも引揚げられ、独り迷惑を蒙れる者は一般消費者である」「鈴木商店が買占めた肥料は横浜倉庫に二十萬［ママ］枚から貯蔵されてあるにも不拘《かかわらず》、市場へは売出さうともしない而已《のみ》ならず、満州に在る大豆粕を全部買占めるとか云って居る」などと買い占めの実態を報じている。

［図1］は物価調節令が公布された直後に描かれたもの。「物価調節令」と書かれた街灯が煌々と輝いており、警察が目を光らせているものの、光の届くところでは何も問題が起きていないようである。しかし、たった一本の街灯では闇を照らすのは無理のようで、光の届かない場所では今までのように不正が跡を絶たないといった具合だ。キャプションには、「虚業横町が暗いので不正が行はれると聞いて街灯（物価調節令）を点けて監視すると街灯の光り届く限りは何《いず》れも虫も殺さぬやうな顔ばかりだ」とあって実効があがらないのではとの不安が見える。

［図2］は「政府は物価問題を弄ぶ」とあり、泣き叫んでいる国民をほったらかしにして「物価調節」なるボールで遊んでいるところである。この諷刺画が掲載された大正八年八月二八日夕刊の『二六新報』には、「政府は物価調節問題に関し各般の方面に亘り之が実行案の具体案を調査研究し逐日騰貴する日用諸物価の価格を緩和せんとする方針を樹《た》てつゝあるが諸物価調節を行はんとせば之が為に産業の萎縮となり失職失業者の輩出するのみならず惹いては経済界に悪影響を与ふことをも考慮せざる可からず」などと、政府の方針がグラグラしていることを報じている。こんなことから［図2］のような諷刺画が描かれたのであろう。

いっぽう、［図3］は政府が物価調節に取り組む真の目的は生活不安から共産主義など政府に都合の悪い思想が広がるのを防止するためだと指摘している。「生活不安」者に「物価調節」なる薬を散布し黴菌がつくのを予防しているのである。物価調節にはこのような側面が見え隠れするといった鋭い諷刺画だ。

［図2］『二六新報』大正8年8月28日号夕刊





［図3］『時事新報』大正6年5月21日号　画＝北澤楽天

［図1］『時事新報』大正6年9月3日号　画＝北澤楽天

# 第一次世界大戦と製鉄

## 鉄成金から一転、鉄不足に泣く

　戦争が始まると鉄はもっとも貴重な戦時物資として位置づけられるが、第一次世界大戦においても鉄は国の戦略上大きな意味を有していった。［図1］はそんな国際情勢を描いたもので、「鉄は頗る高価だ」というタイトルがあり、「米国の鉄輸出解禁の為め日本は大奮発でさつびら（船舶供給）を切つて売方の要求に応じるつもりだが……鉄は頗る高価で……この取引は中々捗どらない」との解説がつけられている。日本が船舶を持ち込んで鉄を売ってもらおうとしているが、アメリカのガードは堅いようで、「禁輸」の鍵はなかなか開けてくれそうにない。

　こんなこともあって国内では鉱山開発が盛んになっていった。大正六（一九一七）年一二月二二日の『都新聞』は「時局の発展に伴ひ種々の事業が発達して来たが、就中化学工業の進歩せる為め鉱山熱が熾烈を極めて居る」「本邦主要鉱山よりの産額は本年に入りて一層増加を示し、大正五年度より二割七分強の増率を示して居る。銅、硫黄、石炭も同様であるが特に鉄は時局の刺戟から朝夜共に鉄の採掘に力が注がれ、今年一月以降十月迄の累計に於て前年よりも百七十二万六千噸、約二割増加であるが（後略）」などと報じている。

　その後も対米船鉄交渉が行われた。七年三月二八日の『中外新報』は「廿三日金子直吉、浅野良三の両氏と米大使との会見に於て交渉進捗し略意見の一致を見るに至りたるが故に改めて逓信当局の同意を得たる上廿五日正式に船鉄交換の協議を成立せしめたり」と記している。その後、第一次世界大戦が終結に近づくと鉄や船舶に関する状況にも変化が生じていった。七年一一月一七日の『時事新報』は「休戦条約成立し講和の時期も愈々接近し来れるが其本邦造船業に及ぼす影響に就ては、造船所各自の地位に依り自ら異る可し。即ち時局以来急激に勃興し来れる所謂出来星造船所の多くは事業的基礎甚だ薄弱にして世間の信用も少きを以て、若し一般造船手控へ勝となるに於ては自然事業休止の已《や》むなきに至るやも知れず（後略）」と論じているが、［図2］はえびす顔だった「鉄成金時代」が終焉し、救済を乞うほどになった製鉄業の状況を描いたもので、「変れば変るものよ製鉄事業のきのふけふ」というタイトルが製鉄業をとりまく変化を端的に示しているといえよう。

[図1]『時事新報』
大正6年10月28日号
画＝北澤楽天

[図2]『時事新報』
大正8年5月11日号夕刊
画＝北澤楽天

# 外国米管理令

II
大正篇
［4］

## 米価を下げる役目を果たせず

インフレによる米価の上昇に加えて都市勤労者の増加、すなわち非農業人口の急激な膨らみによって米は不足し始めた。このような状況に乗じて買い占めや売り惜しみも横行して米価は高騰していったが、政府がその対抗策として打ち出したのが外国米管理令である。大正七（一九一八）年四月二五日、この法令は公布されたが、四月二七日の『中外商業新聞』は、「昨今の米価は未曾有の暴騰を来し為に一部社会が非常なる困厄に陥らむとすること今や蔽《おお》ふべからざる事実にして曠古の時局に際し国民経済上此の変調を来したるは甚だ憂慮に堪へざる所と謂はざるべからず。抑々今回の米価暴騰の原因は主として消費の激増及之に伴ふ投機者の跳梁に在るものゝ如し而《しか》して右の内投機に対しは鋭意之が取締を試みたりと雖《いえど》も固《もと》より之のみを以てしては充分に米価調節の目的を達すること難く日を追うて漸騰するの勢ひを示せり」とのことから外国米管理令を公布したとの仲小路農相のコメントを紹介している。外国米輸入管理をすることで投機による買い占めが売り惜しみを排除しようという意図からの法令公布であった。

［図1］はそんな状況を取り上げたもので、仲小路農相が外米で奸商を押しつぶしているところである。「大得意の仲小路

↓［図1］『二六新報』大正7年5月12日号夕刊

農相曰く「オノレ奸商共ナント骨身に堪へたか」」と自信満々の様子である。しかし、外米輸入に関する高い関税にはまったく手をつけないという大きな欠陥を持った法令でもあった。このあたりの矛盾を四月二七日の『東京朝日新聞』は、「毫《すこし》も関税に手を着けず、依然高き障壁を其儘《そのまま》に存し置きながら、一方に於て外国米の移入を奨励し、之に対して補助金を給与せんとするが如きは、前後矛盾の甚だしきものにて、吾人は政府の誠意を疑はざるを得ざるなり」と社説で指摘している。

関税を見直すという根本的な政策を行わなかったために結局は外国米管理令によって米価は低下することがなかった。さらにシベリア出兵という要因もあって米価は政府の意図と正反対に騰貴を続けることとなる。

［図2］は外国米管理令によって米価騰貴が沈静しないために米価調査課を新設することとなった状況を描いたもので、仲小路農相が、「最早容捨相成らん」と「米価調査課」の刀を抜いて投機の幽霊に斬りかかろうとしているところである。このように、外国米管理令は結局は米価を下げる役目を果たすことが出来ず、ついには米騒動へと発展することとなるのである。

↓［図2］『二六新報』大正7年7月30日号夕刊

# 米騒動

II
大正篇
［5］

## 焼きうち、打ち壊しに政治家の対応鈍く

第一次世界大戦中にインフレが進行し、大正七（一九一八）年に入ると非農業人口激増にともなう米不足が顕在化していった。それによって米価の上昇が大きな社会問題として浮上したが、この機に乗じて地主や資本家による米の買い占めや売り惜しみが行われて米価の急騰に拍車をかけて民衆の不満が広がっていった。

［図1］は米価の高騰を諷刺したもので、左足には「収入」、右足には「物価騰貴」と書かれた下駄をはいているものの、下駄の足の長さがあまりにも違っていて、危なっかしいところに、騰貴した「米」の大石が挟まって倒れそうになっている中産階級を描いている。いっぽう、［図2］はそんな月給取り（月給鳥）が籠に入れられ苦しんでいるなかで、豪農たちは米を蔵のなかにしまい込み、米相場を睨みながら儲けを企んでいるといった具合だ。

七月二三日には富山県魚津町において女性たちによって米が運び出されるのを阻止しようとする動きが出るほどまでに深刻な問題となり、魚津の出来事は近隣に波及して、やがて富山湾沿岸一帯に広がっていった。

八月五日の『大阪朝日新聞』は「富山県下一帯に昨今物価騰



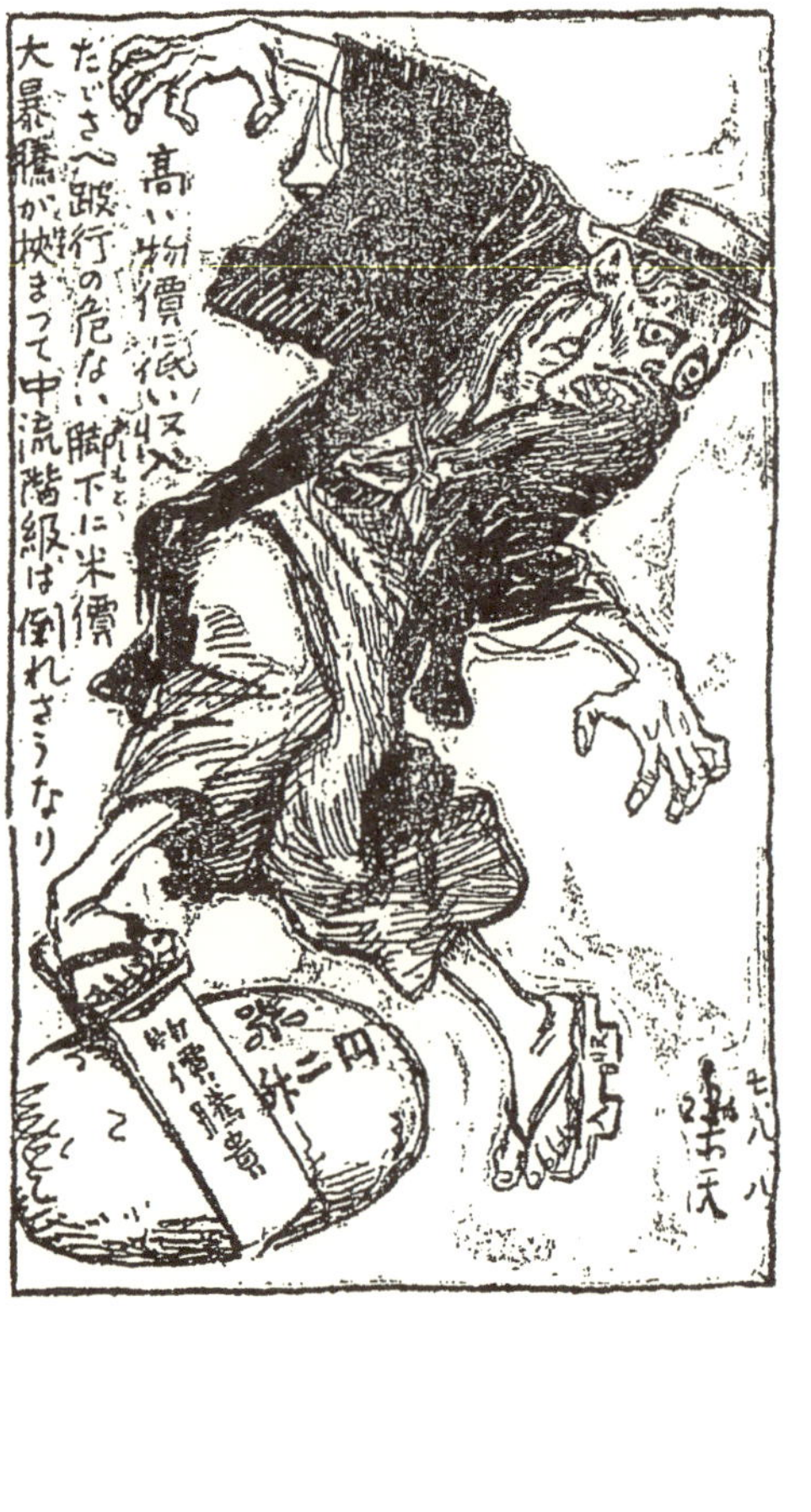

［図1］『時事新報』大正7年8月8日号夕刊　画＝北澤楽天

［図2］『時事新報』大正7年8月12日号夕刊　画＝北澤楽天

貴の為めに貧民の窮状甚だしく、殊に北海道樺太等へ出稼せる漁夫町にては一層惨憺たる有様あり。過般来魚津、滑川、水橋等の町には何となく一揆の起るらしき不穏の気分漲り居たるが、三日午前七時頃中新川郡西水橋町に大暴動蜂起せり」と報じている。

　このように、富山の暴動が新聞で報道されたことによって騒動は全国に飛び火していった。八月には京都、名古屋、東京などの大都会でも騒動が起こって社会不安をさらに増幅させた。

　都会における米騒動は職人や小さな工場の労働者などが多数参加しており、農村では小作と地主の対立も激しくなり、各地で焼きうちや打ち壊しが多発していった。

　しかし、こんな大きな社会問題に対しての政治家たちの反応の鈍さもさまざまに諷刺されている。［図3］は自分の頭の蠅も追えないのにシベリア出兵や経済援助を行う首相の寺内正毅である。いっぽう、政友会の原敬は「大会遊説中止」という団扇を持ちながら寝入ってしまっている（［図4］）し、憲政会の加藤高明は米騒動のごさくさのなかで亀のようにノロノロと動きはじめている（［図5］）始末で、国民の危機感は感じていないようだ。

　九月に入って米騒動により寺内内閣は総辞職して原敬によって新しい内閣がつくられることとなる。

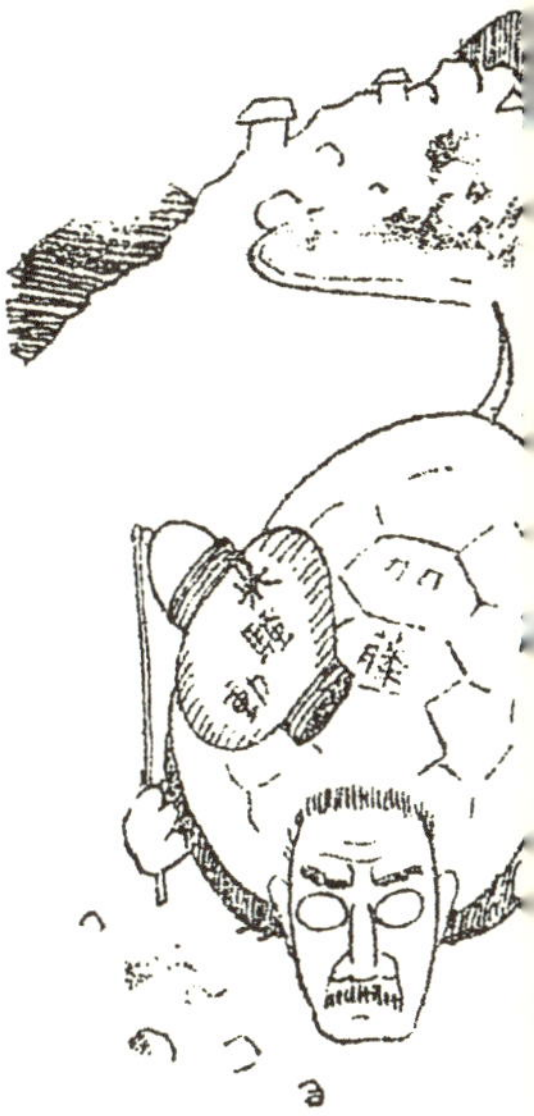

［図5］『二六新報』大正7年8月21日号夕刊　画＝北澤楽天

［図3］『時事新報』大正7年8月23日号夕刊　画＝北澤楽天

［図4］『時事新報』大正7年8月20日号夕刊　画＝北澤楽天

## 戦時利得税

Ⅱ
大正篇
［6］

### 戦争成金には厳しかった「成金税」

利に聡い者によって戦争を巧みに利用して巨利を得ることはしばしば行われているが、第一次世界大戦においてもこのような行為が横行して社会問題となっていった。濡れ手で粟を摑むような利益を上げた人たちは金を湯水のように振りまき世間の顰蹙をかうことも少なくなかった。

［図1］は海運で儲ける人たちと、それを何とか取り締まろうとする行政を描いたものである。「船舶行政」とのタイトルがつけられ、「運賃の制限をすれば制限のない貨物ばかりを取扱はうとし、航路補助金は辞退しても有利の航路のみを選ばうとし成金風の吹く方へばかり船を行る船舶業者を操縦するので田《でん》逓相は大骨折り！」との解説がある。成金風に乗って荷物を満載にして航行する船を何とかコントロールしようとしている逓信大臣の田健次郎だが、ほとんど効果はあがっていないようだ。これと同様に、さまざまなケースで政府の規制をうまくくぐり抜けて利益をあげる企業や商人は跡を絶たなかった。

そんな状況のなかで戦時利得税が徴収されるようになったが、戦時利得税は一般に成金税といわれていた。大正七（一九一八）年九月七日の『都新聞』は「戦時所得税の徴収が愈々《いよいよ》本月一日から開始された。市内では大頭の成金連に対しては既に区役所

↓［図1］『時事新報』大正6年9月6日号　画＝北澤楽天

●船舶行政　運賃の制限をすれば制限のない貨物ばかりを取扱はうとし、航路補助金は辞退しても有利の航路のみを選ばうとし成金風の吹く方へばかり船を行る船舶業者を操縦するので田逓相は大骨折り！（樂天）

から納税の通知書を発した向も少なくないが、小成金に対しては其の財産調査が捗らないために未発の分が多い」と成金税の徴収について記している。

いっぽう、企業に対する成金税も遅々としていた。九月八日の『東京日日新聞』には「個人に対する戦時利得税は調査既に了り、目下夫々決定通知書発送中なる事は既に記した。然るに法人の分は決算期が区々になっている為め従って課税の決定も一様ではないが、個人と異り事業複雑を極め、課すべき税も莫大の額に達するので其の調査の如きも容易に捗らず、東京税務監督局所管に於ける決定は僅に廿《にじゅう》件位だと云ふ」という状況だった。

それでも成金税は巨利をあげた者にとっては、厳しい税制であった。[図2]は成金税を描いたもので、米騒動で痛めつけられた成金に成金税が追い打ちをかけているといった具合である。この図に添えられた「米騒動で宜い加減に痛め附けられた成金共、今度は成金税でウント油を取られるとは痛快じや痛快じや」という文からも、成金に対する庶民の感情を窺うことができる。

↓[図2]『二六新報』大正7年6月27日号夕刊　画＝北澤楽天

泣面に蜂、成金税
米騒動で宜い加減に痛め附けられた成金共、今度は成金税でウント油を取られるとは痛快じや痛快じや
米暴動
成金税
百円

# ＩＬＯ加盟

## 労働者問題に政府と資本家の思惑

第一次世界大戦後の大正八（一九一九）年、労働条件を改善するために国際労働機構（ＩＬＯ）が設立された。一九世紀における資本主義の発達は大量の工場労働者をつくっていったが、彼らの多くは貧困にあえぎ、大きな社会問題となっていった。また、ロシア革命による国際的な社会、政治不安も増大し、第一次世界大戦終結のためのベルサイユ条約によって労働改善による社会正義を実現して平和に寄与することが決定されたのである。日本はＩＬＯの設立とともに加盟している。

［図1］は講和会議における国際労働規約が各国の一致で通過して実現する運びとなったことを取り上げたものである。「欧米の労働者」によって今まで閉ざされていた戸が開け放たれ、「国際労働規約」の光が差し込んできたところである。そのあまりにも眩しさに日本の労働者はビックリしている様子だが、こんなところにも彼我の環境の違いが浮き彫りにされているといえよう。

国際労働規約の成立をうけて、第一回国際労働会議が開催されることとなったが、この会議へ出席する労働者代表の選出をめぐって政府と労働団体との間で大きな意見の差が生じていった。労働団体は労働者代表は労働団体が自ら選出する権利があると主張していたが、政府は全国の二〇〇人以上が働く事業所から委員を選出し、その委員が各府県の協議員を選び、それに官営工場代表などを加えて代表者選定全国協議会を開催して国際労働会議に派遣する代表を選んだのである。

労働団体はこれに猛反発して反対運動を展開、代表一行が出発する東京駅や横浜港では数千人がデモを行うほどで、彼らは手に手に位牌や弔旗を持ち政府主導の代表選出の不当さをアピールしていった。

［図2］はこのような労働問題に関しての思惑の違いを指摘したもので、「労働問題」という山へ資本家、労働者、当局が日の丸を掲げながら仲良く登ろうとしているが、本当に上手くいくのだろうかと疑問を投げかけている。「登山の足並みが揃へば宜いがナ……」という解説がそれを象徴しているといえよう。

いっぽう、［図3］は政府と資本家が労働問題解決のために新しい団体をつくったことを取りあげている。キャプションには、「政府当局と資本家並に有識者等が協力して、資本労働問題の解決に当る可く信愛協会改め協調会を組織した。誠に結構な事では有るが、生れたばかりの此の協調会に多くを期待する事が出来るか知ら……」とその成果を疑問視している。

ＩＬＯが設立されて日本も加盟し、最初の国際労働会議をめぐってもさまざまな問題が噴出していたのである。

［図1］『時事新報』大正8年5月13日号夕刊　画＝北澤楽天

［図2］『二六新報』
大正7年7月17日号夕刊



［図3］『二六新報』
大正8年7月26日号夕刊

# 労働争議調停法

II
大正篇
［8］

## 動物の待遇から人間の待遇へ！

ロシア革命、米騒動などは労働者の意識に変化をもたらし、各地で労働争議が頻発するようになっていった。労働争議は大企業に限らず広く行われたために社会不安を引き起こしていった。大正一四（一九二五）年六月一九日の『東京日日新聞』は、「浅草の観音劇場に出場している国粋劇明石潮とその連盟の門脇陽一他卅余名が連袂脱退したことは劇壇近来の事件として注意されている。脱退組は動物の待遇から人間の待遇へといふ要求条件を木内興行主に提出し木内氏はこれを拒絶し全く労働争議の形式をとって対峙している」と舞台俳優の世界にも労働争議が波及していったことを伝えている。

［図1］はこのような世相のなかでの普通選挙に関わる動向を描いたもので、「普選」という風船を取ろうと小さな無産者政党が乱立しているところである。「普選の影響を受け無産者まちまちの政党を作つて争ふ」との解説が添えられている。

こんななかで政府は争議行為禁止規定を定めた治安維持法一七条の検討を行い、行政調査会において審議されて一五年四月九日に労働争議調停法は公布され、七月一日を以て施行された。［図2］はこの労働争議調停法を取り上げたもので、右には労働者を象徴するツルハシ、左には金の入った大きな袋と思





［図1］画＝岡本一平

しきものが描かれており、資本家をあらわしているのであろう。その真ん中で行司役をしているのが労働争議調停法の調停委員会なのだろう。軍配には「天下泰平」とあり、争議回避をしようと懸命のようだ。行司の右半分は労働者の服装、左半分は資本家の服装をしているのも労使の行司役という意味が込められているからといえよう。

労働争議調停法の成立は労働者の権利保護においての前進であったが、公益事業において争議が発生した場合は必要に応じて行政サイドからの強制調整を認める内容で、調停中の争議が禁止されるといったものだった。



［図2］画＝岡本一平

# 浜口蔵相緊縮財政

II
大正篇
［9］

## 解雇に就職難。「緊縮」に不景気が広がる

大蔵官僚を経て大正元（一九一二）年一二月に第三次桂太郎内閣の逓信次官に就任、三年には第二次大隈重信内閣の大蔵次官となり、翌年に衆議院議員に当選した浜口雄幸は財政通の政治家として活躍して一三年六月に加藤高明内閣の大蔵大臣、さらに第一次若槻礼次郎内閣でも大蔵大臣に留任して緊縮財政を推進していった。

［図1］は「大正十四年度の緊縮振り」と題された漫画で、大蔵大臣に就任した浜口によってすすめられている緊縮財政を描いている。浜口自身が率先して身を縮めて緊縮財政という小さな穴に入っている。陸軍の軍人も同じようにしているものの、サーベルがつっかえて穴には入れないようだ。このように軍からの強い反対があったものの浜口は緊縮財政を推進していった。キャプションには「陸軍も極力縮こまつて見せ給へ、サーベルがつかえるなんて勝手な事云はずにな、世界の軍縮会議がまた開催される時節だサウダサウダ、モウ一ト息だ、ちゞこまれ、ちゞこまれ！」とあり、軍人の横にはさらに小さな「理想的緊縮の型」なる穴があり、まだまだ厳しい緊縮財政が行われるような状況だ。

そして、翌年も浜口は自らの政策を推進していった。大正一四年一一月一五日の『東京日日新聞』は「幣原外相以下各大臣共熱意をこめてそれぞれ大蔵当局より削除又は削減を加へられたる重要費目につき復活再要求の理由を強硬に主張しこれに対し浜口蔵相は財源関係を盾にとって承認困難の意見を力説し互に論戦を闘はし（後略）」と一五年の予算をめぐるやりとりを報じている。［図2］はこんな浜口の様子を描いたもので、「大正十五年度予算」と書かれた金庫を前足で押さえて踏ん張っている浜口ライオンである。

しかし、緊縮財政によって不景気も広がっていった。［図3］は不景気で大学を卒業しても容易に職にありつけない学生たちを描いたもので、「嗚呼就職難」というタイトルがつけられている。また、［図4］は世の中の不景気の状況が描かれている。クビになった労働者、青息吐息の商人、強盗の横行、閉鎖された工場など庶民は苦しい生活に悲鳴をあげているにもかかわらず浜口は緊縮財政に自信を深めているようだ。

そんななかで失業調査が実施されたが、大正一四年一〇月一日の『報知新聞』は浅草公園における調査の状況を「浅草区役所の調査員が照らすちようちんにうつる浮浪者の群は畳の上に寝ている人々の想像の他である。「失業調査ですかい、そんなひまがあるなら先づ明日の仕事口でもさがしてくれ」と悪びれず皮肉な口をきく者もあれば（後略）」とレポートしている。

［図1］『時事漫画』
大正13年8月10日号　画＝北澤楽天

［図2］『時事漫画』
大正14年11月9日号　画＝北澤楽天



［図3］『時事漫画』
昭和2年3月13日号　画＝北澤楽天

［図4］『時事漫画』
昭和14年5月31日号　画＝北澤楽天

# III

# 昭和・戦前篇

# 昭和金融恐慌のきっかけ

## 片岡蔵相の発言が取り付け騒ぎを招く

昭和二（一九二七）年三月一四日、衆議院予算委員会では関東大震災後の銀行経営の行きづまりに関する諸問題が審議されていたが、この委員会で大蔵大臣・片岡直温は「東京渡辺銀行が破綻した」と答弁した。実際には東京渡辺銀行は融資を受けて維持されていたが、片岡の発言は不安定な経済情勢のなかで大きな衝撃となってアッという間に伝わり、各地で銀行の取り付け騒ぎに発展して休業する銀行も出るほどだった。

［図1］は片岡の発言によって銀行が大きな混乱に陥ってしまったことを描いたもので、キャプションには「片岡蔵相の片言、銀行界に大地震をおこす」とあるように、片岡の不用意な発言によって金融恐慌が起こってしまったことを諷刺している。片岡の周りには吹き飛んでしまった銀行がいくつもあるが、左下の「ワタナベ銀行」は片岡発言で多大な被害を被った東京渡辺銀行、左上はやはり取り付け騒ぎで休業を余儀なくされた中沢銀行である。

［図2］はこんな取り付け騒ぎを取り上げた漫画である。高利貸しから金を借りている人が見栄をはって取り付けのために銀行に押し寄せた行列に並んでいる様子が描かれているが、まさしくこのような行列があちこちで見られ、正常な銀行業務が停止してしまったのである。この漫画の主人公は不景気で高利貸しに借金があるようだが、世間では不景気風が吹きまくるなかでの片岡の発言だけにパニックが起こってしまったといえる。

この不安を沈化するには日銀が貸し出しを速やかに行い、銀行が破綻するという不安をうち消すことが必要で、日銀は四億三千万円もの非常貸し出しを実施して対応していった。［図3］はこの日銀の非常貸し出しと、それを招いた取り付け騒ぎを描いたものである。「自分で自分のお蔵に放火する預金者！」とあるように、預金者の取り付けによって銀行が破綻に追い込まれ、それによって損をみるのは預金者自身なのだと言っているのである。通帳を持った預金者が銀行に「取りつけ」という火を付けたために銀行は燃え上がっている。

そんな状況をみて「日銀非常貸出」なる消防車がかけつけて消火しようとしている様子も描かれているが、この非常貸し出しによって取り付け騒ぎの火は鎮火していくこととなる。しかし、取り付け騒ぎが沈静化をみせているなかで台湾銀行が多額の貸し付けをしている鈴木商店の破綻により、台湾銀行に対する不安から各銀行が台湾銀行から資金を引き揚げ、やがて、モラトリアムへと事態はすすんでいく。

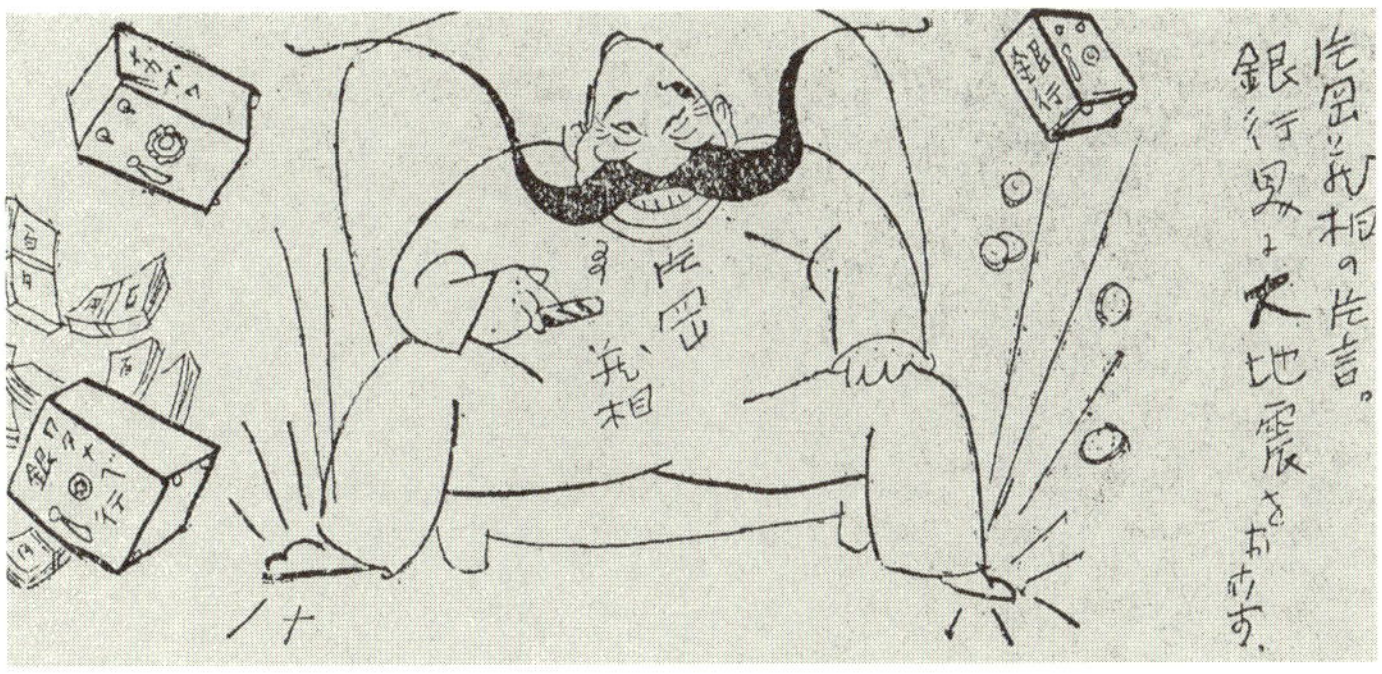


［図1］『雄弁』
昭和2年5月号
画＝宍戸左行

［図2］『時事漫画』
昭和2年4月24日号

［図3］『時事新報』
昭和2年4月22日号
画＝北澤楽天

## 高橋是清、助っ人に入る

モラトリアムとは非常事態に際して政府が債務の支払いを猶予するもので、我が国では大正一二（一九二三）年九月一日に関東大震災が起こり、社会の混乱のなかで七日に公布、施行されたのが最初である。その次が、昭和二（一九二七）年における金融恐慌のときであり、このときのモラトリアム実施は台湾銀行問題に端を発したものだった。

片岡直温大蔵大臣が国会において「東京渡辺銀行の破綻」という事実と異なる発言をしたことからあちこちの銀行で取り付け騒ぎが起こった。日銀の非常融資などでこの騒動が何とか沈静に向かっていた時期に新たな金融不安が発生する。それが台湾銀行問題である。台湾銀行の鈴木商店に対する多額の貸し付けに関する回収不安が浮上し、昭和二年三月二四日に台湾銀行は鈴木商店への融資をうち切った。このような情勢を見て台湾銀行へ融資していた銀行は雪崩を打つように資金回収に走り金融不安が広がった。

政府は日銀による台湾銀行への救済融資を計画したが、伊東巳代治、平沼麒一郎らの枢密顧問官は外務大臣幣原喜重郎の対中軟弱外交に強い不満を持っていたこともあって緊急融資に反対し、枢密院は本会議で政府の案は否決された。［図1］は若槻礼次郎内閣と枢密院の対立を描いたもので、若槻や片岡は切腹の格好で枢密院が止めるのを待っているようだ。しかし、いっぽうの枢密院はそんな脅しには乗らないというかのようにソッポを向いて緊急勅令にはあくまで反対の姿勢を崩そうとしない。かくて若槻内閣は四月一七日に総辞職、台湾銀行は島外支店の休業に陥った。

若槻内閣の後を受けて樹立されたのが田中義一内閣である。田中は高橋是清を大蔵大臣に迎え入れてこの危機を脱しようとはかった。高橋は混乱収拾だけの期間のみ在任するという条件で大蔵大臣に就任、枢密院の協力を得て二年四月二二日に緊急勅令が発せられ、即日施行されてモラトリアムが行われたのである。

高橋はモラトリアム施行後、日銀による特別融資などを行って金融危機を切り抜けた。［図2］はダルマとあだ名されていた高橋の手腕で日銀の融資が速やかに実施されて銀行が救済された様子を描いたもので、日銀質屋に銀行がやって来ているのを見て安心している高橋ダルマである。

かくて、五月一二日にモラトリアムは解除され、高橋は六月二日に大役を全うして大蔵大臣を辞している。

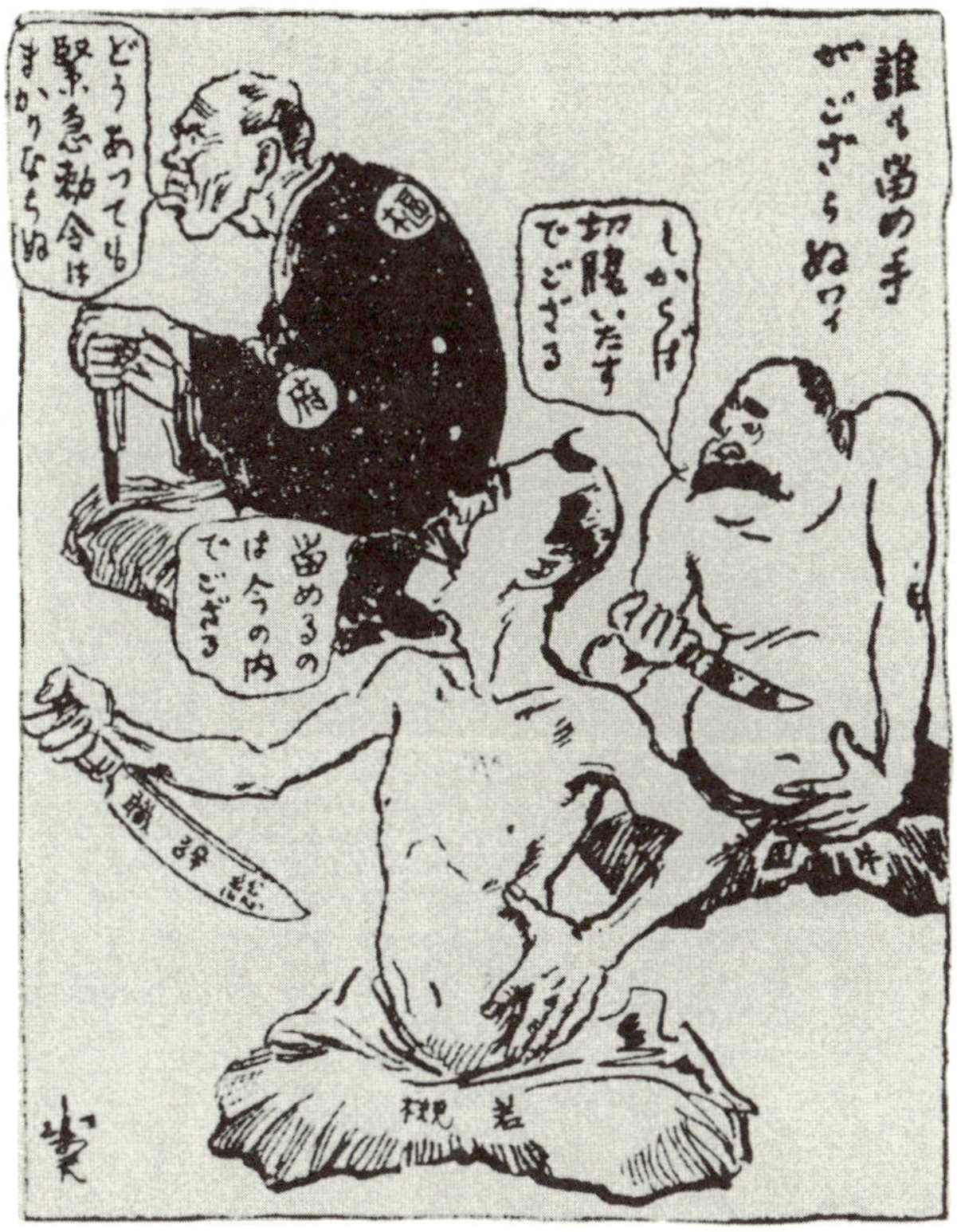


[図1]『時事新報』
昭和2年4月16日号
画＝北澤楽天

[図2]『時事漫画』
昭和2年5月22日号
画＝北澤楽天

# 銀行整理

## 大銀行体制のはじまり

関東大震災後の厳しい経済状況のなかで昭和二（一九二七）年三月一四日の衆議院予算委員会における片岡大蔵大臣の「東京渡辺銀行破綻」の事実誤認によって銀行の取り付け騒ぎがおきた。さらに台湾銀行が多額な貸し付けをしていた鈴木商店の破綻で台湾銀行をめぐる金融不安が発生する。

政府による台湾銀行への救済融資案は枢密院によって否決され、若槻内閣は総辞職に追い込まれ、田中義一内閣が成立する。田中の懇願で金融混乱を解決すべく大蔵大臣に就任した高橋是清はモラトリアムを実施して混乱を沈静させて職を退いているが、その後の金融界は銀行法に則って要件を満たしていない銀行の合併がすすめられた。

［図1］はこの銀行整理を描いたものである。「整理之助」が預金を切り捨てて銀行整理を行っているが、十五銀行も「整理之助」に狙われているようだ。「整理之助」は「華族だつて容赦はならん。サア十の五の云はずに首を出さつしやい」と厳しい態度だ。「華族だつて容赦はならん」とあるが、これは十五銀行が華族銀行といわれていたからである。十五銀行は明治一〇（一八七七）年に岩倉具視らによって華族の金禄公債をもとに設立された第十五国立銀行が前身である。第一次世界大戦で急成長したものの、大戦後の不況のなかで造船や海運に多額の融資をしていたために大きな打撃をうけた。

このような経営状況の十五銀行は銀行整理の対象となったのである。華族銀行といえども例外ではありえないということを示しているのである。これが金融危機を経たなかでの方針であった。かくて、十五銀行は昭和五年に固定資金を切り下げて貸付金の整理にあたり、やがて帝国銀行に合併されてその歴史を閉じることとなる。

［図1］は華族銀行として特殊な銀行と見られがちの十五銀行を銀行整理の象徴的事象として取り上げているのである。

ところで、［図2］はそんな銀行整理をうまく利用している様子を描いたもので、銀行が休業中で引き出せない預金者たちの預金を安く買い取ってそれで借入金の返済に充てるという手法である。こんな漫画が出てくるのも銀行整理という背景によるものでなかなか興味深いものがある。

このようにして銀行整理は進み、三井、三菱、住友、安田、第一といった大銀行体制が確立していくこととなる。

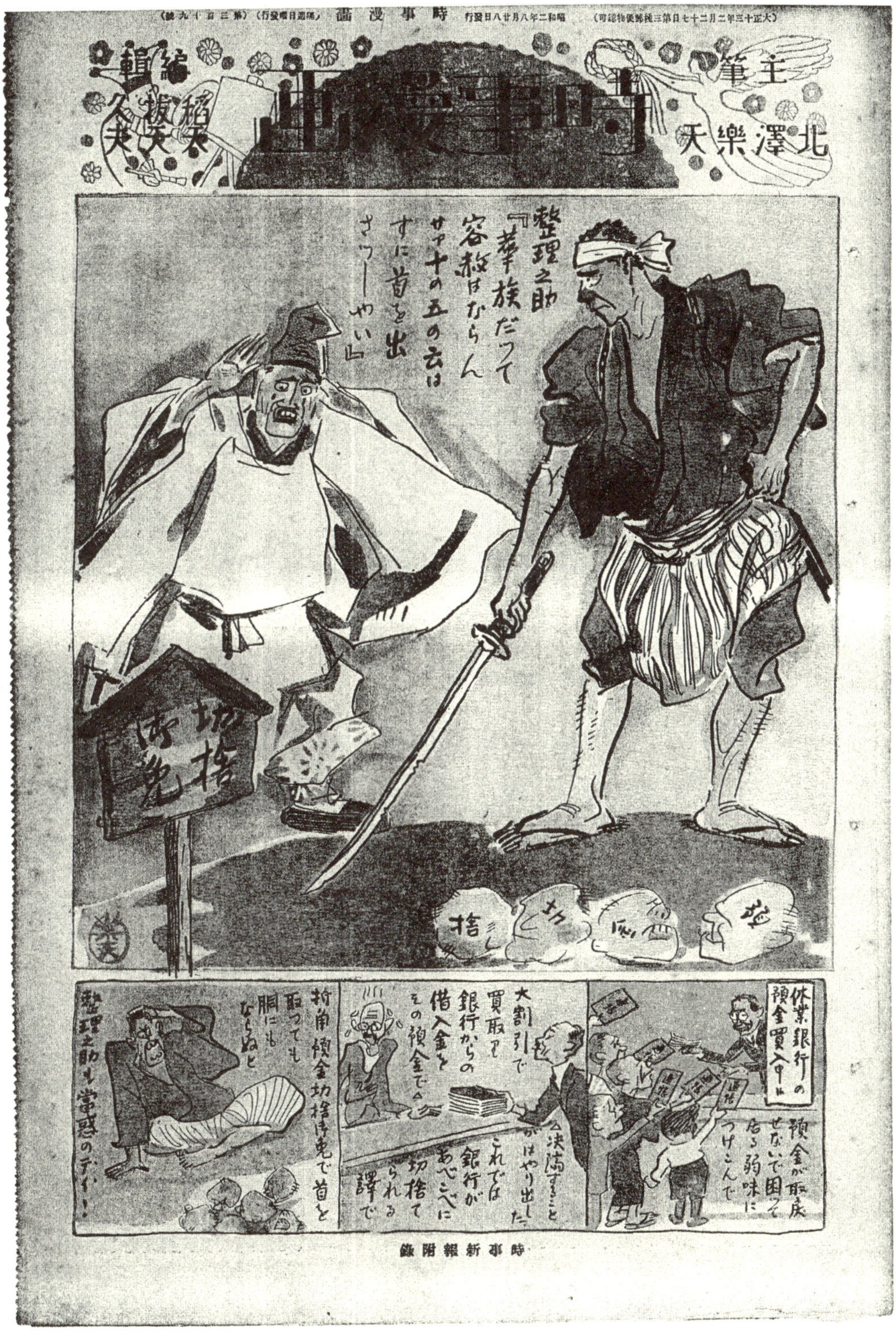


［図１（上部１コマ）］『時事漫画』昭和２年８月28日号　画＝北澤楽天
［図２（下部３コマ）］『時事漫画』昭和２年８月28日号　画＝北澤楽天

# 日本フォード設立





## 横浜生まれの自動車が活躍開始

大正一四（一九二五）年二月、アメリカの代表的自動車メーカーのフォード社の日本法人である日本フォード自動車が資本金四〇〇万円の資本金で設立された。

日本に初めて自動車が持ち込まれたのは明治二一（一八八八）年のことで、そのとき行われた築地～上野間のデモンストレーション走行は人々を驚かし、道路は黒山の野次馬でごった返したのだった。

明治四〇年には警視庁によって自動車取締規則を公布、明治四五年にはタクシーが登場するなど、しだいに自動車社会が出現していったが、自動車はすべて欧米諸国からの輸入であった。なかでも中心はアメリカ車で、多数のアメリカ車が輸入されて日本の産業や輸送に大きな役割を果たしていた。

やがて、日本におけるノックダウン方式による自動車製造が行われるようになっていった。その嚆矢が日本フォード自動車である。日本フォード自動車は横浜に製造工場をつくり、大々的に日本進出をはかった。

［図1］は昭和三（一九二八）年の上野の産業博覧会において発表、発売された新フォードの広告である。セダン、クーペなど、何種類もの乗用車のほかにもトラックも紹介されている。価格も記されているが、いずれも「横浜渡」となっており、横浜で製造されたことがわかる。

［図2］は昭和三年一二月に落成した日本フォード自動車の新工場を紹介した広告である。工場の全体風景が描かれているが、大きな工場であることが窺われる。右には「全長百五十呎の車枠組立台」「乾燥爐及び塗装室」「倉庫中に於て函類運搬に五噸起重機使用実況」などと工場内の大規模な設備も紹介されている。広告文には「製産高は激増し配車は潤沢」とあるが、このような国内における生産体制の拡充で輸送手段としての自動車は産業や経済の発展に大きく貢献することとなる。

昭和二年一月には資本金八〇〇万円で日本ゼネラル・モータース設立され、大正末から昭和初期にかけて自動車産業が日本に出現することとなったのである。

［図2］『東京朝日新聞』昭和3年1月19日号

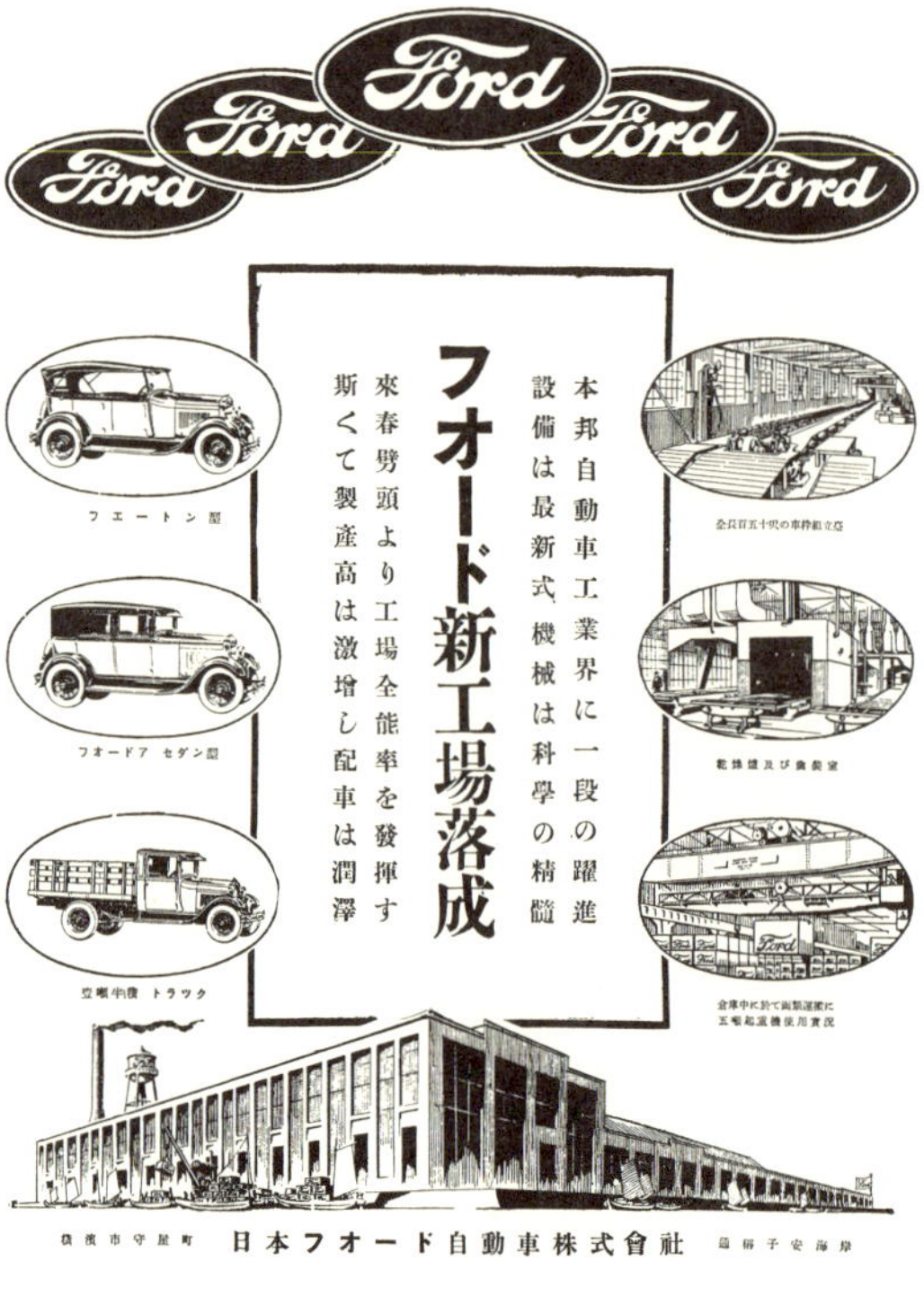

ツードア セダン

二千三百圓
横濱渡

# いよいよ新フォード自動車が出ました

(本日より卅一日迄三日間上野産業博覧會場内に於て陳列公開)

詳細は今日最寄の特約販賣店にてどうぞ!

弊社は數年前より此新車の製作に沒頭して居たのであります。此數ケ月間皆樣は種々世間の噂を耳にし殊に此數日間には新聞其他の刊行物で色々な記事を目にされた事と思ひます、今日こそ何を措いても半日を割愛されて新車の驚くべき明細事項を御研究の爲に御來臨下さい。さうすると、新車が時代の要求に適應する樣に立案され創造された全然嶄新優秀な自動車であつて、端麗、快速、靜肅、安全、經濟、乃至其の耐久性や乘心地等の點に於て、格安車として到底想像も出來ない無數の特徴を具有して居る事がハッキリと御會得が參ります。新車の出現は今日を以て自動車工業界に一新紀元を劃するものであります。何となれば新車は其外觀並に出來上りが頗る嶄新である而已ならず、其機械的設計に於ても亦空前のものであるからです。其傑出した特徴の大部分は全く弊社の獨創であり中には自動車機構上前人未發の新案も含まれて居ます。而して其低廉な價格は豐富な資源に由る大量製産の反映であり新車の公表と相俟つて劃時代的な壯擧として欣快に堪へません。

此卓越せる新車の背後には千五百萬臺の自動車製作に費した過去十九年間の貴き經驗が潛んで居り一方自動車工業界に冠絕せる潤澤な資財は新車の相續財産であり同時に生得權であるのであります。弊社は製産原料品に對する資源を所有し、一切の部分品を社内に於て自製し更に其の營業方針は薄利多賣を理想として居る結果新車は著しく低廉となりました。若し此の大方針に準據しなかつたならばずつと高價なものになる筈なのであります。

そこで皆樣に切望致します。どうぞ良く新車を御調べ下さい、そして同級の他の自動車と、外觀美――乘心地――快速力――出足の敏速さ――自在な操縱――各速度に於ける好調――登坂力の强大――運轉費及び維持費の廉少――比類なき耐久力等を御比較下さい。さうすれば必ずや今日は正に自動車工業界に一新紀元を劃した記念すべき日である事を乾度是認なさるに相違ありません。同時に皆樣の御要求を滿足する自動車は此新フォード自動車であると云ふ事が御得心になります。

次の特徴に特に御注意下さい

低床優美な外觀、四種の塗色選擇御自由　時速五十五哩乃至六十五哩　非常に敏速な出足

四十馬力四輪制動裝置　標準選擇式變速機　水壓式震動吸收裝置

ガソリン壹ガロン當り二〇哩乃至三〇哩　盜難豫防の錠前　維持費の低廉と確實性

## 新フォード自動車の標準裝置

スターター　鋼製スポークホヰール五本　ウインドシールド　ワイパー

スピードメーター　ガソリン　ゲージ　ダッシュ　ライト、後照鏡

リーヤ　アンド　ストップ　ライト　オイル　ケージ　グリース壓力注射器、小道具一式

フエートン
千七百圓
横濱渡

ロードスター
千六百七十圓
横濱渡

クーペー
二千三百圓
横濱渡

スポート　クーペー
二千三百五十圓
横濱渡

フォードア　セダン
二千四百圓
横濱渡

トラック　シャシー
トラック　シャシーは乘用車シャシーと略同樣な基礎的改良を施し、トランスミション、冷却、點火等總て乘用車と同方法。後部にカンテレバー式スプリングを裝置せるは此トラックの一の特徴なり。
千八百圓
横濱渡

日本フォード自動車株式會社

［図1］『東京朝日新聞』昭和3年1月19日号

# 昭和恐慌のなかの生活

## 倒産、失業、自殺者増……

世界恐慌や緊縮財政によって不景気が蔓延して昭和恐慌といわれる時代に突入する。失業者があふれ、夜逃げなども日常茶飯事といったほどであった。都会では家を失い野宿する人の姿も珍しくなく、農村では生活に困窮して故郷を捨てる農民も多数出るといった状況で、倒産する企業が続出、自殺者も急増する暗い生活が日本中いたるところで見られたのである。

［図1］は世間の重苦しい雰囲気が子どもにも伝わっていることを描いたものである。新聞には「不景気」「失業」「親子心中」など嫌な記事ばかりが出ており、ラジオからは生活苦による親子心中のニュースが流れている。外に出れば大人たちは不景気の話ばかりで、「失業反対演説会」というポスターが貼ってあるのもみえる。こんな暗い世の中なので子どもは、せめてままごと遊びのなかくらいは景気よくしようとしているところである。

こんな漫画が描かれるくらいに国民は厳しい日々を送っていたのである。大学を卒業しても就職することが難しく、生活のためにその日その日の糧を得るといった大学卒業者も多数いた。［図2］はそんな状況を取り上げた漫画で、「屑屋さん新戦法」というタイトルがつけられている。キャプションには、「不景気が大学出の紙屑買ひを生んだ。世間がこれらの屑屋さんに同情した……で割に頭の働く屑屋さん大学浴衣の出物を着て「えー、くづい〳〵」」と書かれている。大量の失業者を抱えるこの時代を象徴するような漫画といえよう。

［図3］は「あるインテリの行方」と題された漫画である。会社を解雇されたインテリがやっと見つけた「職工入用」の張り紙をみて応募するものの「その体じゃー」と断られてしまい、あちこちさまよい歩いた末に薬局で薬を買って自殺をはかるというストーリーである。どうすることも出来ない閉塞感だけが大きくなり、ついには命を絶つといった人も決して少なくなかったのである。このインテリは［図2］のような屑屋になることもプライドが許さなかったのだろう。

この時代、華厳の滝などの自殺の名所はいつにも増して自殺者が多かったことも暗い話題として広まっていった。

［図1］『時事漫画』昭和5年6月29日号　画＝長崎抜天

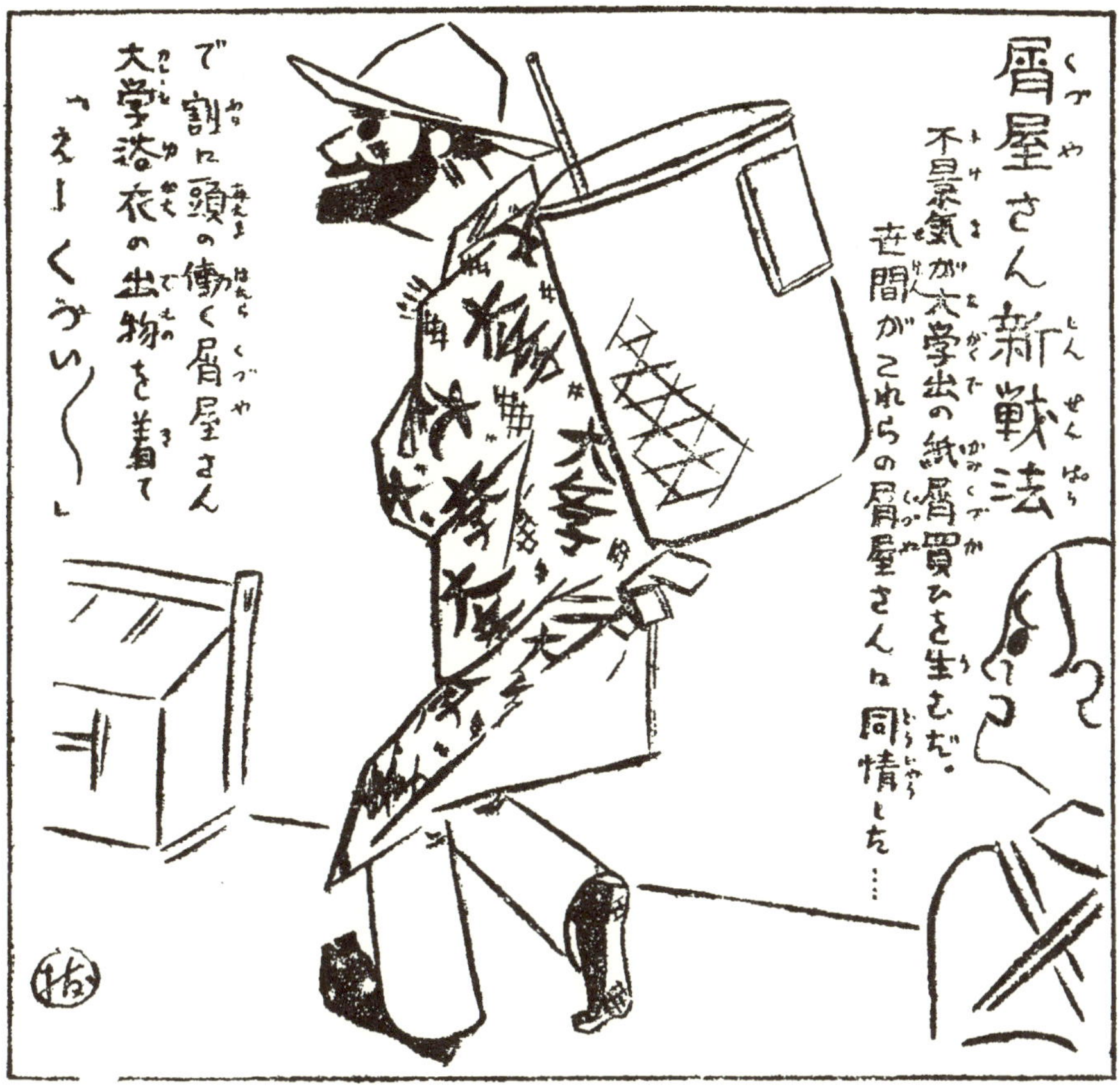


［図2］『時事漫画』昭和5年7月13日号　画＝長崎抜天

［図3］『東京パック』昭和5年12月1日号　画＝中谷武文

# 浜口緊縮政策

III
昭和・戦前篇
［6］

## 「締められる」のは庶民の首ばかりだった

昭和四（一九二九）年七月、田中義一内閣の総辞職の後を受けて成立した浜口雄幸内閣は十大政策を打ち出したが、なかでも財政再建は最重要課題であり、緊縮財政を根幹にすえて経済財政運営を行っていった。田中内閣の積極政策が破綻したなかで緊縮政策による財政再建を目指した浜口は組閣の翌月にはラジオ放送で国民に向けてその政策を伝えるほどの意気込みだった。

浜口は緊縮政策の一環として官吏の俸給一割減を打ち出した。官が率先して緊縮することによって国民を支持を得ようとしたのであるが、官僚や政府内部からの強い抵抗で断念している。また、世界恐慌が勃発したなかで金解禁が行われたことできわめて厳しい状況となり、緊縮政策がすすめられるなかで不況が世の中を覆っていった。緊縮政策はさまざまな大問題を抱えて実施されたのである。

［図1］は夏に因んで特別編集された『時事漫画』の「海の号」の表紙である。荒海に翻弄された「浜口内閣」は「歳入不足」という重大な欠陥を持つ危うい小船なのである。それでも何とか桟橋に辿り着いた浜口は「節約予算編成」と書かれた杭に縄を結ぼうとしているところだ。

いっぽう、［図2］は「山の号」の表紙で、［図1］の掲載さ

↓［図1］『時事漫画』昭和5年7月27日号　画＝北澤楽天

れた「海の号」のすぐ後の号である。ここでは「物価山」の状況が描かれているが、「タバコ」「鉄道」「塩」といった国の事業に関する物価は山の頂上で団扇や扇子で涼を取りながら余裕の表情をしているのに対して「日用品」「まゆ」「織物」「株」などは谷底に落ちてしまっているが誰も助けにも行かないようだ。

　国の事業で物価山を下っているのは郵便貯金の利子だけという状態で、何のための緊縮財政なのかと批判しているのである。キャプションには「諸物価は谷底に下落して半死半生のありさまだのに官営品だけはお高いところで涼しい顔をしてござる。それでも義理が悪いと思つて郵便貯金の利子だけは下落させるとは（中略）イヤハヤ（後略）」と政府の政策を皮肉たっぷりに取り上げている。夏の特集としての「海の号」「山の号」の表紙にこのような話題が登場するのも緊縮財政が国民にいかに大きな影響を与えていたかを象徴するものだろう。

　では、その緊縮政策がどのような結果をもたらしているのかを描いたのが［図3］である。資本家と労働者のどちらもが悲鳴をあげているが、キャプションには、「資本家は腹を緊縮《しめ》財布の口を緊縮《しめ》、事業の手を緊縮《しめ》るが、労働者は首を緊縮《しめ》るばかりだから早く救貧《すくは》ないと命にかゝはる！」とあるように、一般庶民は生活することも困難なほどで、自殺者が急増したほどであった。

↓［図2］『時事漫画』昭和５年８月３日号　画＝北澤楽天

↓［図3］『時事漫画』昭和５年７月６日号　画＝北澤楽天

## 大量の金が流出することに

金解禁とは金の輸出を解禁することである。第一次世界大戦中に欧米諸国が相次いで金輸出を禁止したために日本も大正六（一九一七）年九月一二日に大蔵省令によって金輸出を禁じることとなる。戦後、各国はつぎつぎと金解禁を実施して金本位制に復帰していったが、日本では関東大震災の影響などで金輸出を再開するには至らず、その後も昭和二（一九二七）年の金融恐慌で金本位制復帰は実現できなかった。四年七月二日、田中義一内閣のあとをうけて組閣した浜口雄幸は大蔵大臣に井上準之助を招聘し、金解禁を目指した。金解禁には強い異論もあったものの、金本位制に復帰し国際経済のなかで日本の経済を再建することこそが必要不可欠という認識からの政治判断であった。かくて、四年一一月二一日の大蔵省令で五年一月一一日から金解禁を実施することとしたのである。

［図1］は金解禁を決めた浜口が「緊縮政策」なるオープンカーを運転しており、「金解村行」との行き先が書かれているが、「減俸問題」で先に進めないのである。緊縮政策が官吏の減俸問題で暗礁に乗り上げてしまったといっているのだ。浜口運転手は「旦那大丈夫ですよ、ブレーキをかけましたから」と言って後ろの席に乗っている国民を安心させようとしているが、

［図1］『東京パック』昭和4年12月1日号　画＝寺内純一

国民は「この運転手も心細いんだなア」と不安そうに座席にしがみついている。キャプションには「金解禁村への街道で減俸問題に打当る運転手の技量も困りものだが、鑑札を没収された前の運転手がこれを見て鹿爪らしいことを云つたところで一向に権威がない」とあり、前政権から引き継がれた問題を引きずり金解禁を決めたものの道のりは遠いと批判しているのである。

こんな危惧があったものの金解禁は予定通り実施された。［図2］は金解禁の翌日の『時事漫画』に掲載されたもので、金解禁によって蔵から金が流れ出してしまっている様子を描いている。こんな状況になるに違いないと言っているのである。この予測のとおり、大量の金が流失、さらに世界恐慌の影響で経済は大きな打撃を受け、金輸出の再禁止論が浮上することとなる。

［図3］はこんな厳しい経済状態を描いたもので、ちぎれそうな日の丸を掲げたボロ船が滝にさしかかっているものの何の手だても出来ずに船縁にしがみついているといった具合である。キャプションには「緊縮政策のあほり金解禁のあほり」とあり、「何処へ行く」というタイトルが日本の置かれた状況を象徴しているようだ。

その後、六年一二月に成立した犬養毅内閣で金は再び輸出禁止となる。

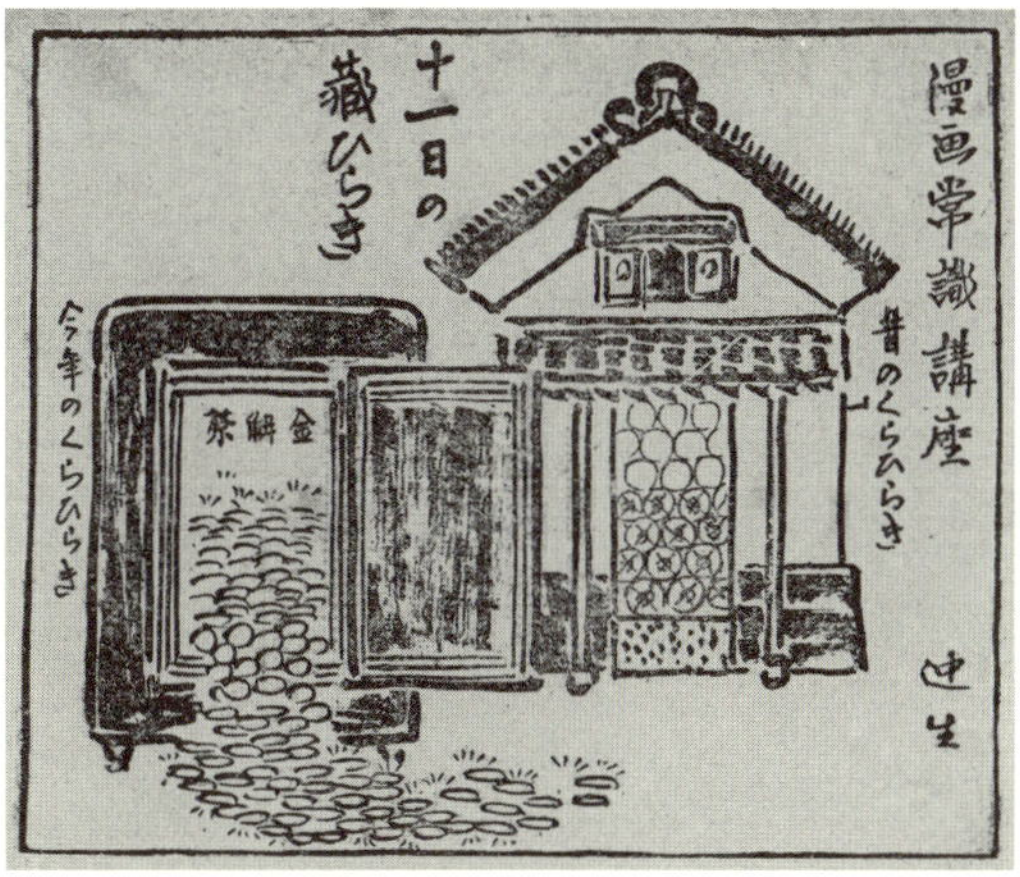

［図2］『時事漫画』昭和5年1月12日号

［図3］『時事漫画』昭和5年6月1日号　画＝池田永一治

# 産業合理化

III
昭和・
戦前篇
［8］

## 合理化＝労働者の首切りが横行

昭和四（一九二九）年一〇月におけるニューヨーク株式市場での株の大暴落に端を発した世界恐慌も昭和恐慌といわれる経済危機に見舞われる。そんななかで浜口内閣が推しすすめたのが産業合理化である。

すでに第一次世界大戦後の戦後恐慌といわれていたなかで国際競争力を高めるために企業の合理化が叫ばれていたが、金解禁政策を実施すべく準備していた浜口内閣にとって世界恐慌の勃発は大きな打撃であった。しかし、国際的信用や企業を整理して新たな活力ある企業による国際競争力強化などの思惑もあり、強い反対論があったにもかかわらず五年一月一一日をもって金解禁が実行された。

かくて、浜口内閣は臨時産業合理局を設置して産業合理化に意欲をみせ、企業では盛んに合理化が喧伝されたのである。しかし、実際には技術革新などの産業合理化ではなく、社員の整理など労働者にしわ寄せしたかたちでの産業合理化が横行してもいた。資本家はヌクヌクとしていながら現場で働く従業員に産業合理化を背負わせようとしているといった批判も少なくなかった。［図1］はそんな姿勢で資本家を捉えたもので、「飢餓の弾丸」というタイトルがあり、キャプションには「見よ世界

［図1］『東京パック』昭和5年10月1日号　画＝岡本唐貴

［図2］『東京パック』昭和5年5月1日号　画＝大月源二

経済恐慌に度を失つたブルヂョアが産業合理化銃から打ち出す大衆飢餓の弾丸‼」と書かれている。産業合理化という手段で資本家が大衆の飢餓を作り出していると訴えているのである。

いっぽう、［図2］は産業合理化政策を強行した政府を批判したもので、「強く正しい明るき政治」というプラカードを胸にさげて「緊縮産業」なる巨大な包丁で手当たり次第に労働者を切り刻もうとしている浜口首相である。キャプションには「政府は最も勇敢に緊縮の産業合理化のために戦つた。だが、そのために増大せる失業者群に対しては、見よ一握の金の用意があるだけだ。それで何か芸当が出来ると言ふならやつて見ろ‼」とある。浜口の足下には失業者が行列をなしているが、彼は僅かばかりの社会施設費でごまかそうとしているといった批判である。

［図3］は資本家の演奏する「合理化」の曲で「不景気」を持ちながら国民と踊る浜口であり、［図4］は「世界的不景気」「失業者生産」「惨落豊作」など、さまざまな問題のマリオネットとともに「産業合理化」マリオネットも登場している。彼は「国産愛用」と書かれた帽子をかぶって演奏しているが、その腰には首切りのためのマサカリがある。これらマリオネットの下に描かれた頭蓋骨の山は生活を断たれた国民の姿なのだろう。

その後、産業合理化は一定の成果をみるものの、そこには労働者の大きな痛みが伴っていたのである。

［図3］『東京パック』昭和5年11月1日号　画＝宮本三郎

［図4］『東京パック』昭和5年12月1日号　画＝安本亮一

# 金流出

## 国際収支の大きな赤字を出すことに

第一次世界大戦後、欧米諸国が金解禁を実施していったのをうけて日本も昭和五（一九三〇）年一月に金解禁を行った。日本での金解禁が欧米に遅れてこの時期になったのは関東大震災などが原因であったが、日本が欧米にあわせて金解禁を実施した前年の一〇月二四日にはニューヨークの株式市場で株が暴落して世界恐慌が始まっていたのである。

このようななかでの金解禁政策であった。金解禁にあたって浜口雄幸内閣はアメリカやイギリスの銀行団の協力を得ながら正貨の準備を行って金解禁を実施したのであったが、大恐慌という状況から金解禁によって日本から大量の金が流出することとなる。

［図1］は大蔵大臣井上準之助によって実施された金解禁によって顔に「黄金」と書かれた小判が闊歩している様子を描いたものであるが、小判は幕末における莫大な量の金流出の象徴的貨幣であり、日本における金貨といえば小判に代表される。皮肉にもこの漫画は幕末の金流出の昭和版をイメージするのに十分である。かくて、アッという間に金は堰を切ったように海外に流れていった。その額はわずか二カ月で一億五千万円にものぼり、昭和五年に三億円が流出した。

［図1］『現代』昭和5年1月号

昭和六年九月、イギリスは金流出を防ぐために金本位制を止めた。［図２］はイギリスの金流出を描いたもので、大量の金流出に川が氾濫しそうで、アメリカやフランスなどもあわてているところだ。かくて、イギリスは金本位制を止めたのだが、昭和六年一二月五日の『東京朝日新聞』に掲載された「１９３１の世界経済を顧みて（五）」には、「一度英国が金本位を停止しポンドの世界的覇権が決定的に崩壊するや、欧米諸国は金為替政策を放棄しオランダ、ベルギー、スイス諸国はその保有する外国資金を急速に金に換へ始めた、一般的傾向は保有ポンド貨をそのまゝ棄去ってドル為替残高又は手形を金に換へる手段を取つた」と記している。

このようななかで、日本も昭和六年一二月一三日に組閣された犬養毅内閣によって金輸出の再禁止が実施される。この政策が行われるまでの間に正貨の三分の二にもあたる八億円もの金が流出し、国際収支の大きな赤字を出すことになり、株価暴落など、景気は非常に厳しくなっていったのである。







［図2］『朝日新聞』昭和6年12月17日号夕刊

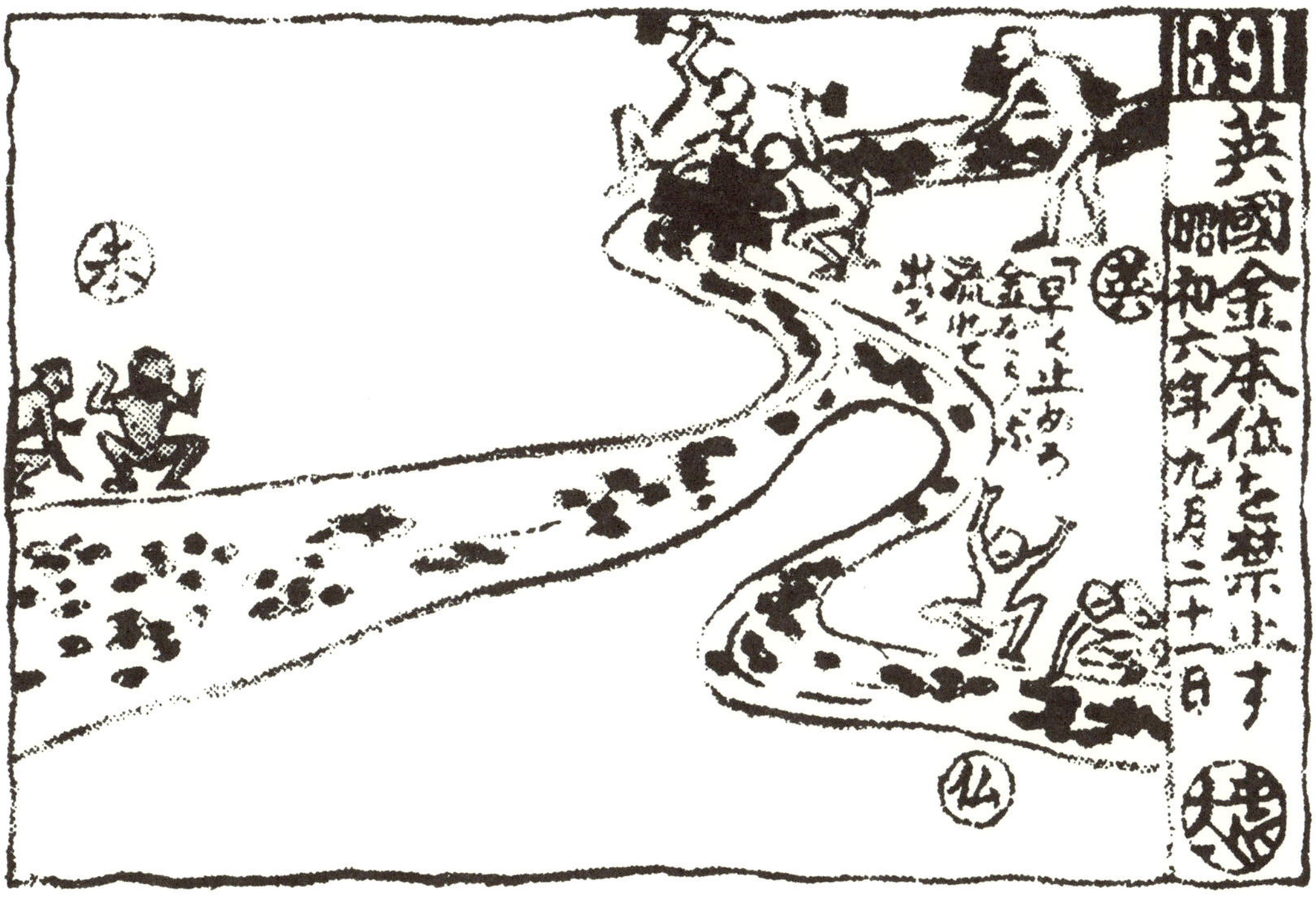

# 金輸出再禁止





## 管理通貨制度は世界的体制に

昭和五（一九三〇）年一月、浜口内閣は金解禁政策を実施したものの、世界大恐慌の影響によって金の流出が激しく、そのままでは日本の金は払底するほどの状況に陥っていった。翌六年九月にはイギリスも金本位制を捨てるなど、金輸出禁止という以前の状況へ戻る動きが強まっていった。

　このようななかで昭和六年一二月一三日に成立した犬養内閣は金輸出再禁止を即日実施した。この政策の大転換は庶民の生活にも直接的影響を及ぼしている。一二月一七日の『東京朝日新聞』は、「一匁五円そこそこの金が犬養内閣の出現と同時に再禁止で一躍六円三十銭に跳ね上がった今日だ。黄金狂が日銀の石門で乱舞するのも無理のない話で三一年の終末はかくて金をめぐつてのエピソードを残して暮れて行く（後略）」と記し、さまざまな街の様子をレポートしているが、質屋の繁昌を、「質屋に持つて行つても今までは精々一匁四円位しか貸してくれなかつた金指環も今では質屋の方から五円乃至五円二三十銭で大手を拡げて歓迎、そこをねらつた頭のいゝ市民は苦しい季節の台所のたしに大威張りでのれんをくゞつてくる。それと反対にこんどは質屋の蔵に寝かして置いた自分の指環が一夜のうちに値が上つたときいたら急に流質が心配になつてどんどん駆けつける現金者がまた滅法多い」と報じている。

　昭和六年一二月二〇日の『東京朝日新聞』は、「金輸出再禁止問題早わかり問答」という大々的な特集記事を組んでいるが、そのなかで、「金本位制とは」「各国間の通貨の相場」等々、世界経済のなかでの問題や、日常生活にどのような影響を与えるのかといったことまで、さまざまな視点から金輸出再禁止を論じている。

　［図1］〜［図3］はこの特集記事に添えられた諷刺漫画である。［図1］は「金輸禁止政策」なるプレゼントを入れた大きな袋を横に置いて大蔵大臣の高橋是清が「特別景気液」を注射し、銀行、工場、株などを元気にしようとしているところである。いっぽう、［図2］は「金輸再禁」という堰によって景気という流れが止められて青息吐息なのに対して財閥はドルの札束を壁のように積んで潤っているといった状況を描いている。さらに、［図3］は「金再禁止」なるシーソーで強いドルの重さで物価が騰貴しているところである。シーソーの横には使われなくなった「円」の束が積まれているが、そこには「円下落」と書かれている。弱い「円」によって物価は騰貴し、庶民は対応ができない状況のようだ。

　このような、さまざまな問題を抱えながらも、管理通貨制度は世界的体制となっていったのである。

[図1]『東京朝日新聞』
昭和6年12月20日号

[図2]『東京朝日新聞』
昭和6年12月20日号

[図3]『東京朝日新聞』
昭和6年12月20日号

# 日本の利権と満州国建国



## 利己的な侵出に欧米の反発

権益拡大を狙って大陸に侵出した日本は世界恐慌による経済不振を脱却するためにも中国東北地方を中国から分離して日本の支配下に置こうとする政策を推進していったのである。その一環として朝鮮農民を入植させた。昭和六（一九三一）年に入植した朝鮮農民と中国農民が衝突する事件が長春に近い万宝山で起こった。これは朝鮮農民と中国農民の争いではあったが、本質は中国東北地方に侵出しようとする日本との紛争だった。

［図1］はこのような状況を鋭く諷刺したもので、万宝山で睨み合う朝鮮農民と中国農民の背後には、日本と中国の大きな影が描かれている。日本の資本家が握っている銃剣には「満蒙擁護」なるスローガンがぶら下がっている。勝手な理屈で侵出し、農民たちはそれに利用されて犠牲になっていると訴えているのだ。

この事件も日本の口実として使われた満州事変が引き起こされる。

［図2］は満州事変で露骨に中国東北地方を支配下に置こうと行動を起こした日本とそれを厳しい顔つきで睨み付けているイギリスとアメリカという内容である。満州事変によって極東の緊張は一挙に増していった。しかし、日本は世界の批判を無

［図1］『東京パック』昭和6年9月1日号
画＝稲垣小五郎

［図2］『東京パック』昭和6年11月1日号
画＝稲垣小五郎

視してさらに支配を強め、昭和七年三月一日に満州国が建国された。

［図３］は満州国建国直後に描かれた漫画である。日本に対する世界からの厳しい目は日本制裁へと傾き、経済封鎖なども浮上してきた。そんななかで「モシ経済封鎖となつたら」というテーマも出てきたのであろう。ここでは日本国内で米を作り、魚を釣って食糧を賄い、満州から工業原料などが運び込まれて自給自足している状況を描いているが、まさにこのような経済体制づくりのなかに満州は組み込まれていたのである。「瑞穂の国だから南京米もたべる気ならお米の御飯は大丈夫、海があるから魚にストライキされない限りこれも大丈夫、工業原料は満州から少々不自由でも補給される、どうやら鎖国の昔に還つて自給自足ができるだらう」とあるが、こんなところからも日本の資源供給地としての満州の姿が浮かび上がってくる。

このような体制づくりとして日本は多額の資金と人を満州に送り込んで、その権益を握ったのである。

↓［図3］『漫画と読物』昭和７年３月13日号　画＝北澤楽天

# 満州開発

## 重工業の拠点を目指すもじり貧に

昭和七（一九三二）年三月一日に満州国が建国されたが、これは厳しい国際批判が巻き起こるなかで、既成事実をつくろうとしたものであったといえよう。すでに国際連盟ではリットンを団長とする調査団を東京に派遣し、さらに現地調査も実施して、満州の実態を明らかにしようとした矢先の出来事であった。しかし、リットン調査団は満州国が日本の傀儡政権であることを報告、国際連盟は日本を強く非難し、日本は国際連盟から脱退することとなる。

昭和七〜一一年の海外投資の七割は満州に行われたほどである。昭和八年三月、満州国経済建設要綱が発表され、日満経済の一体化が謳われた。昭和一一年には満州第二期経済建設要綱も策定され、満州産業開発五カ年計画が実施されることとなる。この計画に基づいて昭和一一年一二月に満州重工業が設立された。満州重工業は日産コンツェルンの鮎川義介が総裁となって満州国の特殊法人として資本金四億五千万円で設立し、鉄、石炭等々、満州の資源開発と自動車などの重工業を行うことを目指した。

その後、昭和一二年七月七日の盧溝橋事件によって日中戦争が引き起こされる。このようななかで、満州は日本の命綱としての重要性をさらに増していった。［図1］は日産資本が大挙して満州にやって来た様子を描いたもので、「日産」と書かれた金袋が葉巻を吸いながら我物顔に闊歩している様子を描いたものである。

いっぽう、［図2］も満州における資源開発をテーマとしたもので、長期化する日中戦争において資源開発と消費節約によって中国（豚）をうち負かすといったところであろう。その様子を見ている熊（ソ連）やライオン（米英）は及び腰である。

このように、満州における資源と工業の開発は日本が生き残るために不可欠な要素だったのである。

満州重工業は外資の導入をはかったが、日本に対する厳しい国際情勢のなかでは思うに任せず、また、満州における資源が当初の予想を大幅に下回ることなどによって計画は進展せず、昭和一七年に鮎川も満州重工業総裁を辞任、五カ年計画も縮小されて、石炭や農産物生産に中心が置かれるようになって満州の資源開発と重工業の発展は、じり貧に陥り機能しなくなっていった。

［図2］『バクショー』
昭和13年8月5日号
画＝池田永一治

［図1］『漫画情報』
昭和13年1月号
画＝平壹介

## 庶民の暮らしは不便を強いられた

日中戦争が厳しさを増すなかで、昭和一三（一九三八）年四月一日には国家総動員法も公布されたが、同月六日には電力管理法、日本発送電株式会社法も公布されて電力の国家管理が行われるようになっていった。電力は産業、軍事の根幹を担うもので、戦時体制のなかでの国家管理が進められたのである。

昭和一三年四月一三日の『東京朝日新聞』は、電力管理法などが公布されて以降の動向について、「電力国家管理に伴ふ関係法公布以来、逓信当局は準備局官制の法文化に着手し、今月末までには成案を得る見込で、続いて日本発送電会社の設立委員及び電力審議会、評価審査委員会の両委員任命の段取りとなるが、当面の問題として明年四月日本発送電会社設立に至る経過期間に於ける建設準備、建設資金及び石炭購入手当等の応急対策を樹立して電力開発の円満なる遂行を期せねばならぬので民間当業者側の事情を調査中であるが、何分にも電力案以来の官民疎隔が意外の故障となつて当局の出足を鈍らせている」と報じており、国家管理に至るまでには多くの問題が横たわっていることを窺わせる。

しかし、計画は着々と進められていった。四月二三日の『東京朝日新聞』には、「電力管理法準備局官制は多分二十八日の

↓［図1］『アサヒグラフ』昭和14年8月2日号

定例閣議で決定の上五月一日をもつて公布と同時に施行されることとなり、長官以下の人事を発令して直に準備事務を開始するが逓信省当局では日本発送電株式会社設立委員の人選も着々進めてをり、人員は三十名とする意向で委員長には永井逓相自ら当ることとなつた」という記事が掲載されている。

昭和一四年に日本発送電株式会社が設立されて電力の国家管理が始動していった。そして、厳しい節電が求められたのである。［図1］は電力の供給制限のなかで暑い夏を過ごす家庭を漫画化して描いたものである。手動の扇風機を回して風を送っているが、扇風機の使用も電気の無駄遣いだったのである。

また、［図2］も節電の様子を描いたもので、子供が、「ボク暗クテモ便所へ行ケルヨ」と言いながら怖々と暗い廊下を歩いているところである。電力不足のなかで基幹産業への電力供給が優先されて庶民の暮らしは不便を強いられていったのである。





［図2］『漫画増産読本』昭和18年

# 戦費膨張と公債発行

III
昭和・
戦前篇
［14］

## 公債の購入が義務のような圧力広まる

日中戦争によって日本は大陸での戦争に多大な戦費を投じなければならず、政府は公債の発行によってこれを賄うこととし、昭和一三（一九三八）年には五五億円もの公債発行が行われた。かくて、公債を購入することが叫ばれ、大々的なキャンペーンも展開された。

［図1］はそんな街中の様子を捉えたもので、郵便局には「国債ヲ御買下ダサイ」と書かれ、嫌でも目に入るような状況だ。その前を通る男は金に不自由しているようで、看板を見ながら、「金持デアツタラナア……」と呟きながら肩身の狭い様子である。

その後、公債への依存はますます増大し、公債購入はまるで国民の義務のようになっていった。昭和一五年一〇月二九日の『漫画』には大蔵省の国債課長へのインタビュー記事が掲載されている。そのかなで、「昭和十五年度十月一日現在の事変公債発行額が百十六億とは知つていても、その数字の実感は程遠く、ボンヤリして仲々判りにくい。そこで、十円紙幣を縦に一枚一枚並べてみると、大体台湾から千島列島を往復して、その上又東京辺りまで続くだけの金額であり、十円紙幣を積み重ねると、富士山の高さの三倍にまでなる金額である」「富士山の



［図1］『東京パック』昭和13年4月1日号

三倍のお金は全部国民の総てが協力して働かなければならないのだから、その紙幣の何枚かは俺が、私が何とか苦面《ママ》しなければならないと考へるやうになるのが当り前のことである。贅沢をやめて、自粛していればもう事足れりと済ましているのでは困る。贅沢をやめることは、無駄な冗費の節減の為でもある。節減して手に残つた金を貯蓄して、多少なりとも富士の三倍を低くして了はぬと、戦争がうまくゆかぬ。贅沢をあひては義理が悪いやうに考へたり、又は少しの間の辛抱だらうなどゝ、楽観したりしていては、多事多難の国家が動きにくくなる。真向から国民は貯蓄運動に助力しなければならない」などと語っている。

国民は最低限生活できるだけの消費で、余裕のあるお金や財産は公債や貯蓄で国に還元して戦争遂行に使わなければならないという圧力が浸透していった。［図2］は家財道具さえも国債になってしまったという状況を描いている。また、［図3］は郵便局の預け入れの窓口は開いているのに、払い出しの窓口は蜘蛛の巣が張っているといった具合だ。その横には「国債売出」の看板も見え、お金を使うことが悪のような風潮が垣間見られる。

戦費調達は国民生活に大きな影を落としていったのである。

［図3］『漫画増産読本』昭和18年

［図2］『漫画』昭和15年12月28日号
画＝西塔子郎

## 「国のため」労働者は基本的権利を失う

昭和一五（一九四〇）年七月、米内光政内閣が倒れ、第二次近衛文麿内閣がスタートしたが、近衛は新体制運動を推進、同年一二月には大政翼賛会が結成されて軍国主義的体制を築き上げていった。

新体制運動は産業界にも改革を迫ることとなり、一一月二三日には大日本産業報国会が設立された。昭和一五年一一月二三日の『朝日新聞』は、「全産業一体、職分奉公を目ざす大日本産業報国会の総会並に創立大会はいよいよ今廿三日九段軍人会館に於て挙行、勤労新体制の中核体として発足することとなつた」と報じている。

大日本産業報国会の創立宣言は、「今や世界は未曾有の転換期に際会す、皇国亦東亜新秩序建設に任じ、世界新秩序完成に邁進せんとす、その使命洵に宏大なり、然れども高度国防国家体制とその根幹たる新産業労働体制を確立するに非ざれば、何んぞその使命を果し得べけん（後略）」と謳い、綱領でも産業一体報国、事業一家職分奉公などを挙げており、産業も完全に国策で動くこととなっていった。

［図1］は労働者が一体となって産業報国に邁進しているところである。「職場は臣道実践の道場なり」とのスローガンの書かれた板を打ち込んでいる。働くことは皇国への奉公であり、職場はその実践の場ということなのである。「労働争議は過去の夢々」とあるが、昭和一五年に労働組合は解散し、労働者は基本的権利を奪われてしまい、国のために働くことを強いられたのである。

昭和一五年は紀元二千六百年でもあり、皇国のために働くということを正当化するにも好都合だった。大日本産業報国会の創立宣言には、「皇紀二千六百年の秋、新嘗祭の佳き日を卜し、我等こゝに大日本産業報国会を結成し、光輝ある新任務に就かんとす、我等の使命は、実に愛国の至情を産業報国運動に結集して曠古の国難を克服し、以て永遠不動の皇国産業道を樹立せんとするにあり責務の重きを念ひ、決意更に新たなり」「勤労は我等にとって奉仕なり、歓喜なり、栄誉なり、手段に非ずして目的なり、艱難辛苦欠乏何かあらん（後略）」などの文言が並んでいる。

労働は自分の幸せを実現するための手段ではなくなったのである。

［図1］『雄弁』昭和16年1月号

## 国策推進のなかで自由が失われていく

近衛文麿内閣の新体制運動は経済体制にも及び、経済新体制が叫ばれていった。このようななかで経済界も、政府による経済新体制案が官僚の独善になることを危惧して積極的に関わっていった。日本経済連盟会は、「経済新体制の問題は、経済界としては画期的重大問題であり、また経済新体制は官民一体の体制であるべきであるから、速かに民間経済界にも政府案の内容を示し、その審議に民間経済人を参画せしめることを希望する、且つ新経済体制は民間経済機構のみならず、官吏の心構へ並に官僚機構の刷新も必須要件であるから、経済新体制の問題は、官の一方的独善案で決定すべきでなく、官民相互の十分なる協議の上決定すべきである」といった内容の決議をしている。

［図1］は日本経済連盟会より提案された経済新体制を図式化したものである。政府が工鉱業、交通運輸、金融、貿易、中小工業、商業、農林漁業の各全国中央会をまとめ、下達する組織となっているが、日本経済会議も破線で各中央会に結びついている。この図のような組織で経済新体制に民間も関わろうとの考えである。

いっぽう、［図2］は農林省によってまとめられた農林漁業団体機構図である。この図を紹介した昭和一五（一九四〇）年

［図1］『朝日新聞』昭和15年11月23日号

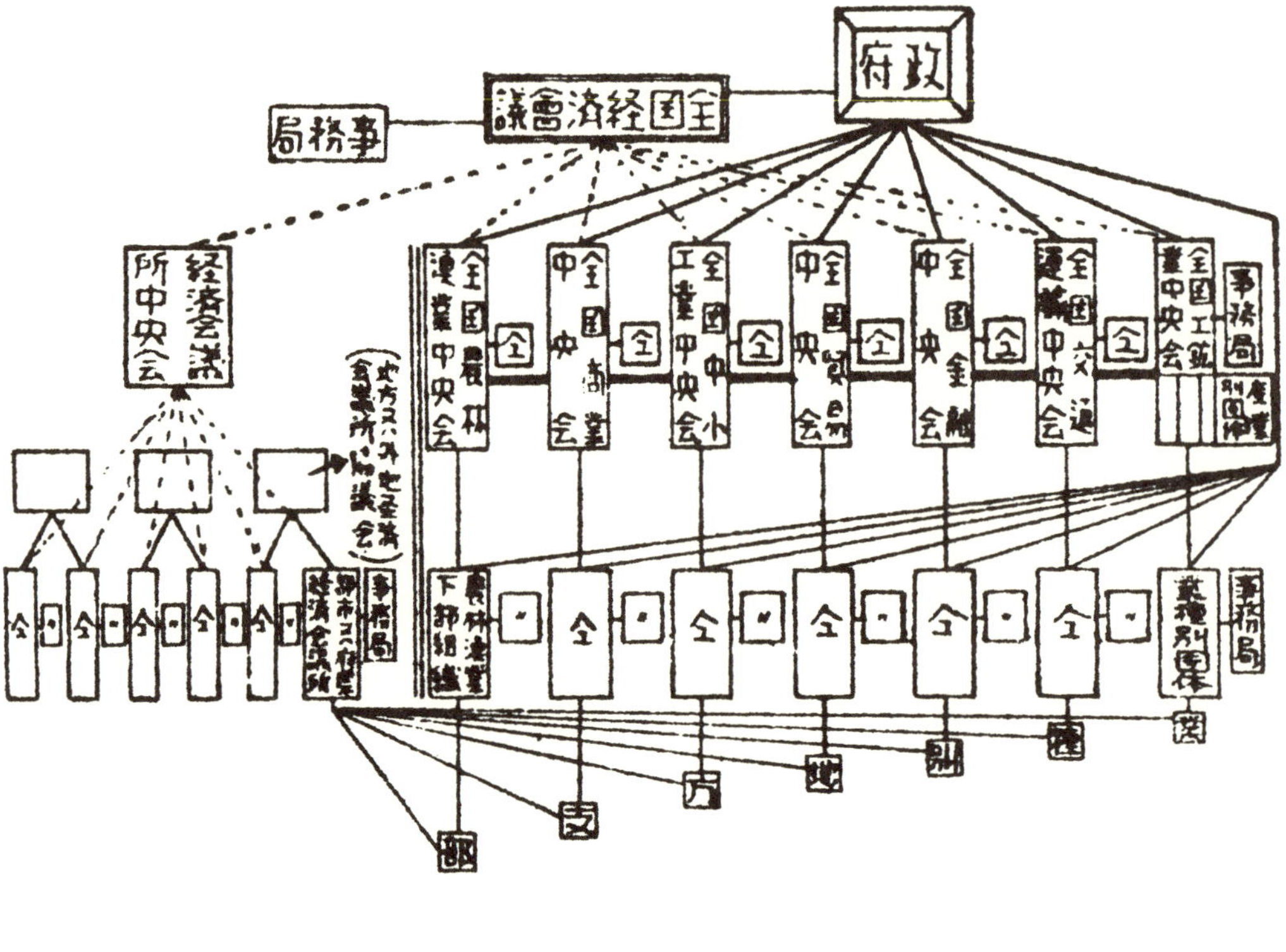

一一月二八日の『朝日新聞』は、「馬事関係その他特殊団体を除き中央においては農林畜水産業を一元的に包括する中央農林漁業団体を置き金融中央機関のみを別建とするもので、経済事業を営む中央団体が抹殺されている点に於て民間案との間に重大な相違点が見られる」と指摘している。

このような紆余曲折はあったものの経済も新体制にしっかりと組み込まれ、国策推進のなかで自由を失っていった。

［図3］は［図2］が掲載された紙面に掲載された書籍の広告であるが、その書名は『商店企業合同の実際』であり、広告文には、「新体制経済の下に、日本の商業理念は根本的に変革を余儀なくされて来た」「本書は、日本商業の革新的方向と企業合同の実際を説いた、店主店員の必読書である」などと書かれている。小さな商店主や店員さえも経済新体制のなかでの生き残りを模索しなければならなかったのであり、その浸透ぶりを見ることができるのである。

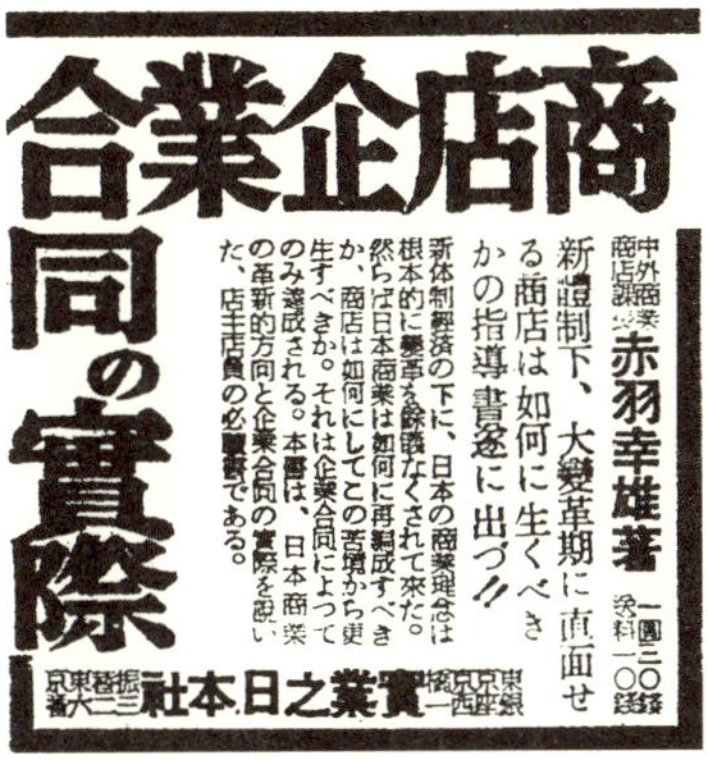


［図3］『朝日新聞』昭和15年11月28日号





［図2］『朝日新聞』昭和15年11月28日号



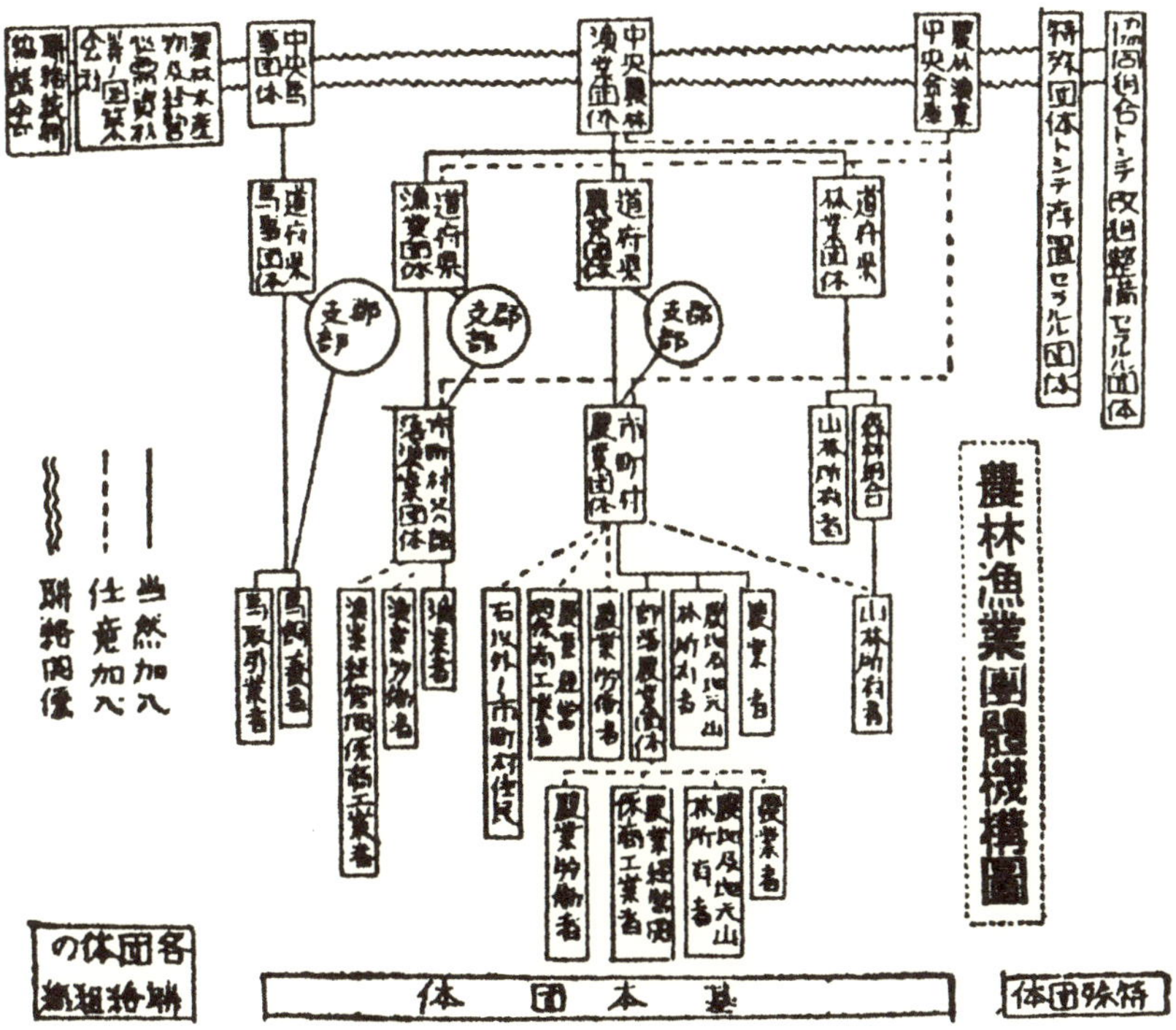

# 資源確保と南進政策

III
昭和・
戦前篇
［17］

## 「宝島に酔ふのは気が早過ぎる」

日中戦争が勃発した直後、日本は中国の力を過小評価して、短期間での戦争終結を考えていたものの、抗日運動や中国をめぐる欧米諸国の動向を見極めることが出来ずに戦争は泥沼化して厳しい状況となっていった。そうしたなかで米英協調勢力によってアメリカ政府との交渉が行われた。一時は進展を見た交渉だったが、ヨーロッパにおけるドイツの相つぐ勝利によってドイツと提携してオランダ、フランス、イギリスなどの植民地である東南アジアを勢力下に置き、豊富な資源を支配しようとの政策が台頭、南進が声高に叫ばれるようになった。かくて、昭和一六（一九四一）年六月には南方施策促進に関する要綱が定められて南部仏印進駐が決定した。アメリカでは日本資産の凍結が行われ、ABCD包囲陣による対日経済制裁が強化されていくなかで、南方の資源は日本の存立を左右する重要な要素となっていった。

昭和一六年一二月八日、太平洋戦争が始まった。［図1］はその翌年三月に描かれたものである。「甘くないしるこを売っている店で」というタイトルで、物資が欠乏しているなかで、店内には特大の「大東亜資源地図」が掲げられており、南方のあちこちに日の丸がはためき、その地域が砂糖の供給源である

↓［図1］『漫画』昭和17年3月1日号　画＝杉浦幸雄

甘くない・「しるこ」を賣つてる店で

ことを宣伝している。地図の横には「皆様もう少しの御しんばうです」と大書されている。庶民の暮らしにも南方資源は大きな影響を与えていたのである。

いっぽう、［図2］は南方進駐による物資確保に気を緩めてはならないとの見地から「早すぎる有頂天」というタイトルで描かれた漫画の一つである。南方を宝島のように眺めて安心している日本人たちだが、解説には、「南方の宝島だと云ふ。たくさんの重要資源の未だ〳〵不足があることなどおかまひもなく、過剰物資ばかりを軽々しく報道して喜々となるのは気が短い。軍事的にも肥料の上からも大事な加里、硼酸が丸でない。棉がないから純綿もない。石綿がない。ゴムがあつてもカーボンブラックが不足では自動車のタイヤも地下足袋も絶対強度が保てるものでない。写真、印画も出来ない。ゴム製品に必要な炭酸マグネシユーム不足で工業上、医療上、困る。人が足りぬ、技術者が不足。重大な不足物資など問題にもせず戦果と宝島に酔ふのは気が早過ぎる。自由貿易のない今、純粋科学によつて経済苦難を克服しなければ、豊穣の物資の活用は望めない――、宝は持ち腐れる」と戒めている。

このように南進と、そこの資源は日本の命綱だったのである。

↓［図2］『漫画』昭和17年4月1日号

# Ⅳ

# 昭和・戦後篇

# 新円切り替え



## 続くインフレに効果は薄く

第二次世界大戦後、インフレはとどまるところを知らず、日銀券の発行は膨れ上がり、さらには財産税徴収案などが伝えられて通貨の隠匿が激しくなっていった。そして、金庫預金の現象となり、金融恐慌さえも危惧される状況が生まれた。これらの諸問題を解決するために昭和二一（一九四六）年二月一七日に金融緊急措置令が公布され、即日施行された。これによって旧円は封鎖され、市中の貨幣はすべて政府の命令により引き揚げられて、それまでの預金とともに封鎖されたのである。

現金として引き出せる預金は世帯主で一カ月三〇〇円、家族一人あたり一〇〇円で、給与の現金払いは五〇〇円までとされた。この措置によって一時的にはインフレを抑える効果を発揮したが、そのしわよせは国民を直撃し、五〇〇円の耐乏生活を余儀なくされ、「五〇〇円生活」という流行語を生むまでとなった。［図1］は五〇〇円生活で手も足も出ない庶民の暮らしぶりを描いたものである。このような五〇〇円生活を諷刺した漫画は他にも多数描かれているくらいだ。

［図2］はそんななかで新円の十円紙幣で宝くじを買っているところである。看板には大きく「新円で拾万円」と書かれている。旧円では当たっても使えないので意味がなく、新円であ

↓［図1］『真相』昭和21年7月1日号　画＝杉浦茂

ることが重要なのだ。この絵に描かれた十円札は国会議事堂を「米」という字のようなデザインで囲んでいるが、これはアメリカ（米国）が日本を支配しているのを表現したものだというまことしやかな噂が流れるほどだった。

預金封鎖による「五〇〇円生活」を強いられた庶民だったが、一部にはこの機に乗じて大儲けをした「新円成金」も現れている。［図3］はインフレなる猛牛の背中で優雅な生活を満喫している連中である。彼らは税務署の目を逃れながら大金を稼いでいるヤミ屋たちなのである。

金融緊急措置令によっても政府の赤字財政は改善せず、結局は通貨の増発が行われ、さらには占領軍の軍用支出は封鎖されなかったことなどでインフレの抑制は半年ほどにしか過ぎず、物資増産も出来ずに食料配給にも支障をきたし、国民の不満が鬱積して「米よこせ」デモなどとなって世情が騒然とすることとなったのである。



↓［図2］『漫画』昭和21年11月1日号

［図3］『漫画』昭和23年2月1日号　画＝六浦光雄

# 統制経済

IV
昭和・
戦後篇
［2］

## 極度の物資不足のなか、公務員ばかりが増える

昭和一三（一九三八）年、国家総動員法が公布されて経済統制が顕著となり、太平洋戦争勃発後はさらに厳しい国家統制が行われるようになっていった。

第二次世界大戦開戦直後、国家統制の撤廃が計画されたこともあったが、実際には極度の物資不足や社会の混乱によって統制を廃することはできず、二一年に臨時物資需給調整法が公布された。大蔵省内には物価部が設置され、経済危機緊急対策を実施するために経済安定本部が置かれて経済統制が行われた。また、物価行政機関として物価庁も新設されている。かくて、生産、配給、価格などに統制がかけられたのである。

統制経済を実施する必然性はあるものの、それによって新たな機関が設立されて公務員が増加することにもなったのである。［図1］は厳しい生活を送る国民を尻目に、その国民生活を守るという大義名分のために国民の負担が増えてしまった状況を諷刺したもので、「統制経済」という巨大な額を多数の官僚が支えているが、その官僚たちを雇う財政的しわ寄せは結局のところ国民の負担に他ならないと訴えているのである。

二二年六月には社会党の片山哲が組閣するが、片山内閣の時代には石油、食糧、石炭などの配給公団もつくられ、多くの職員が配置されたのである。［図1］はこんな時代に描かれたもので、この絵は統制経済について記した「官員さまは大威張」という文に添えられたものであるが、この文のなかには、「さて統制をやるとなると、国家の行政機構は複雑となる。何々委員会とか何々監査団とか、公団とか営団とか。純粋の官吏だけではなく、れいの公務員とか称するものもウンカのように殖えてその数じつに数百万——はチト大げさか」とあるが、国民感情はこのようなものだったのだろう。

［図2］は首相に就任した芦田均が塀に「主食大増配」「メリヤス綿布大配給」などと景気よく書きまくっているのを後からすぐに「大」を消しているところである。統制経済のなかでこんな状況が続いたのである。

いっぽう、統制経済か自由経済かという議論もたびたび起こっているが、［図3］もそんな議論を描いたもので、統制経済という蚊帳に入っていれば蚊に刺される心配はないが息もできないほど狭苦しい。いっぽう、統制経済なる蚊帳を捨てて蚊取り線香で対応する自由経済はどうしても蚊に刺される危険が伴う。この絵の「一長一短」というタイトルが経済運営に対する当時の象徴的意見だったといえよう。

官員さまは大威張
……統制經濟につきものの官僚とは何ぞや……
統制經濟
官
僚
國民
森澤昌輝
さしえ・近藤日出造

[図1]『漫画』昭和22年9月1日号　画＝近藤日出造

［図2］『朝日新聞』昭和23年4月25日号
《楽天坊やと御苦労店員》 画＝清水崑



［図3］『朝日新聞』昭和23年8月3日号
《一長一短》 画＝清水崑

## 物資不足と自由のなか、ストライキが頻発

第二次世界大戦後、物資不足と猛烈なインフレのなかで国民生活は困窮した。主食の配給が遅れることも各地で続発し、世情は騒然となった。昭和二一（一九四六）年五月には世田谷区下馬で「米よこせ区民大会」が開催され、そのデモが宮城に押し寄せて天皇の台所の公開と、遅配や欠配に対して宮廷の保有食糧を放出するようにとの決議が行われるほどだった。五月一九日の食糧メーデーは二五万人もが参加する空前の盛り上がりをみせた。

このようななかで労働組合運動も活発化していった。二〇年一〇月、GHQの命令によって労働運動弾圧や労働統制に関する法規が撤廃され、二一年三月には労働組合法が施行された。また、財閥解体が行われたこともあって、労働者は経済要求を中心とした活動を展開して争議が相次いだ。労働組合運動は大きな飛躍を遂げて、二一年暮れには四〇〇万人を越える人たちが組織化されているほどである。労働組合はストライキで経営者に圧力をかけて首切り撤回や賃上げを勝ち取っていったのである。あちこちで頻発するストライキは社会に大きな影響を与えている。

［図1］は社会現象となったストライキを取り上げたもので、

↓［図1］『漫画』昭和21年12月1日号　画＝加藤芳郎

ため始をトスネゼが客観の席寄

寄席に落語を聴きに来た客たちがストライキを起こし、睨まれた落語家がビックリしているところである。キャプションには「寄席の観客がゼネストを始めた」とあるが、こんな漫画が描かれるくらいにストライキが続発していたのである。労働組合が生産管理を行い組合による操業といったケースも相次いだほどである。

〔図2〕は組合の旗を振ったり、歓声をあげている大勢の労働者を乗せて工場へと向かうトラックである。この絵は「クローズド・ショップ」という言葉を説明した文に添えられたものである。「クローズド・ショップ」については「労働組合員にかぎって就業をゆるされる工場ということだ」「会社側は使用人に関するかぎりすべて労働組合を通じて処理しなければならぬといふことを意味している」などと解説しているが、それよりも、この文中に「クローズド・ショップということばはこのごろの新聞社の入社試験にはかならずでてくる。新聞記者になるためにはどうしても知っておかねばならぬことばとみえる。ということは社会人としていちおうはその意味くらいは心得ておかねばならぬということになるだろう」というくだりがある。現在では耳にしない「クローズド・ショップ」という言葉がそれくらい一般的だったことからも戦後まもなくの労働組合運動の活発な活動の一端が垣間見えるのではないだろうか。

↓〔図2〕『漫画』昭和22年4月1日号

# 一八〇〇円ベース

## 「全然生活を知らないお役人の机上計算」

昭和二二（一九四七）年四月二五日、新憲法公布後最初の総選挙が行われ、社会党が第一党となり、五月二三日に社会党中央執行委員長片山哲が国会で首班指名をうけ、六月一日に組閣が完了して片山内閣は始動することとなる。インフレが激しくなるなかで片山内閣は物価と賃金の抜本的対策を緊急に打ち出さなければならなかった。こうした状況のもとで七月に新物価体系を発表し、標準賃金を月額一八〇〇円と決め、物価は昭和九～一一年の平均を基準として約六五倍を限度とし、それ以上の価格になる重要物資には政府が補助金を出して価格差を埋めることとなった。しかし、標準賃金月額一八〇〇円では標準家庭で七〇〇円ほどの赤字が予想され、庶民の生活は成り立たないのが実情であった。

［図1］は昭和二二年九月一二日の『朝日新聞』に掲載された労働情勢に関する記者座談会の記事に添えられた挿絵である。痩せ細った「一八〇〇円ベース」なる力士が相撲を取ろうとしているところが描かれているが、なんとも心許ない格好だ。この座談会記事の見出しは、「無手で押切るか」「政府の悩み　賃金・失業問題」とあるが、この諷刺画はまさに見出しにあるような一八〇〇円ベースの大きな問題点を指摘しているといえよう。そんなことから一八〇〇円ベースは労働者はもちろんのこと、経営者側からも批判を浴びることとなる。［図2］はこうした状況を描いたもので、労働大臣米窪満亮が「一八〇〇円ベース」を馬の鼻面にぶら下げて石炭の増産を目指して御そうとしているところだが、前足の「産別」などの労働者側も、後ろ足の経営者側もともに米窪の思う通りには動いていないようである。この諷刺画の「足並み不ぞろい」というタイトルが象徴的で、一八〇〇円ベースは馬の鼻面にニンジンとはいかないようだ。

［図3］は『漫画』の昭和二三年一月一日号に載った「食えない筈が食っている」という当時の様子を漫画家の富田英三がレポートした記事に添えられた漫画で、「一八〇〇円」なる小さなお茶碗を差し出す政府と嫌がる国民といった構図である。このときのレポートは下宿住まいの独身の印刷工を取り上げているが、印刷工は、一八〇〇円ベースについて「あ、あれは全然生活を知らないお役人の机上計算ですね。尤もお役人なんてものは昼は官庁特配のめしを食ひ、たばこは接待用のひかりがあるし、夜は夜で毎晩宴会で稼いでいるでせう。（後略）」と語っている。こんなところが一八〇〇円ベースを出してきた政府に対する国民の素朴な感想だったのではないだろうか。

[図1]『朝日新聞』
昭和22年9月12日号
画＝清水崑

[図2]『朝日新聞』
昭和22年10月6日号
《足並み不ぞろい》
画＝清水崑

[図3]『漫画』
昭和23年1月1日号
画＝富田英三

## 胡散臭い商売があちこちに

戦中からの物資の不足は戦後すぐに政府が覆いきるべくもなく、ヤミ物資の取り締まりも行われていたが、終戦の混乱のなかで生活物資を中心に公に認められた配給とは別に非公式な品々が公定価格とは関係ない高い価格で販売されていた。繁華街などではこれらの物資を売る店が集まって市場の観を呈していた。新宿では敗戦三日後にはテキ屋の尾津組が早くも闇市を始めているほどである。ヤミ物資は物価上昇の元凶といわれたにもかかわらず、日々の生活をしていくのにはこれらの品々に頼らなければならない状況だったのである。

昭和二二（一九四七）年五月二六日の『東京新聞』は「ヤミ物価の騰貴は昨年末より顕著な動きを見せ、日銀調査による消費財、生産財の東京実際物価指数（ヤミ物価指数）はいずれも一カ月毎に一割以上の上昇を続けている」と報じている。また、同年四月九日の『日本経済新聞』は社説のなかで、「本年一月の公定小売物価は一九三三年すなわち昭和八年に比較して廿八倍に高騰しているのに、工場労働者の賃金は十六倍の増加に止まっている。ヤミ小売物価と較べればその差は一層はなはだしいであろう」と論じていることからも闇市で売られる価格が想像できる。



［図1］『漫画』昭和21年3月1日号　画＝塩田英二郎

〔図1〕は闇市に開店した寿司屋を描いたものである。一人前五円と書かれた簡単なカウンターに皿とネタが並べられている。粗末な店構えながら一応普通の寿司屋のように見えるが、この絵に添えられたレポートによるとネタは代用品としてサツマイモを使っているのである。こんな胡散臭い商売が闇市のあちこちにあったのだ。〔図2〕は薬を売っているところである。「下痢腹痛妙薬大安売」とあるが、この薬売りは前日には一個一〇銭というとてつもない安値でドラ焼きを売っていた人物なのである。このドラ焼きを買って食べた人は猛烈な下痢に悩まされたらしい。下痢をするドラ焼きを売って翌日には下痢止めを販売するといった姿は闇市の一面を象徴しているような場面といえよう。

ヤミ物資は軍需品や官物が密かに流されたようなケースもあり、多くの国民が生活物資を求めて汲々としているときに潤沢な物資を手元に持ち、ヤミで流して大儲けをしている者たちもいた。〔図3〕はそんな状況を描いたもので、痩せ細って雨にうたれている国民を尻目にいやというほど物資を背負って「ヤミ」のタクシーに乗り込もうとしている悪徳者を諷刺している。いっぽうで〔図4〕のように一般の人は食料として捕まえたイナゴの入ったリュックさえもヤミ物資でないかと検査されるといった不公平がまかり通っていたのである。

〔図5〕は横行するヤミタバコを描いたものだ。わずかな楽しみのタバコもヤミによって賄われていたのである。

[図2]『漫画』昭和21年3月1日号　画＝塩田英二郎

［図3］『朝日新聞』
昭和22年11月10日号　画＝清水崑



［図4］『漫画』
昭和21年10月1日号　画＝加藤芳郎

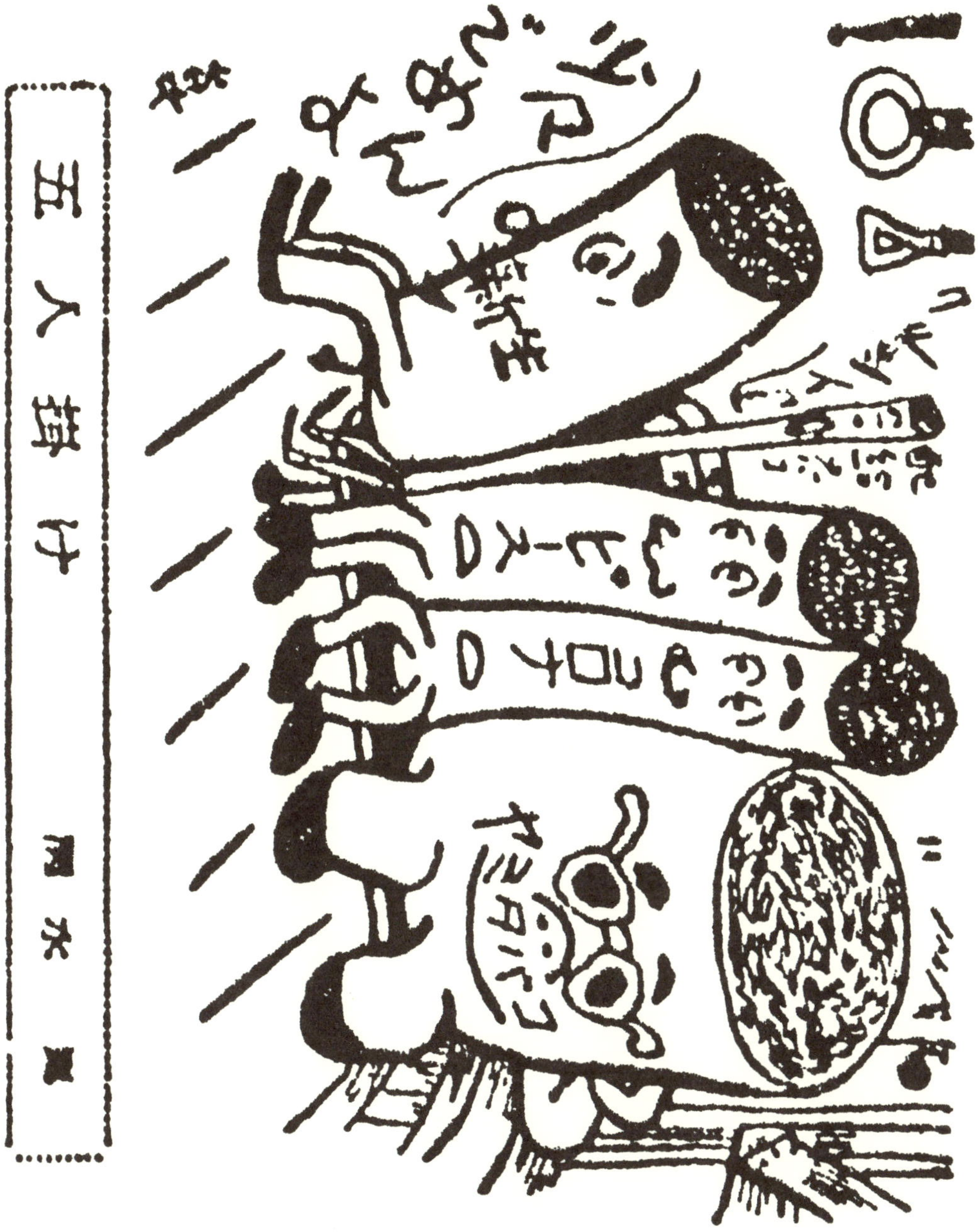

[図5]『朝日新聞』
昭和22年10月28日号　画＝清水崑

## 僅か一年ほどでその使命を終える

昭和二二（一九四七）年六月一日、社会党の片山哲内閣が成立したが、社会党は重要産業の国家管理を主張していたことから、片山内閣は成立直後から石炭鉱業の国家管理にむけて動き出した。二二年四月の衆参議員選挙で第一党となった社会党だったが、連立しなければ組閣できるだけの数は有しておらず、民主党などと連立して樹立された内閣だった。

こんな政治状況のなかで社会党は炭鉱国家管理を目指したが与党内でも意見の統一をとることが難しく、また、炭鉱資本の猛烈な反対も渦巻いていた。かくて、与党は生産現場の国家管理を事業主を通して管理するという間接管理にするなどの修正を加えて、二二年九月二五日に臨時石炭鉱業管理法案が国会に提出されることとなっていた。

この法案が提出された直後の九月二七日の『朝日新聞』は、炭鉱国家管理に関してマッカーサーから片山に出された手紙を紹介しているが、そのなかでマッカーサーは、生産目標を引き上げて達成するよう政府が全力をあげて努力するようにと記している。

しかし、国会内外の強い反対によって臨時石炭鉱業管理法案は簡単には進展しなかった。

［図1］『朝日新聞』昭和22年9月29日号　画＝清水崑

［図1］はこのようなモタモタした状況を描いたもので、石炭の国管法案なるパンを焼く時期をめぐって社会党の片山と民主党の芦田均が言い争いをしている。そのパン生地を自由党の吉田茂が引っ張って邪魔しているといったところだ。

臨時石炭鉱業管理法案はいろいろと修正がなされ、一二月八日にやっと本会議で可決されるという難産の末に成立している。［図2］はこんなゴタゴタを取り上げたものである。民主党の芦田は法案に反対した幣原《しではら》喜重郎派を除名しているところである。野党の自由党内でもこれほどの意見の対立をみた法案であったが、芦田の横の「石炭国管案」なる番傘はすでに幣原派にずたずたに切られて傘の役目をなさないようである。芦田がつまみ出した幣原派の手にはハサミが握られており、傘を壊したことが見てとれる。

臨時石炭鉱業管理法案は二三年四月一日に施行されたが、結局は妥協の産物としてさまざまな修正が加えられて骨抜きとなってしまい、政府、石炭資本、炭鉱労働組合のいずれもが不満を抱くこととなる。また、石炭不足がしだいに解消していくなかで二五年五月二〇日に廃止されることとなり、法案をめぐって汚職事件にまで発展したにもかかわらず僅か二年ほどでその使命を終える。それは社会党の目指した主要産業の国有化への道が閉ざされたことでもあったといえよう。

↓［図2］『朝日新聞』昭和22年12月1日号　画＝清水崑

# 経済復興五カ年計画

IV 昭和・戦後篇［7］

## 生活を戦前の水準にもどすことを目標に

第二次世界大戦で壊滅的打撃をうけた経済を建て直すために策定された経済復興計画で、昭和二一（一九四六）年八月に発足した経済安定本部が立案し、二三年五月に「経済復興計画第一次試案」として発表された。二三年から二七年までの五カ年の経済再建計画を示したもので、戦後の本格的長期経済政策としてその後の政策を方向づけることとなったものである。

その計画は重化学工業を中心にすえて経済復興をはかり、昭和二七年度には国民生活を戦前の水準に戻すことを目標としていた。そして、国民生活が戦前の水準に達するために必要な労働人口の配分や輸出入量などを算定している。［図1］は昭和二三年五月一八日の『朝日新聞』に掲載された二七年度の目標値であるが、昭和五～九年の平均値を基準に目標が立てられていることがわかる。この図を掲載した紙面には、経済復興五カ年計画について、「いま復興計画をたてようとする政府の意図は、第一には経済再建への国民の努力に対し明確な目標を示し、第二に政府の行う危機対策に指針と総合性を与え、第三にそしてもっとも重要なことであるが、外国とくに米国から援助を仰ぐ場合のよりどころにしようというのである」との記事があるが、このような視点からも日本の経済復興にアメリカの援助が



［図1］『朝日新聞』昭和23年5月18日号

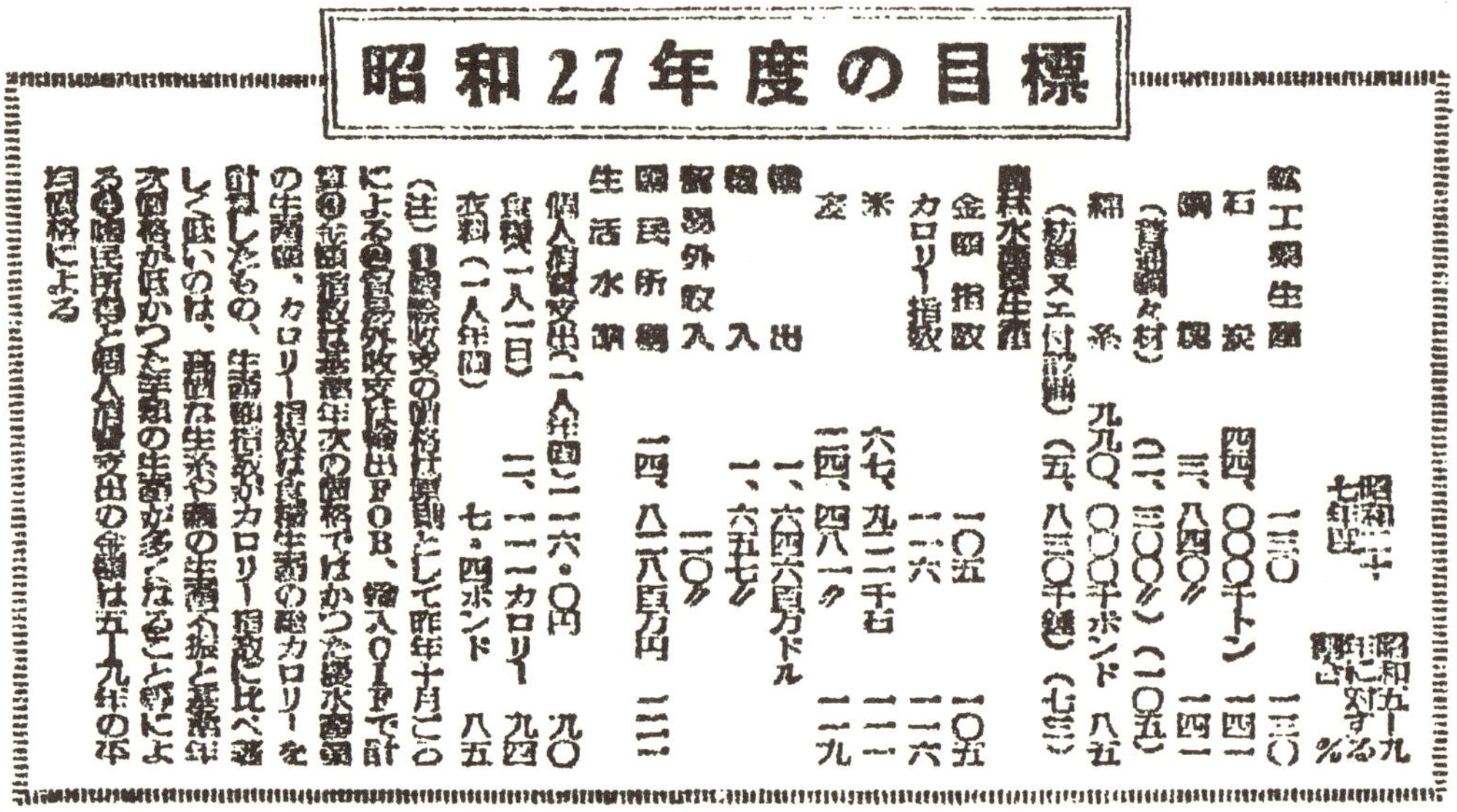

昭和27年度の目標

| | 昭和二十七年度 | 昭和五―九年に対する割合 % |
|---|---|---|
| 鉱工業生産 | | 一三〇 |
| 石炭 | 四四、〇〇〇千トン | 一四一 |
| 鋼塊 | 三、八四〇〃 | 一四一 |
| （普通鋼々材） | （二、三〇〇〃） | （一〇五） |
| 綿糸 | 九九〇、〇〇〇千ポンド | 八五 |
| （紡錘又は付属錘） | （五、八三〇千錘） | （七三） |
| 農林水産業生産 | 一〇五 | 一〇五 |
| [illegible]指数 | 一一六 | 一一六 |
| カロリー指数 | | |
| 米 | 六七、九二二千石 | 一一一 |
| 麦 | 一四、四八一〃 | 一一九 |
| 輸出 | 一、六四六百万ドル | |
| 輸入 | 一、六五七〃 | |
| 貿易外収入 | 一二〇〃 | |
| 国民所得 | 一四、八二八百万円 | 一三三 |
| 生活水準 | | |
| 個人消費支出（一人年当） | 二一六・〇円 | 九〇 |
| 食糧（一人一日） | 二、一一一カロリー | 九四 |
| 衣料（一人年当） | 七・四ポンド | 八五 |

（注）1国際収支の価格は原則として昨年十月ごろによる 2貿易外収支は輸出FOB、輸入CIFで計算 3生産指数は基準年次の価格ではかった総水準の生産額、カロリー指数は食糧生産の総カロリーを計算したもの、生産指数がカロリー指数に比べ著しく低いのは、高価な生糸や絹の生産不振と基準年次価格が低かった年次の生産が多くなること等による 4国民所得と個人消費支出の金額は五―九年の平均価格による

不可欠だったことが浮かび上がってくる。

［図2］は「われらのテナー」とのタイトルで、「経済復興五カ年計画曲」を高々と歌いあげる首相の芦田均が描かれている。彼の手には「外資導入曲」「綿布放出曲」などさまざまな楽譜が握られているが、その目玉として「経済復興五カ年計画曲」を歌っているのである。このように、経済復興五カ年計画は政府の経済対策の根幹となっていた。

［図3］は［図2］の十日ほどあとに発表された漫画だが、芦田内閣の予算大綱が骨組みだけでまだまだ家の体をなしていないことを諷刺したもので、キャプションには「出来栄えは、いかが？」と言う大工の芦田に対して、「勝手も茶の間も出来ねえ先に、何を言やがる」と商売敵の吉田茂が批判しているところである。こんな具合で、経済復興五カ年計画はスタートしたのであった。

↑［図2］『朝日新聞』昭和23年5月22日号
［図3］『朝日新聞』昭和23年5月31日号　画＝清水崑

# 経済安定九原則

IV
昭和・
戦後篇
［8］

## 労働者の解雇にも都合よく使われた

第二次世界大戦後の日本経済自立を目指して昭和二三（一九四八）年一二月一八日にアメリカ占領軍より日本政府にアメリカ政府からの指令として示されたのが経済安定九原則である。「九原則」とは、（一）均衡予算を実施し、そのために財政支出を厳しく引き締める。（二）税制を改善して脱税を防止する。（三）融資を制限して経済復興に有益なものだけとする。（四）賃金安定策を確定する。（五）物価統制の拡大強化を行う。（六）外国貿易管理の改善と為替管理の強化。（七）輸出産業に物資を重点的に割り当て輸出を促進する。（八）国産の原料と工業製品の増産をはかる。（九）食料集荷を改善する。というものであった。

二三年七月にはすでにＧＨＱの勧告を受けて日本政府は経済安定十原則を出していたが、アメリカは日本政府の努力が不足しているために十原則発表後も経済安定の成果があがらないと指摘、出されたのが経済安定九原則である。どちらも内容は同じようなものであったが、十原則が「勧告」だったのに対して、九原則は遅々とした改善に業を煮やしたアメリカが反対を許さない「命令」として出したものであった。

絶対命令としての経済安定九原則をふまえての政府の経済政

↓［図1］『朝日新聞』昭和24年2月25日号　画＝清水崑

策は容易でなかった。［図1］は「九原則」という高下駄を履いて巨大な「公約」という玉を小さな「均衡予算」で支えている池田勇人大蔵大臣である。一歩間違えるといつでもひっくり返りそうな危うい格好でヒヤヒヤものである。

［図2］も同じく九原則と公約の間で厳しい財政運営を迫られる状況を描いたもので、相当高度な技術がないとこの玉突きは失敗しそうだ。そんな公約と九原則の関係を『アカハタ』は［図3］のように表現している。すなわち、九原則という船賃は先に取っておきながら庶民は船に乗せてもらえず公約を背負ったままで陸に置いてけぼりにされているといった具合だ。さらに［図4］では「九原則軒」というカフェでくつろぐ一部の人とそれを経営する首相の吉田茂と大蔵大臣の池田勇人ということだろう。池田がながめる視線の先には工場に通う労働者たちの姿がみえるが、「九原則軒」とは別世界のようだ。

［図5］は勤労者の前に九原則を示して首切りを行おうとしているところである。九原則は絶対命令であって、水戸黄門の印籠のような存在として資本家が労働者を解雇するときに都合よく使われているということなのだ。

九原則にはさまざまな意見があったが、命令ということから、これに基づいて日本経済は運営されていったのである。



↓［図2］『朝日新聞』昭和24年3月2日号　画＝清水崑





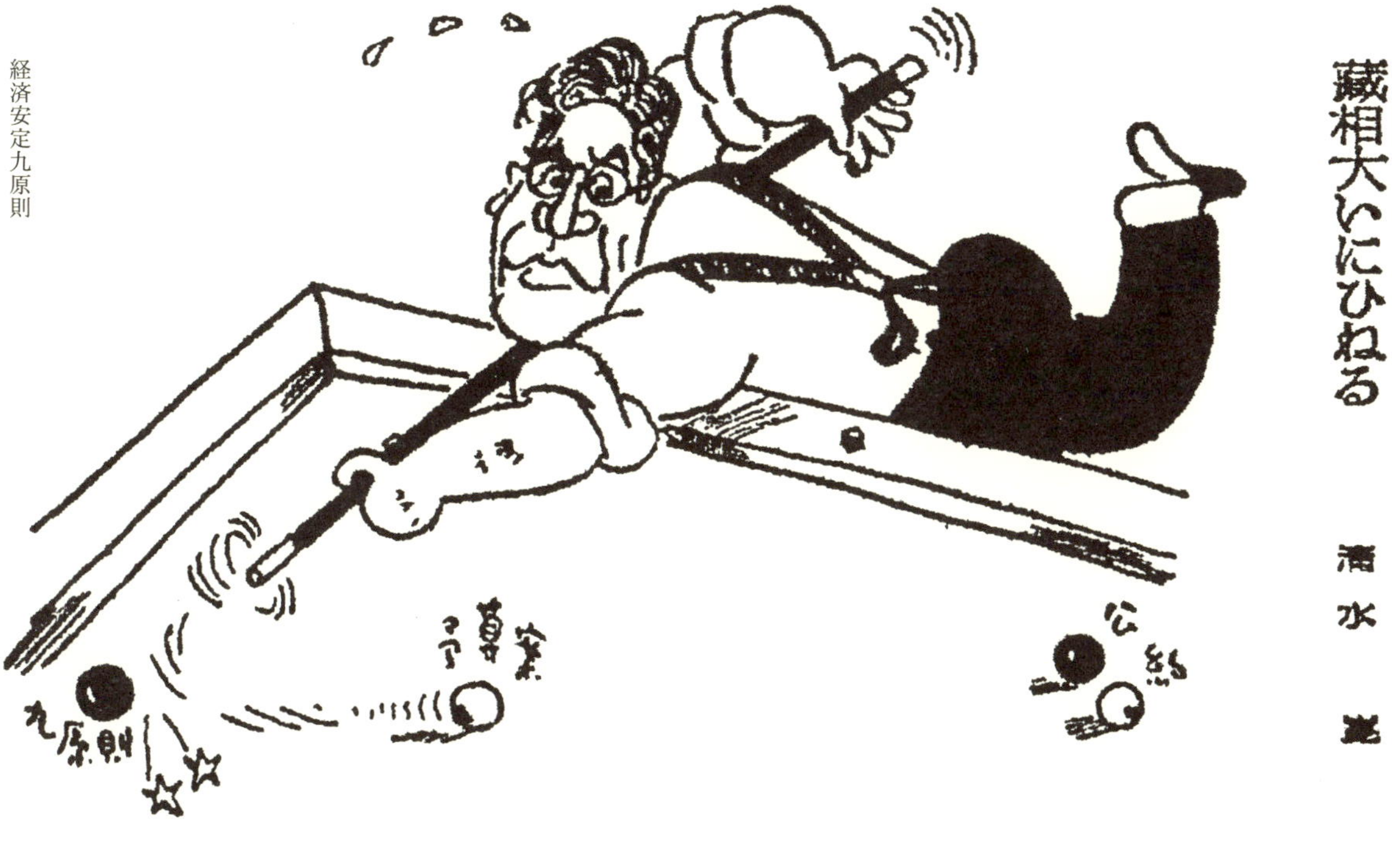

[図3]『アカハタ』
昭和24年3月6日号
画＝加藤悦郎

[図4]『アカハタ』
昭和24年3月4日号
画＝まつやま・ふみお

[図5]『漫画』
昭和24年4月1日号
画＝中村伊助

194

# ドッジライン

IV
昭和・
戦後篇
［9］

## 強い決意でインフレに取り組んだ

アメリカ政府は日本の経済再建を促進するために昭和二四（一九四九）年二月にデトロイト銀行頭取ジョセフ・ドッジをGHQ財政顧問として日本に派遣した。彼は前年に策定した経済安定九原則を実施させるために来日直後から精力的にさまざまな政策を行った。

「日本の経済はデコボコの山道で、国民は修理の出来ていない車にのって旅行して来たようなものである。アメリカの援助はこの道路から起るはげしい震動から車と乗客を守るクッションの役目を果たして来た」

これは、昭和二四年四月一七日付『読売新聞』の「編集手帖」に紹介されたドッジの予算声明の一部である。このような状況から脱却させるために、彼はインフレを収拾することを重要課題として打ち出した。そのためには超均衡予算によって赤字財政からの脱却をはかり、補助金の削減や税収に見合った支出という方針を掲げたのである。

［図1］は戦後の超インフレを押さえ込もうとしているドッジで、壺のなかにインフレを閉じこめて蓋の上に乗りインフレが跋扈しないようにしているところである。このような強い決意でインフレ対策に取り組んだがために、政府の予算には厳しい目を光らせた。行政整理も断行され過剰人員削減も大きな課題となった。五〜六万人の公務員を整理すれば五百億円の予算が浮くという考えも示されたが、［図2］はそんな状況を描いたもので、奥では料理人がさかんに首を斬っていて、手前では首相の吉田茂が五百億円という目標が記されたハカリに斬られた首を乗せて計量しているところだが、まだまだ目標達成には足らないようだ。ハカリのまわりには不安そうに見つめる人々が描かれている。企業でも首切りは横行し、大量の失業者が出ることとなったのである。

いっぽう、一ドル＝三六〇円という単一為替レートの導入も昭和二四年四月二五日より実施している。それまでは商品ごとに為替レートが異なる複雑な状況だったが、単一レートを確立して日本経済を国際経済システムのなかに復帰させようとしたのである。［図3］はドッジによって「三六〇円」に格付けされ世界経済の枠組みに復帰してよろこんでいる日本といった具合である。この漫画の掲載された『漫画』昭和二六年二月一日号には、「日本の円の価値がやたらと浮動するので、あちらのバイヤーがいくらで買つたらいいのか見当がつかない。こちらの貿易商がいくらで仕切つていいのか皆目わからない。品物によって標準がまち〳〵で、例えばセルロイド製品など、当時日本値六百円の物を渡さないとあちらから一ドルの物を渡してくれない。センイ品だと二二〇円の物をやれば一ドル分の物をくれる、といったあんばい。こんな状態でいくら「輸出振興」を叫んでみたとて、見本市博覧会を催したところで、どうなるものでもない」とあり、単一レートは不合理の解消策だったのである。

［図1］『漫画』昭和26年2月1日号　画＝近藤日出造

［図2］『漫画』昭和24年4月1日号

［図3］『漫画』昭和26年2月1日号　画＝近藤日出造

# シャウプ勧告

## 低所得者には大きな負担増

昭和二四（一九四九）年五月一〇日、コロンビア大学教授カール・S・シャウプを団長とする税制使節団が来日している。彼らの役割は緊縮財政を打ち出したドッジラインを税制面から補完し、日本の税制改革を行うことであった。

シャウプは「わたしの訪日の第一の目的は経済九原則に伴いより公平な税制を設けるよう進言することにある」との来日第一声を放っている。来日の次の日には池田大蔵大臣など日本側関係者が総司令部経済科学局を訪ねてシャウプらと会談を持っている。昭和二四年五月一二日の『読売新聞』は「池田蔵相はわが国の経済情勢と税制ならびに今後の方針についての意見書を提出した、さらに木村国務相は地方財政は「財源が枯渇しているからとくに研究を願いたい」と要望、青木経本長官は国民の税負担力と租税についての研究を懇請した」と報じている。

シャウプ一行は各地を精力的に視察して勧告書を作成している。[図1]は汗を拭きながら日本のあちこちをまわり、「足」で報告書をまとめたことを描いている。この絵の掲載された『漫画』昭和二四年一一月一日号には「この人が偉いのは、あのぼう大な税制勧告書をアシでかいたからだ。北は北海道の端から南は九州の涯まで、その足跡至らざるはなく……はチト大げさ

↓[図1]『漫画』昭和24年11月1日号　画＝近藤日出造

だが……あるいは街頭で、あるいは店屋で、またあるときは工場で、農村で、直接人民から税金の苦情をきいた」とあるが、こんなところからも活動の一端が窺われる。

九月一五日には第一次勧告が出されたが、そこでは国税は直接税を中心とする考えを示し、また地方財政確立のために府県に付加価値税、市町村に住民税と固定資産税を与えた。

この勧告に従って直接税の徴収に力が注がれた。［図2］はそんな状況を描いたもので、税官吏がどんな僻地までも足をのばして徴税しているところである。彼の足は熊手となっていて漏らさず徴収するといった具合だ。後方に建つ家は税金が払えず差し押さえとなったようである。［図3］は国税を取り立てに来た者と地方税を取り立てに来た者がはち合わせとなってしまったことを描いているが、こんな笑えない場面もあったに違いない。

シャウプ勧告は中小企業や低所得者には大きな負担増となったといえよう。



↓［図2］『漫画』昭和24年11月1日号　画＝近藤日出造

［図3］『漫画』昭和25年10月1日号　画＝永井保

# 電力事業再編

IV
昭和・
戦後篇
［11］

## 「ポツダム政令をもって公布するのやむなきに至った」

昭和一三（一九三八）年、電力管理法などによって日本発送電会社（日発）が発電と送電を担い、全国九ブロックの配電会社によって配電される体制が確立し、日発の経営人事を国が掌握する電力の国家管理体制が構築されたのである。

第二次世界大戦後、過度経済力集中を排除するためにGHQは日発に厳しい目をむけて過度経済力集中排除法の適応企業としたが、政財界からの抵抗が強く、簡単にはGHQの意向が反映されなかった。二三年二月、日発は再編計画書を提出、さらに政府も四月に電気事業民主化委員会を設置して本州と九州は単一の会社による発電と送電を行う答申をまとめたが、GHQの受け入れるところではなかった。その後、電気事業再編成審議会を設置して九分割を答申したが、電力融通会社の設置などが盛り込まれており、この案もGHQは拒否した。かくて、政府は二五年四月にGHQの意向にそった九分割を国会に提出したものの強い反対にあって審議未了という事態になったのである。

このような状況のなかでGHQ案に反対すると、アメリカが必要と認める事業に援助する見返り資金を停止すると圧力をかけて完全九分割を迫った。これを受けた吉田内閣は二五年





［図1］『朝日新聞』昭和25年11月25日号《跳びも跳んだり》 画＝清水崑

一一月二四日、ポツダム政令というかたちで電気事業再編政令と公共事業令を公布し、電力事業再編が実現することとなる。

吉田首相は二四日の施政方針演説のなかで電力事業再編にふれ、「政府は今般電気事業再編政令および公共事業令をポツダム政令をもって公布するのやむなきに至ったのである」と述べているが、この演説にも自分たちだけでは決められない苦渋がにじみ出ている。

［図1］は国会開会中に突然にポツダム政令で電力事業再編の法案が成立したことを描いている。野党の強い反対を後目に吉田首相は電力再編という赤ん坊を背負ってポツダム政令というボートに飛び乗ってしまったのである。陸ではいくら吠えたてたてもどうしようもない状態なのだ。

このようにして決着がつけられた電力事業再編だったが、庶民にとってはインフレによる電気料金値上げのほうが直接的な悩みだった。［図2］はそんな様子を描いたもので、学生が勉強せずに机の前で寝ているところである。彼は「値上がり分だけ節電致す」と呟いており、横には取り外した電球が転がっている。タイトルの「孝行」とは勉強するより節電のほうが親孝行ということを意味するのだろうが、こんなところにもインフレのなかでの庶民の暮らしが垣間見える。




［図2］『朝日新聞』昭和25年5月17日号　画＝清水崑

# 朝鮮戦争景気

IV
昭和・
戦後篇
［12］

## 繊維と金属が高く買われた

第二次世界大戦後、南北に分離していた朝鮮半島の境界線で昭和二五（一九五〇）年六月二五日早朝に軍事衝突が起こった。南北の衝突はアメリカを主力とする国連軍や中国の人民義勇軍の参戦にまで至り、戦闘が繰り広げられることとなる。

この突然の戦争が日本の景気に大きな影響をもたらした。戦争による軍需物資の調達などで半島にもっとも近いところに位置する日本がアメリカ軍の重要な基地となり、戦争特需が到来したのである。それまで敗戦のなかで厳しい経済状態に甘んじていた日本にとって隣国の戦争が恵みの雨となって経済を潤したのである。在日アメリカ軍の緊急補給物資の買い上げに加えて、戦争に伴う買い急ぎなどで多くの物資が高騰したが、なかでも金属と繊維の上昇は激しく、「金ヘン」景気、「糸ヘン」景気と称されて戦争特需の象徴的存在となっていった。

［図1］は「金ヘン」景気を取り上げたものである。少量の金属でも高額で売れるために金属品漁りが当たり前のように行われた。ここでは工場の空き地で金属を探している人物がやかんやバケツをいくつも持った者をうらやましそうに見ながら「凄ェ掘り出し物じゃねェか」と声をかけたところ、「冗談じゃねェ、俺はイカケ屋だョ」といわれたのだ。多くの金属品を持

↓［図1］『漫画』昭和25年11月1日号
画＝金親堅太郎

←［図2］『漫画』昭和25年10月1日号
画＝境田昭造

金へん景氣
「凄ェ掘り出し物じやねェか」
「冗談じやねエ、俺はイカケ屋だョ」
金親堅太郎

っていたのは修理を依頼されたやかんやバケツだったのである。右側の金属漁りの人物はスプリングや鉄片などを入れた袋を担いでいるが、こんなものでも貴重な金属として売ることができたのである。

いっぽう、［図2］は「糸へン」景気を描いている。「金へン」が人におんぶされて大切に扱われている横では「糸へン」が胴上げされている。金属以上に繊維が特需の恩恵を受けていたことを表しているのだ。

そんなことから、こんな景気をもたらした戦争の推移は注視の的となった。［図3］は新聞で戦況を知るのに夢中となっているサラリーマンを描いている。同僚は夫婦喧嘩を見ながら話をしているので、二人の会話はかみ合っていないようだ。［図4］も朝鮮半島の状況が気になって仕方がない様子が描かれている。望遠鏡で半島を見遣りながら情報を伝えているようだ。横ではその情報を耳を大きくして一言も聞き漏らすまいとしている。彼は巨大な算盤を抱えて儲けの計算中である。

降ってわいたようなチャンスに利害関係が絡み合い、複雑な人間模様があちこちで見られた。［図5］もそんな様子を諷刺したもので、物資を囲い込む者、大金の入ったボストンバッグをめぐって争う連中など醜い姿が描かれている。戦争特需は人間関係までも変えていったということなのだろう。しかし、この特需によって日本は戦後の厳しい経済状況から脱出するきっかけを得ることとなったのである。

［図4］『漫画』
昭和25年10月1日号　画＝境田昭造

［図5］『漫画』
昭和25年10月1日号　画＝境田昭造

［図3］『漫画』昭和25年11月1日号　画＝西川辰美

# 千円札発行





## 初代はわずか半年で通用停止に

昭和三二（一九五七）年一〇月一日に五千円札、翌年一二月一日に一万円札が発行されるまでは千円札がもっとも高額な紙幣として流通していた。千円札が最初に登場したのは終戦直後の二〇年八月一七日のことである。この千円札はまだ戦前のシステムを脱却していなかったなかでの発行で、日本銀行兌換券として登場したのであった。その後、戦後の物資不足、ヤミ市などで猛烈なインフレが進行する時代が到来するが、そんななかでもこの千円札はなかなかお目にかかれない超高額紙幣だったのである。発行枚数も極端に少なく、さらには一円にも満たない小額紙幣がまだ流通していたのでそれも当然のことだったといえよう。

［図1］はヤミ市でそんな千円札を出して服を買っているところである。彼が購入しようとしたのは二千円で売られていた毛皮つきの暖かそうな飛行服なのだ。この絵の説明のなかに、「二千円でこれには江戸ッ子も手が出ません」とあるように、相当の高額品だったことがわかる。これを千円札を二枚出して購入しようとしているので注目されて描かれ記録されたのであるが、この千円札を払った者もヤミ市で物を売っていたのだ。ヤミ物資で大きな金額を扱う者たちだからこそ千円札を持って

［図1］『漫画』昭和21年3月1日号　画＝塩田英二郎

いたといえよう。庶民には無縁の千円札だったが発行からわずか半年ほどの二一年三月二日に通用停止となっている。

その後、二五年一月七日に再び新たな千円札が発行された。長い間使われ馴染みの深い聖徳太子の肖像のB千円券である。当時の大卒の初任給が三千円ほどなので、現在の一万円札をはるかにしのぐ高額紙幣で、その威力は相当なものだったことがわかる。

［図2］はこの千円札が発行されて一年近く経った二六年六月一九日の『日本経済新聞』に掲載された流通通貨の割合を図示したものである。金額ということなので流通枚数とは結びつかないものの、千円札の流通金額は全体の八割近い状態である。この図の解説として、「現在発行されている通貨を金額でみると、千円札が圧倒的に多く、四月からお目見得したばかりの五百円札はまだ一・八％しかないが、なかなか評判がいゝから、そのうちにもっと出回るようになるだろう」と記している。この記事のように五百円札も多く流通することとなるが、千円札は流通紙幣の主流となって戦後経済の発展とともに大量に発行された。しかし、やがて五千円札、一万円札が発行されて高額紙幣の座を譲った。その後、千円札は三八年にC千円券（伊藤博文の肖像）、五九年にD千円券（夏目漱石の肖像）が発行されている。しかし、千円札は現在でもよく使われる金額の紙幣であり、大きな役割を果たしているのである。





［図2］『日本経済新聞』昭和26年6月19日号

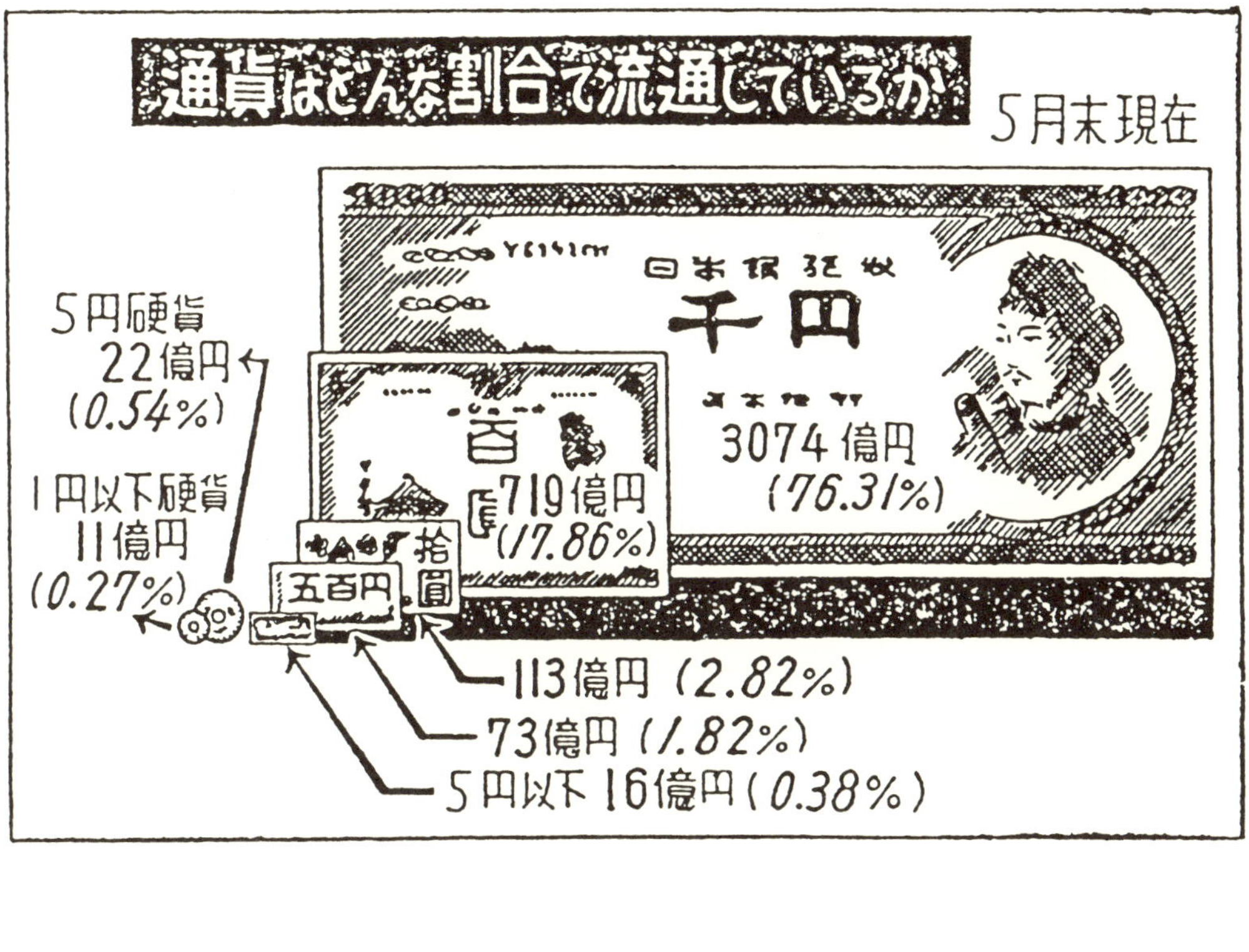

# MSAと農産物輸入

IV
昭和・
戦後篇
［14］



## 「日本は気前のいいお客さん」

MSAとはアメリカの相互安全保障法で、これに則って昭和二九（一九五四）年に日本と日米相互防衛援助協定を結んでいる。日米相互防衛援助協定はアメリカの安全保障政策に基づいたもので、日米安全保障条約のもとに防衛力強化が行われ、それに伴う援助供与などがうたわれている。アメリカは日米相互防衛援助協定を締結するに際して財政の均衡などを求めたが、アメリカの農産物の購入なども要求に含まれていた。

［図1］は協定締結交渉を開始した二八年に描かれたものであるが、「迷作彫刻展MSA三題」と名付けられている。上段のタイトルは「舌」となっており、経済援助を表現しているのだろう。朝鮮戦争特需によって潤った日本だったが、二六年七月に朝鮮戦争休戦会談が開始され、アメリカからの援助も輸出の増加にともなう国際収支の改善などを理由にうち切られた。二八年七月には休戦協定が調印されて朝鮮戦争特需経済からの脱却が迫られていた。こんな情勢のなかでの日米相互防衛援助協定交渉だったのであり、援助を期待する空気も強かった。下段はMSA体制の日本で安眠する国民といったような想定で「安定」という題名がつけられているが、MSAで身動きが取れないようである。このようなさまざまなことから中段の吉田茂の彫像は考え込んでいて、その頭には巨大なMSAがのしかかっている。

協定交渉のなかで出てきた大きな問題に小麦の輸入があった。豊作が続いたアメリカでは農産物の余剰による価格の暴落が起こり、その解決が急務となっていた。他の農業国も豊作で海外に輸出することもままならなかったのである。こんななかで協定交渉に余剰農産物の輸入が絡んできたのである。小麦の輸入がその象徴であった。［図2］はそんな交渉状況を描いたもので、特使の池田勇人が五千万ドルの小麦をアメリカから押しつけられてつぶれそうになっている。アメリカのMSA維持のために、必死で日本も支えなくてはならない状態のようである。この漫画の掲載された昭和二八年一二月一二日の『朝日新聞』は特派員の報告として、「対外援助を減らし、税金を下げる公約と農産物の価格を維持せねばならない、この二つのかけ離れた要求を満すべく、相互安全保障法（MSA）に余剰農産物処理と防衛援助の目的を結びつけた第五五〇条が出来たのが今年の夏、対外活動本部（FOA）が各国に呼びかけて余剰農産物の交渉をはじめたのが十月の十三日だった。池田特使のおみやげはこの小麦五千万ドル」と記している。この報告の見出しは「売れない豊作の小麦　日本は気前のいいお客さん」となっている。

その後も日本はアメリカの余剰農産物を受け入れたが、これによる国内農業との摩擦も浮上し、批判が続出した。日米相互防衛援助協定は軍事面だけでなく、経済面でもアメリカの影響を大きく受けていたのである。

［図1］『朝日新聞』
昭和28年8月9日号
「日曜漫画帳」
画＝清水崑

［図2］『朝日新聞』
昭和28年12月12日号夕刊
画＝清水崑

## もはや「戦後」ではない

朝鮮戦争特需が終わり、金融引き締めや財政縮小によって不況が到来し、輸入が減少したものの、輸出は増大していった。かくて、国際収支の黒字をうけて昭和二九（一九五四）年の暮から日本経済は上昇に転じ、設備投資なども活発に行われて三十一カ月にも及ぶ長期経済成長時代が出現する。

鉄鋼や造船といったこれまでの産業に加えて石油などの新しい分野にも積極的な設備投資が行われ、各地に石油化学コンビナートが出来てくるのもこの時代である。また、家電産業の成長も著しかった。

二九年の経済成長率が二・八パーセントだったのに対し、三〇年は一二・一パーセントにも達し、三一年、三二年も高い成長となった。いっぽうで、物価上昇率はわずかという状況で、社会は好景気に活気づいた。三一年度の『経済白書』にも「もはや「戦後」ではない」という言葉が記されるほどであった。

このような経済発展を「神武以来の好景気」であるとして、いわゆる「神武景気」といわれるようになったのである。

昭和三二（一九五七）年一月一日の『朝日新聞』は「海の向こうでは西欧経済の混乱や、東欧、スエズ問題の見通し難など二、三の暗い雲もないわけではないが、世界の景気を動かすア

［図1］『朝日新聞』昭和32年1月1日号
「社会戯評」 画＝横山泰三

メリカ経済は「史上最高の好況」を続けている。スエズ運河の不通も、わが国にとっては、運賃分だけ不利になった西欧に代って、東南アジアへの輸出を伸ばすチャンスと皮算用を生んでいる。こんなわけで、経済界でも強気筋は「この上向き景気の将来を警戒しようにも、どうも悪い材料が少なくて」と首をひねるほどの新年の景気で、少なくともこの夏ごろまでは「戦後最良の日本経済」に異変はなさそうだ。去年中に失業者は約十二万人も減った。賃金は上がり気味で「一千億円減税」の希望もある。働く者にとっても、まず明るい新春である」と空前の好況のなかでの新年を論じている。

［図1］はそんな景気を象徴する元旦の漫画である。「神武以来の大正月」とあるが、まさに神武景気そのものといった作品といえよう。

いっぽう、［図2］は大相撲の初場所を取り上げた漫画だが、勝った力士に渡される懸賞金が分厚い札束として描かれている。「好景気」と題され、「すごい札束だ」とあるが、こんな漫画が読者の共感を呼ぶような時代だったのである。







［図2］『朝日新聞』昭和32年1月14日号
「社会戯評」 画＝横山泰三

## 輸入の急増、スエズ動乱、機械の注文減

民間設備投資の大幅な増加によっていわゆる神武景気が出現したが、内需の急激な拡大によって輸入が急増し、国際収支が悪化、外貨準備高が急速に減少していった。このような状況に対して日銀は公定歩合引き上げ、国際収支の改善をめざした。この金融引き締めによって、在庫の増加など景気停滞が生じていった。

また、スエズ動乱による世界経済の悪化も影響を及ぼし、景気の足を引っ張るようになっていった。

［図1］は総理大臣岸信介に関わる宝石問題を取り上げたものだが、神武景気が破綻したことは、まさに神武時代の格好をした人たちがつぎはぎだらけの服装でいることからも分かる。彼らは「ちかごろ景気のいい話じゃないか」と新聞を見ておしゃべりしている。昭和三二（一九五七）年六月をピークに後退した景気は、この図が掲載された一一月三〇日にはすでに厳しい状況が顕在化していたのである。

［図2］は昭和三二年一二月一九日の『朝日新聞』に載った「グラフに見る外貨危機の一年」という記事に添えられたグラフである。機械の注文が急激に減少していることが見てとれるが、こんな状況がなべ底不況をもたらしたことがわかる。記事

［図1］『朝日新聞』
昭和32年11月30日号
「社会戯評」 画＝横山泰三

ちかごろ景気のいい話じゃないか
岸宝石問題

はこのような状況を「去年から今年の前半にかけての盛んな設備投資は、外貨危機の「発火点」だった。「設備投資景気」をもたらし、生産力を急速に高め、原材料や設備、機械などの輸入を大幅にふやしたからである。設備投資の勢いはめざましいものだった。開発銀行調査部が主な千余の会社について調べたところによると、去年は一昨年にくらべて、実に七六%も投資額がふえている。今年は夏ごろには頭打ちとなったものの、全体では去年より三七%ふえる見込みである。投資の内容をみると、はじめは製造業を中心にした一般民間産業の投資が盛んだったが、去年の後半の後半からは、電力、鉄鋼などの基礎産業が急に伸びてきた。しかし設備投資が外貨危機の「発火点」であり、外貨危機対策の結局の目的が、盛んに設備投資熱に水をかける点におかれただけに、日銀の指導による金融引締めが浸透しはじめたころから設備投資はテキメンに減りはじめた。経済企画庁の「機械受注調査」つまり機械メーカーへの注文調査によると、設備投資の勢いをよく反映する「船を除く民間注文」は、今年の三月を頂上に下り坂となり、夏以降は特にその傾向をはっきりさせて来た。引締めがはじまったころは「投資はしたいがカネづまり」という状況だったが、最近では、景気の前途を悲観的にみて、企業の方から投資意欲を失ったところも多いようだ」と論じ、不況の原因について言及している。

なべ底不況は三三年六月に底を打ち、やがて岩戸景気が出現することとなる。



[図2]『朝日新聞』
昭和32年12月19日号

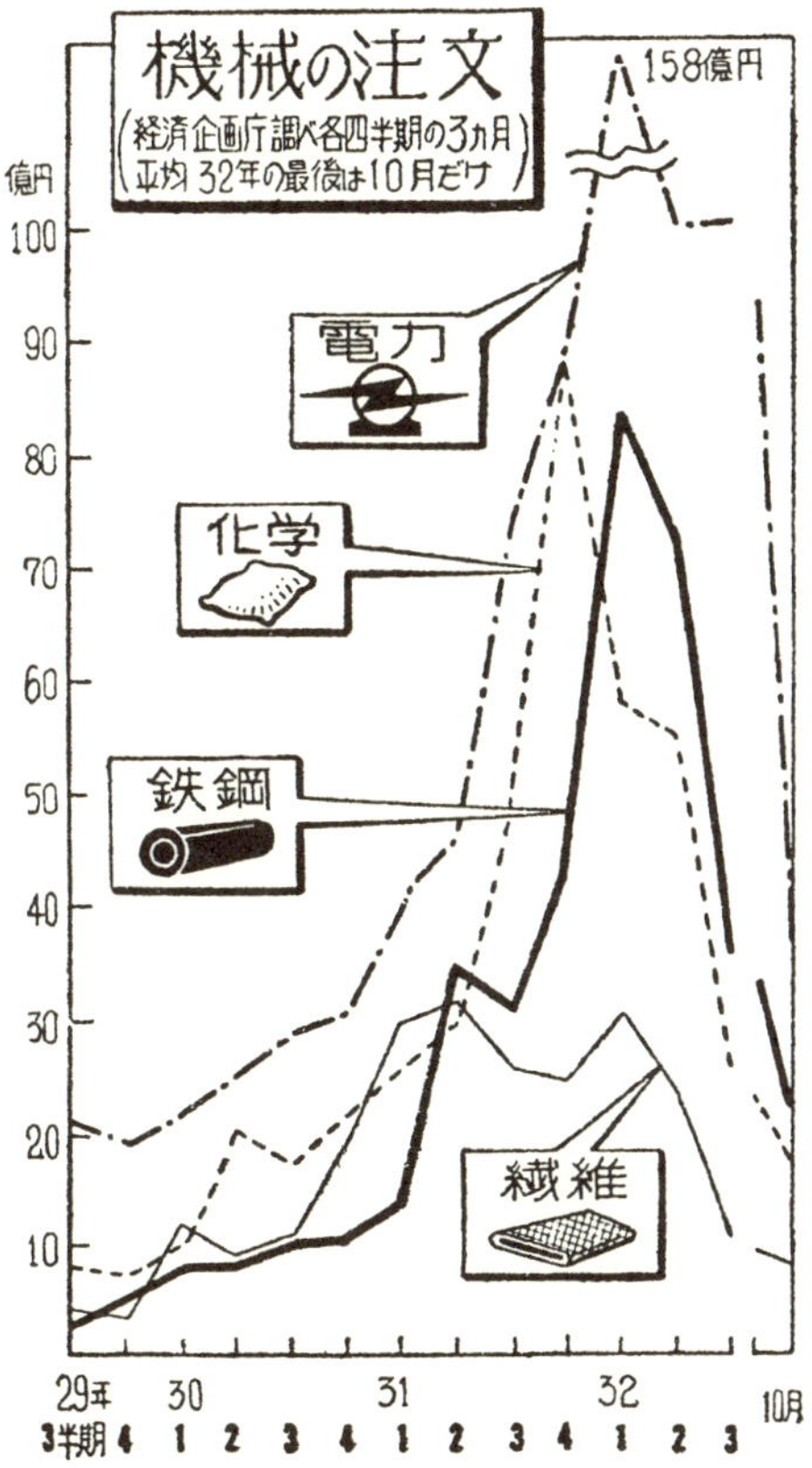

# 岩戸景気

IV
昭和・
戦後篇
［17］

## 好景気に酔うなか、貧富の格差が広がる

昭和三一（一九五六）年から翌年にかけて設備投資の拡大などで到来したのがいわゆる「神武景気」である。史上空前の景気ということでこの名がつけられたのである。しかし、設備投資による輸入の増大での国際収支悪化が生じるなどの問題も浮上してきた。かくて、金融引き締めによる投資の下火で不況が訪れる。「なべ底不況」である。この不況は三三年ころからの鉱工業生産の上昇、アメリカの好況などを背景に回復をみせて、やがて再びの好景気がやってくる。この景気は先の神武景気を上回るほどで、「岩戸景気」と称された。

昭和三四年一一月一日の『毎日新聞』は、一一月の経済展望のなかで、冬のボーナスを、「要求は夏より軒並み大幅に多いことは確実だ。それというのも「神武景気」を上回ると予想される九月期決算が強力な支えとなっているからだろう」と記している。

［図1］はこのような状況を描いたもので大型ボーナスに喜ぶ人々の姿から相当の好景気だとわかる。しかし、そんななかでエネルギー源が石油へと移行し石炭業界は不況をきわめ、多くの解雇者を出すほどだった。大型景気の影で木枯らしに震える炭鉱労働者たちには厳しい年末のようだ。

［図1］『毎日新聞』昭和34年11月1日号
画＝小林治雄

［図2］『読売新聞』昭和34年12月20日号
画＝近藤日出造

先の経済展望の記事には、「本年度中に炭鉱閉鎖に伴う離職者が一万人に及ぶ見込みだ。日経連でも各産業の雇用力を調べ、中旬までには対策をまとめる予定だという。一方通産省の諮問機関である石炭鉱業審議会でも基本問題部会を新設、石炭対策を根本的に検討するはずで、石炭問題は官民ともようやく本腰が入ってきた」と報じている。

しかし、世間は好景気に酔い、景気につられて株式も高くなっていった。だが、いつ何時、景気が後退して株が下落するとも限らない。［図2］は好況のなかでも一寸先はわからない株式相場を描いたもので、意気揚々と通る株の先では「株式岩戸相場」を閉めようと待ち構えている危険があることを訴えているのである。

それでも好景気は維持して年が明けた。［図3］は富士山の頂上で昇る太陽に向かって鶏は「岩戸景気」なる鳴き声を張り上げているものの、鐘楼での「厚生白書」鐘の音は「消費水準の差広がる」と奏でている状況を描いている。経済発展のなかでこんな社会矛盾が表面化していったのだった。

［図3］『漫画読本』
昭和35年2月号
画＝荻原賢次

# 一万円札の登場

## 庶民は聖徳太子のために苦労し続けた

昭和二五（一九五〇）年一月七日、B千円券が最も高額な紙幣として登場したが、その後の経済発展と物価上昇で新たな対応が必要となっていった。そんななかで、デノミネーション（通貨呼称単位の変更）の議論もなされたが、結局は高額紙幣の発行という決定がなされたのである。

昭和三二（一九五七）年二月一六日の『東京新聞』は、「十四日の衆議院予算委員会分科会で池田蔵相は社会党の河野密氏の質問に答えて一万円札、五千円札を発行すると言明、河野大蔵省理財局長は百円銀貨発行に必要な法律案を今国会に提出するつもりだと言明した。大蔵省のこの一連の通貨政策は通貨体系の整備確立というところにある。河野密氏はデノミをやるつもりはないかと質問した。通貨体系の整備確立のこれも一つの方法である。デノミで千円を十円に、百円を一円に呼び変えて、すっきりした通貨体系にするのも確かに一方法だが、これは紙幣や補助貨幣の作り直しをしなければならないし、民間も官庁も帳簿の書換えをしなければならないなど、巨額の費用がかかる。平価切下げとは違って価値そのものは変らないのに、こんな費用のかかることをする必要はないというのが大蔵省の見解」と書いているが、このような理由で一万円札が発行される



［図1］『東京新聞』昭和32年2月16日号

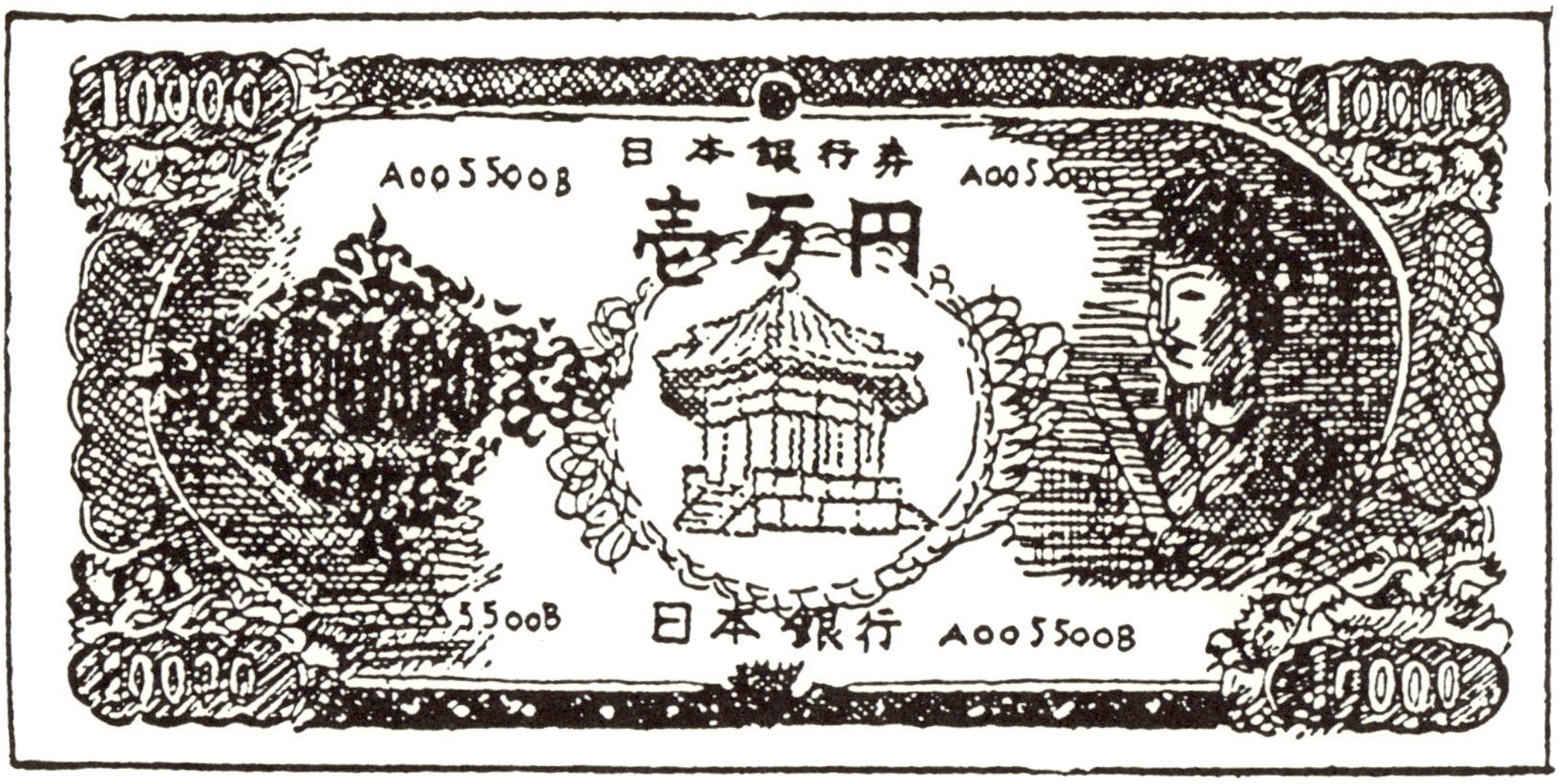

ようになったのである。［図1］はこの記事に添えられた一万円札の想像図である。

東京新聞が入手した資料に基づき描いたとあるが、実際に発行された一万円札によく似ている。こんな想像図が登場するのも「一万円」という超高額な紙幣が発行されることが話題を呼んだからに他ならない。

一万円札は三三年一二月一日に発行された。しかし、皮肉にも世間は「なべ底不況」のまっただなかにあった。こんなことから不況と一万円札をひっかけた諷刺漫画が多く描かれている。［図2］のキャプションには「ナベ底でよく見えないんだがね」とある。一万円札は発行されても不況で庶民には関係ない存在といったところだろう。

［図3］も同様で、いままでは千円札の聖徳太子をおぶっていたが、今度は一万円という大物なので大八車にのせて引っ張っているというところだ。いずれにしても庶民は聖徳太子のために苦労しているということで、「貧乏暇なし」というタイトルがそれを象徴している。

［図4］も庶民には縁遠い存在の一万円札を描いたもので、不況のなかの一万円札登場は諷刺画には恰好の材料を提供したといえよう。

その後、幾度かさらに高額な紙幣の発行が取りざたされたが、四十数年を経た今日でも一万円札は最も高額な紙幣として君臨している。





［図2］『読売新聞』昭和33年10月9日号夕刊 「立見席」 画＝久里洋二

貧乏暇なし　所得はふえても

［図3］『朝日新聞』昭和33年11月19日号夕刊
「社会戯評」 画＝横山泰三

［図4］『読売新聞』昭和33年12月2日号夕刊
「立見席」 画＝久里洋二

厚生白書
ぐっと底深い所に、かすかに庶民が群をなしていた
10000
10000

# 国民所得倍増計画

IV
昭和・
戦後篇
［19］

## 所得は急増するも、インフレも招く

昭和三一（一九五六）年七月一七日に出された『経済白書』は「もはや戦後ではない」と発表して新しい時代の出発を宣言している。その後も順調に経済が発展した三四年度をうけて、さらに継続的発展をはかるために岸内閣では国民所得倍増のための長期計画が検討された。当時、通産大臣だった池田勇人はこの計画を積極的に推進した。

三五年七月、日米安保条約改訂の混乱で総辞職した岸内閣にかわって池田内閣が成立、高度経済成長を目指し、国民所得の倍増を目玉とした政策を一二月に閣議決定した。この「国民所得倍増計画」は一〇年後の四五年に国民総生産（GNP）を二倍の二六兆円にしようというものであった。そのために社会資本の充実や産業構造の改革などが計画され、所得倍増の実現をはかったのである。

［図1］は国民所得倍増計画を内閣の最重要経済政策とした池田内閣の誕生を扱ったものである。総理大臣となった池田はグラスを片手にニコニコ顔でバンザイをしている。通産大臣時代から取り組んでいた経済政策を自分の内閣で出来るという喜びの表れなのだろう。胸のタスキには「倍増内閣誕生」と書かれているのはその象徴なのだ。しかし、そんな池田の影は高額





［図1］『漫画通信』昭和35年11月号
画＝宮下森

紙幣に描かれている聖徳太子の巨大な姿となっている。その聖徳太子は高笑いしており、笏には「物価上昇」とある。いくら所得が倍増してもそれ以上に物価が上昇しては無意味だと訴えているのである。

［図2］は国民所得倍増計画が発表されて迎えた三六年の年頭に掲載された漫画である。和服でくつろぐ池田に国民が書き初めを寄贈しているところだが、その書き初めの「所得倍増」は「所得」は大きく書かれているものの、「倍増」は短冊のような細いスペースに小さく書かれているに過ぎない。国民は本当に所得倍増など可能なのかと疑っているのである。

いっぽう、［図3］は「天上と地上」というタイトルで「所得倍増」のアドバルーンで空高くあがっている池田首相に対して地上では労働者たちの「貧乏と失業をなくす国民大行進」が行われているといった具合だ。

このように、国民所得倍増計画には懐疑的な見方も少なくなかったが、経済は飛躍的に成長し、国民の所得を急増させたものの、インフレも進んでいくこととなるのである。

所得
倍増
「総理、国民より書きぞめの寄贈です」

［図2］『読売新聞』昭和35年1月4日号
「世相パトロール」 画＝阿井文三

所得倍増

［図3］『アカハタ』昭和35年3月4日号
《天上と地上》 画＝まつやま・ふみお

# 農業基本法

IV
昭和・戦後篇
［20］

## あたらしい日本の農家像、描き切れず

経済は著しく発展するなかで、農業を取り巻く状況も大きく変化していった。労働力は急速に他産業に移行しはじめ、賃金格差も大きくなるばかりで、農業の近代化や合理化が叫ばれ、昭和三六（一九六一）年六月一二日に農業基本法が施行されることとなる。そして、生産性の向上、構造改善、農業所得の安定化など根幹的問題を解決すべく農業基本法に基づいて農業構造改善事業が行われた。しかし、将来の農業のありかたをめぐって大きな議論がまきおこり、国会でも自民党と社会党がそれぞれの描く日本農業の青写真をもとに鋭く対立していった。昭和三六年三月一三日の『朝日新聞』は「わが国の農業が「曲がりかど」にきたといわれてからすでに久しいが、その進路はこれまで必ずしもはっきりしたものではなかった。そのすじ道をかなり具体的に描いてみせたのが自民、社会両党の農業基本法案である。ところがともに農業所得をふやし、農民の生活水準を引き上げて、他産業従事者の水準に近づけることを目標としながら、その目標にたどりつく道すじはまるで違っている。政府案が企業として自立できる家族農業経営の育成を主眼としているのに対して社会党案は共同経営によるほかはないとしている。この違いは自・社両党の思想的な対立をむき出しにしたものだけに深刻だ。そこで社会党は政府の農業基本法案を「貧農切り捨て政策」と批判し、自民党からは社会党案を「土地取り上げ政策だ」という声も出てくる。こうした論争がこれから国会で一段とやかましくなることは必至の勢いである」と報じている。

［図1］はそんな対立を描いたもので、自民党と社会党が「農業基本法」なる植木鉢にそれぞれ自分の苗を植えようとしているところである。しかし、国会での対立はあっても農業従事者は明るい未来を期待していた。［図2］もそんな若者の夢が描かれたもので、「新しい農業」の計画を練りながらさまざまな未来を思い描いているところである。だが、政府の農業基本法案は［図3］のようにも描かれた。ここでは「防衛」牙などとともに政府が自分の都合に合わせた入れ歯としてつくられたという厳しい視点である。

いずれにしても、このような多くの批判があるなかで農業基本法は成立したものの、関連法案には手がつけられていない状況だった。［図4］はそんなどたばたのなかでスタートする農業基本法を描いたもので、「農業基本法」トラクターにはまだ「関連法案」タイヤをつくっているといった具合で、運転席に座っている農民は待ちくたびれている様子だ。

このように大きな問題を抱えながら農業基本法に基づく政策が行われたものの、やがて米の生産過剰や土地利用率の低下で形骸化していった。

［図1］『朝日新聞』昭和36年3月31日号　画＝滝谷節雄



［図2］『朝日新聞』昭和36年3月31日号　画＝滝谷節雄

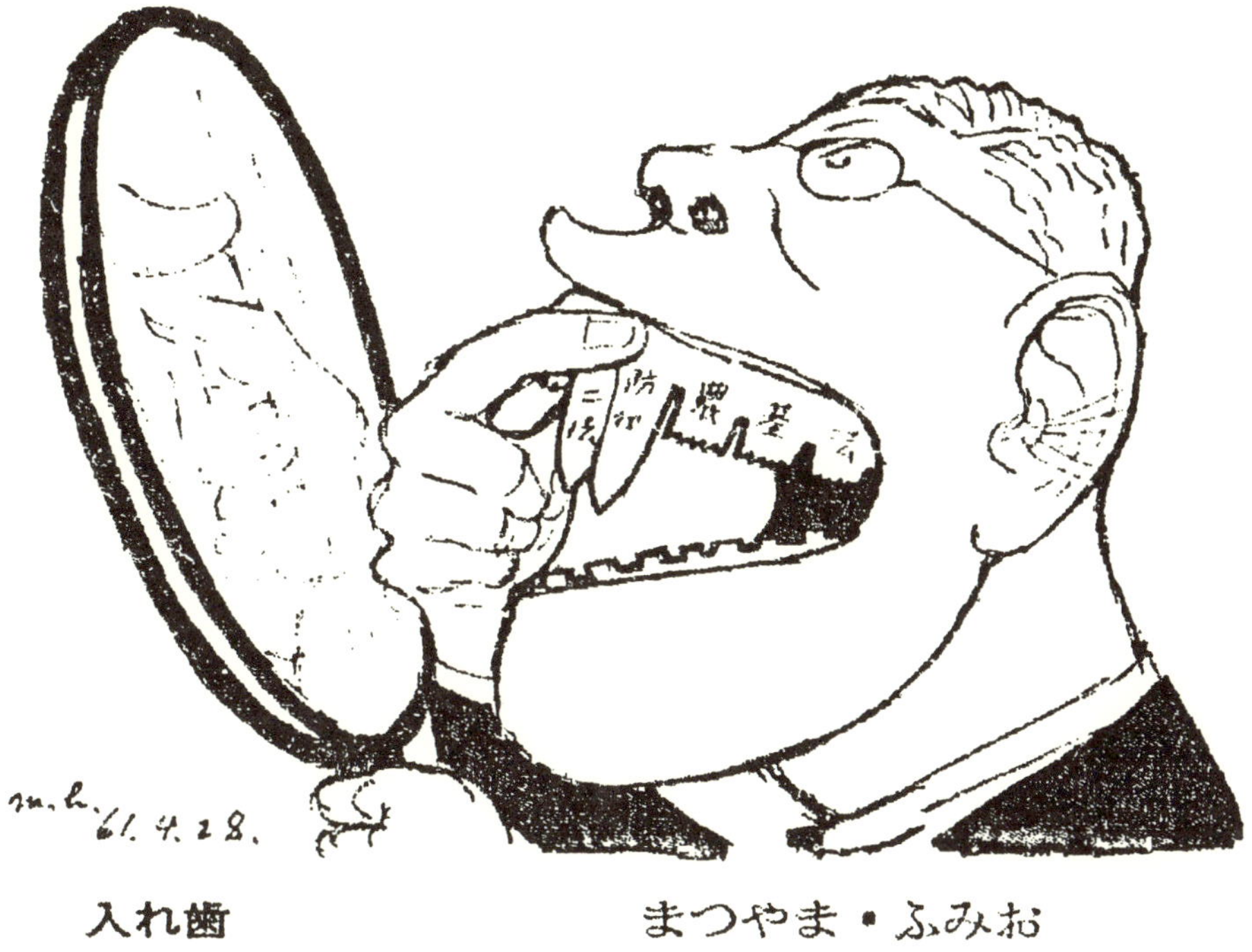


［図3］『アカハタ』昭和36年4月29日号　画＝まつやま・ふみお



［図4］『読売新聞』昭和36年6月8日号夕刊　画＝石山弘

# 日米経済委員会

IV
昭和・
戦後篇
［21］

## 経済においては、日米が平等の立場で

昭和三六（一九六一）年六月、訪米した池田勇人首相は日米経済委員会を設置することに合意して帰国している。経済成長の著しい日本はもはやアメリカの庇護のもとに経済運営を行うといった終戦直後のような状況ではなく、対等の立場にたって日米両国の経済関係にあたらなければならない時代となっていた。かくて、池田首相の訪米で委員会の設置が実現する運びとなった。

［図1］は訪米直前に描かれたものであるが、池田が松葉杖のケネディに肩を貸してやっている。池田の言葉として「ツエともなりましょう」とあるが、これはまさに経済力を高めて自信を持ちだした日本の姿を象徴するものであろう。

［図2］は日米協議をうけての漫画で、「経済のことならおまかせ下さい」といいながらレジスターのなかから池田が首を出し、ケネディがびっくりしているところである。これも［図1］と同様に日本の自信を象徴しているといえよう。

昭和三六年六月二二日の『朝日新聞』は「外務、大蔵、経済企画庁など関係各省は、日米両国の関係は、左翼陣営から安保新条約締結後、軍事的側面だけが強調されるうらみがあったが、同条約の第二条の経済協力条項にもとづく日米経済委員会の設

［図1］『朝日新聞』昭和36年6月15日号
「社会戯評」 画＝横山泰三

ツエともなりましょう　首相

置によって、こうした非難にこたえられるだけでなく、ガリオア・エロア返済の話し合いがまとまった現在、対等の立場で日米両国間の貿易、経済上の懸案の問題を解決する場ができたことは、こんどの首脳会談の重要な成果の一つだとみている。外務など関係各省では、この委員会設置のきっかけとなった「米加貿易および経済に関する合同委員会」の例からみて、委員会を構成する閣僚のメンバーは外務、大蔵、通産、農林、経済企画庁の各省となるものとみている」と委員会の重要性を指摘している。

いっぽう、財界からも、「設置が決まったことは大変喜ばしい。これで安保新条約も魂のはいったものになる」（足立日商会頭）、「政府と民間の二つの委員会が互いに表裏をなして運営されて、はじめて日米の経済協力が完全なものになろう」（植村甲午郎経団連副会長）などの歓迎のコメントが寄せられている。

第一回の委員会は昭和三六年一一月に箱根で開催されている。日米経済委員会はその後、日米貿易不均衡問題などが広く議論されている。

［図2］『朝日新聞』昭和36年6月22日号
「社会戯評」 画＝横山泰三

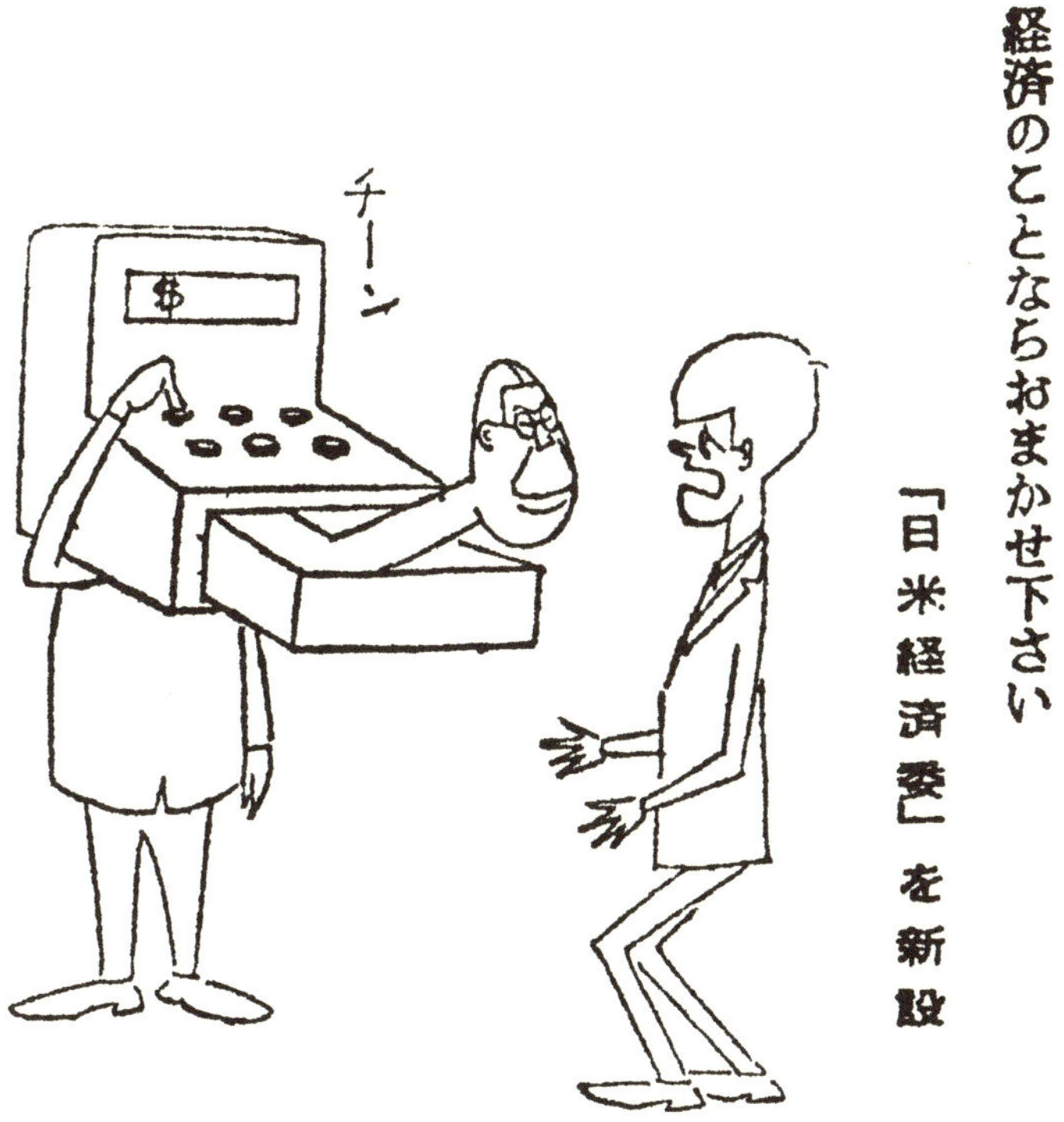
経済のことならおまかせ下さい
「日米経済委」を新設
チーン
$

# ＩＭＦ八条国に

Ⅳ 昭和・戦後篇［22］

## これで「おとな」の仲間入り

ＩＭＦ（国際通貨基金）は第二次世界大戦が終結した昭和二〇（一九四五）年の一二月に設立された国際金融機関で、ドルを中心とした国際通貨体系をつくり、他の国の通貨をドルにリンクさせることによって国際決済を構築し、経済発展をはかることを目的としていた。そして、戦後復興のために融資を行っていった。

二七年四月二八日、前年にサンフランシスコで締結された対日講和条約が発効したが、それからまもなく日本はＩＭＦに加入した。同じ年に輸出促進を目的とした輸出取引法が公布されている。また、二六年には政府金融機関として日本輸出銀行が創設されるなど、独立国としての日本が世界の経済構造のなかで動きはじめたのである。

その後、日本はめざましい経済発展を遂げて、経済大国への道を歩みだすことになる。三九年には東海道新幹線の開業、東京オリンピック開催など日本の発展を象徴する出来事が相次いだが、この年の四月一日に日本はＩＭＦの八条国に移行したのである。すでに外貨準備も大幅に伸びていた日本をＩＭＦは為替も貿易も制限を必要としない八条国としたのである。当時、百数カ国が加盟するＩＭＦだったが、八条国は二十数カ

［図1］『朝日新聞』昭和39年3月13日号
「社会戯評」 画＝横山泰三

円
ドル
おとなの仲間に入れたげるわ
八条国移行

国にしか過ぎなかった。このようなことから、八条国移行は日本の経済的実力が認められた結果だったが、それだけに世界経済に対する責任も大きくなったといえる。

［図1］は八条国移行を目前とした昭和三九年三月一三日に掲載されたものであるが、円がドルと対等の立場で握手しているところである。キャプションには、「おとなの仲間に入れたげるわ」とあるが、この言葉はドルの発したものなのだろう。世界大国アメリカが日本を一流国（少なくとも経済の上では）と認めたと言っているのである。日本の後方には何人もの子供が列をつくっているが、まだまだ八条国に仲間入りできるほどには成長していないようだ。

いっぽう、［図2］は「八条台風をついて」と題された漫画で、聖徳太子が強い風雨のなかを進んでいるところである。聖徳太子は一万円札や五千円札に描かれた紙幣の顔ともいえる存在であった。すなわち、日本の通貨「円」はどんなに厳しい国際環境のなかでも自力で歩んでいかなければならないということなのである。そんなことから、昭和三九年は対外的にはオリンピックだけでなく「円」にとっても重要な年だったのである。

［図2］『読売新聞』
昭和39年4月5日号
画＝近藤日出造

八条国
真剣の舞台に
通らぬ家庭の事情
八条台風をついて
円
日

# OECD加盟

## 「世界経済の発展に一層寄与し」

昭和二三（一九四八）年、西欧諸国が戦後のヨーロッパ経済の復興とヨーロッパ域内の自由貿易を目ざしてOEEC（ヨーロッパ経済協力機構）を設立した。その後、昭和三六年にアメリカとカナダが加わってOECD（経済協力開発機構）が結成された。OECDは自由貿易の拡大、発展途上国の援助などを目標に掲げて経済発展を目ざして運営されていった。

OECD加盟は先進国への仲間入りであり、戦後の荒廃から飛躍的な発展を遂げた日本にとっても大きな転機と考えられたが、OECDへの加盟はフランスやイタリアなどの日本に対する輸入制限撤廃にもつながるものであった。日本の貿易自由化はヨーロッパの対日貿易自由化を求めたものでもあり、それによってさらなる経済成長を狙ったものであった。いっぽう、日本の貿易自由化はアメリカの日本進出にとっても重要であった。このようななかで日本は昭和三九年四月二八日にOECDに正式加盟することとなる。

［図1］はOECD加盟によって国際経済に大きな責任を負うことになった日本をあらわしている。池田勇人首相の首にかけられた「OECD加盟」の勲章には「義務」「規制」といったものもいっしょにぶらさがっている。この図が掲載されたの

↓［図1］『読売新聞』昭和39年4月28日号夕刊
「世相パトロール」 画＝呵井文三



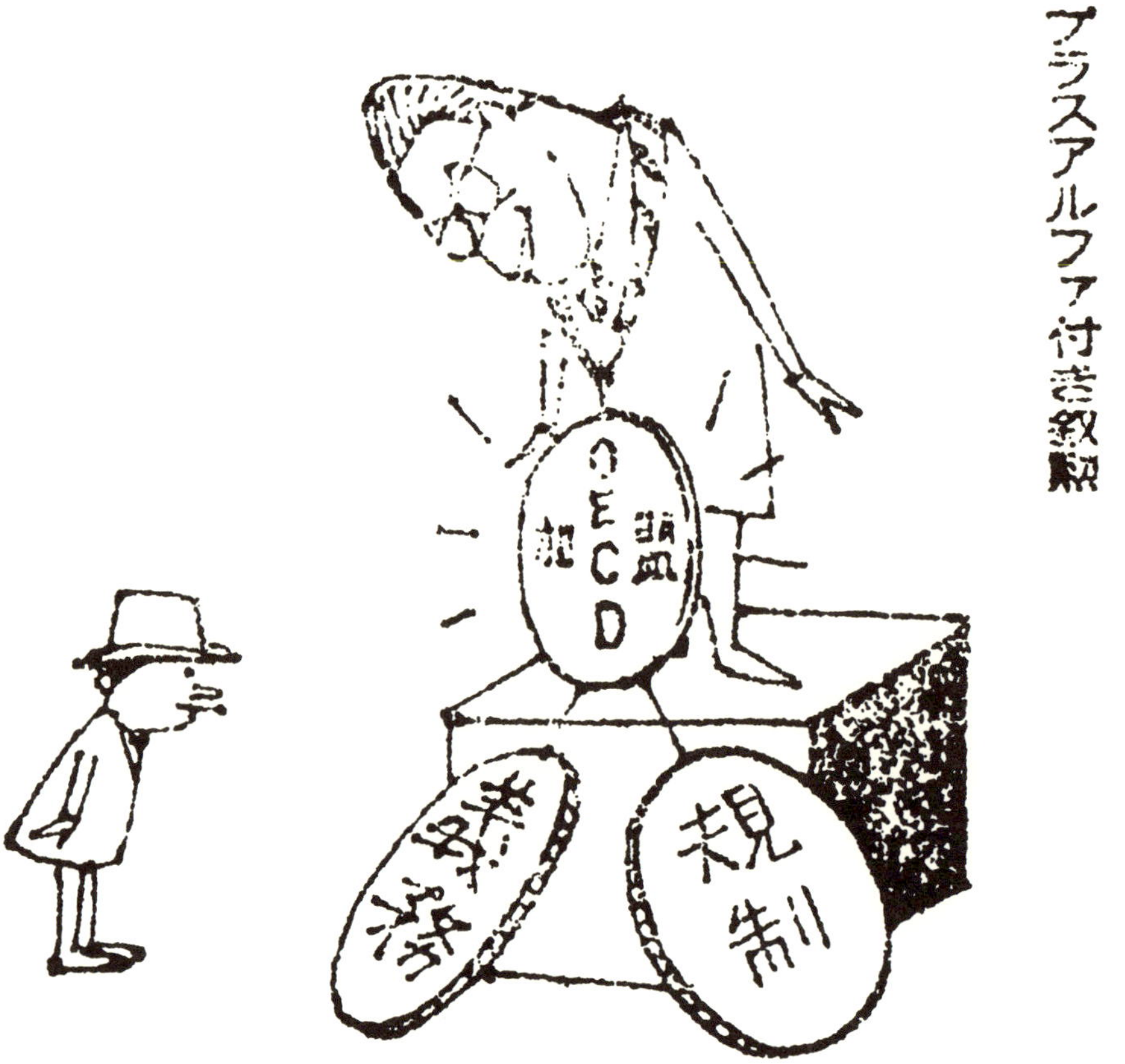

はＯＥＣＤ加盟当日のことだが、この日は生存者叙勲が復活し、その最初の受勲者が発表された日でもあったのである。そんなところからこんな漫画が描かれたといえよう。

ＯＥＣＤ加盟にあたって政府は、「四月二十八日わが国は在フランス大使を通じてフランス国政府に対して経済協力開発機構（ＯＥＣＤ）条約への加入書を寄託し、これにより、同機構に対するわが国の正式加盟を実現せしめることとした。わが国は先般のＩＭＦ八条国移行に加え、今般、ＯＥＣＤに正式加盟することにより本格的な開放経済体制に移行する局面を迎えることとなった。わが国は同機構への加盟により、世界経済の発展に一層寄与し、国際経済社会における地位が一段と向上するものと考えられる。今般政府は開放経済体制の下におけるわが国経済の安定的成長の実現のために、時宜に応じた経済施策の弾力的運用を一層推進する決意である」という官房長官談話を発表している。

［図２］はＯＥＣＤやＩＬＯといった外人が日本にやって来ている様子を描き、「観光シーズン」と題しているが、ＯＥＣＤ加盟の時期にはＩＬＯ八七号条約の批准に関する議論も活発に行われていたのである。

↓［図2］『毎日新聞』昭和39年4月29日号夕刊
《観光シーズン》 画＝那須良輔

# 国債発行

IV
昭和・戦後篇
［24］

## 発行高が増し続け、今や大問題に

国債とは証券を発行する国の債務で、すでに明治時代から鉄道建設や軍費捻出のために発行されている。その後も昭和恐慌や太平洋戦争で国債が出されたが、第二次世界大戦後は戦時財政の轍を踏まないための政策として出資金や貸付金、公共事業の財源を除いて昭和二二（一九四七）年に成立した財政法によって国債発行は禁止された。しかし、東京オリンピックの翌年には「昭和四〇年不況」が訪れ、歳入不足が大きな政治問題となっていった。景気刺激のための減税も取りざたされたのである。こんななかで昭和四〇年一一月二二日の『読売新聞』は福田赳夫大蔵大臣とのインタビューを掲載しているが、そこで福田は、「戦後一貫してとってきた均衡財政主義では、財政は経済にたいして中立性を標ぼうしていた。しかし、財政は経済にたいし中立であってはならない。つまり、民間の経済活動が活発なときは、財政活動は消極的でよい。不況、停滞のさいは逆に財政活動を積極的にして、民間活動と政府活動の総和で国の経済活動を円滑にもっていく。この基本方針を出発点にしたいと考えている」と語っている。

このような方針で国債発行が補正予算で実施されることとなるが、その規模をめぐって政府と自民党で意見が対立した。［図1］はそんな様子を捉えたもので、ベッドに横たわる「日本経済」なる病人を前に「六千億公債 二千億減税」という注射を打とうとしている福田大蔵大臣と「一兆円公債 五千億減税」という注射を用意している前尾繁三郎総務会長である。院長の佐藤栄作首相はどちらにしてよいのか迷って判断できないようだ。

［図2］も同じような内容で、すでに「六千億公債 二千億減税」なる料理を作り上げたのに、外から「一兆円公債 五千億減税」料理を持ってきている。福田大蔵大臣はこの料理を部屋に持ち込まれては大変だとドアを押さえている。

では公債発行と減税をセットとした財政政策は果たして本当に有効なのだろうか。そんな疑問を描いたのが［図3］である。「効くのかね」というキャプションがそれを端的に表現しているといえよう。

このようにして財政法に抵触しないかたちでスタートした国債だったが、その発行高は年を追って増加し、今やその解決は最大の政治課題として待ったなしの状況に追い込まれている。

［図1］『読売新聞』昭和40年11月22日号　画＝近藤日出造

[図2]『毎日新聞』昭和40年11月24日号夕刊

[図3]『毎日新聞』昭和40年11月23日号　《効くのかね》　画＝那須良輔

IV 昭和・戦後篇 ［25］

# いざなぎ景気

## 景気過熱に物価高騰が大問題に

昭和四〇（一九六五）年の不況による過剰設備が行われて、翌四一年には、景気が回復して四五年夏まで戦後最長の景気上昇が出現した。これがいざなぎ景気といわれるもので、神武景気や岩戸景気を上回ることから、いざなぎ景気と名付けられたのである。

いざなぎ景気の間、毎年一〇パーセントを越える経済成長率を記録し、ベトナム戦争特需もあって設備投資も大幅に増加していった。

設備投資は大規模化していき、さらには技術革新による近代化によって大きな成果をもたらした。また、労働力不足によって第三次産業にも新しい設備投資が行われて効率化が進んだ。大型合併による国際競争力の強化も経済発展に貢献していった。四一年には日産自動車とプリンス自動車が合併するなど自動車業界にも新たな時代が到来したが、このような傾向は他の業種にもみられる。なかでも、世界最大級の製鉄メーカー新日鉄の誕生は大きな影響を及ぼしている。

富士製鉄と八幡製鉄は日本の二大製鉄メーカーとして覇を競っていたが、もともとは日本製鉄として存在していたのである。しかし、昭和二五年に占領軍によって二つの会社に分割されたいきさつがある。それが再び合併して新日本製鉄となったのである。この合併は史上最大の規模だったことで、独禁法違反との強い指摘もなされ、大きな議論を呼んだ。昭和四四年五月、公正取引委員会は合併停止勧告を行い、東京高等裁判所による合併差し止めも緊急申し立てを行うほどであったが、二社は合併停止命令を無視して政府のバックアップのもとで合併を推進し、結局は独占率を低めることで公正取引委員会も合併を認めることとなり、昭和四五年三月に空前の大型合併は実現する。

いざなぎ景気中に国民総生産はアメリカに次いで世界二位となり、アメリカへの輸出も飛躍的に増えて貿易摩擦を生じるようになっていったほどである。

［図1］はこんないざなぎ景気を象徴するもので、「設備投資大幅増額」とのタイトルがあり、「36年岩戸景気」のとなりにはさらに大きな「42年大岩戸景気」があり、その大岩戸から金の詰まった大きな嚢を取り出しているといったところだ。この「大岩戸景気」こそがいざなぎ景気を指すのである。

この景気過熱に物価高騰が大きな問題として浮上しているが、［図2］はそんな状況を描いたもので、インフルエンザならぬ「インフレエンザ」で発熱して政府が心配そうに腕組みをしている。こんなことから物価安定推進会議が設置された。［図3］はこの会議を諷刺したもので、ほんとうに実効があるのかと疑問を呈しているのである。

設備投資大幅増額

[図1]『朝日新聞』
昭和42年3月15日号
「社会戯評」 画＝横山泰三

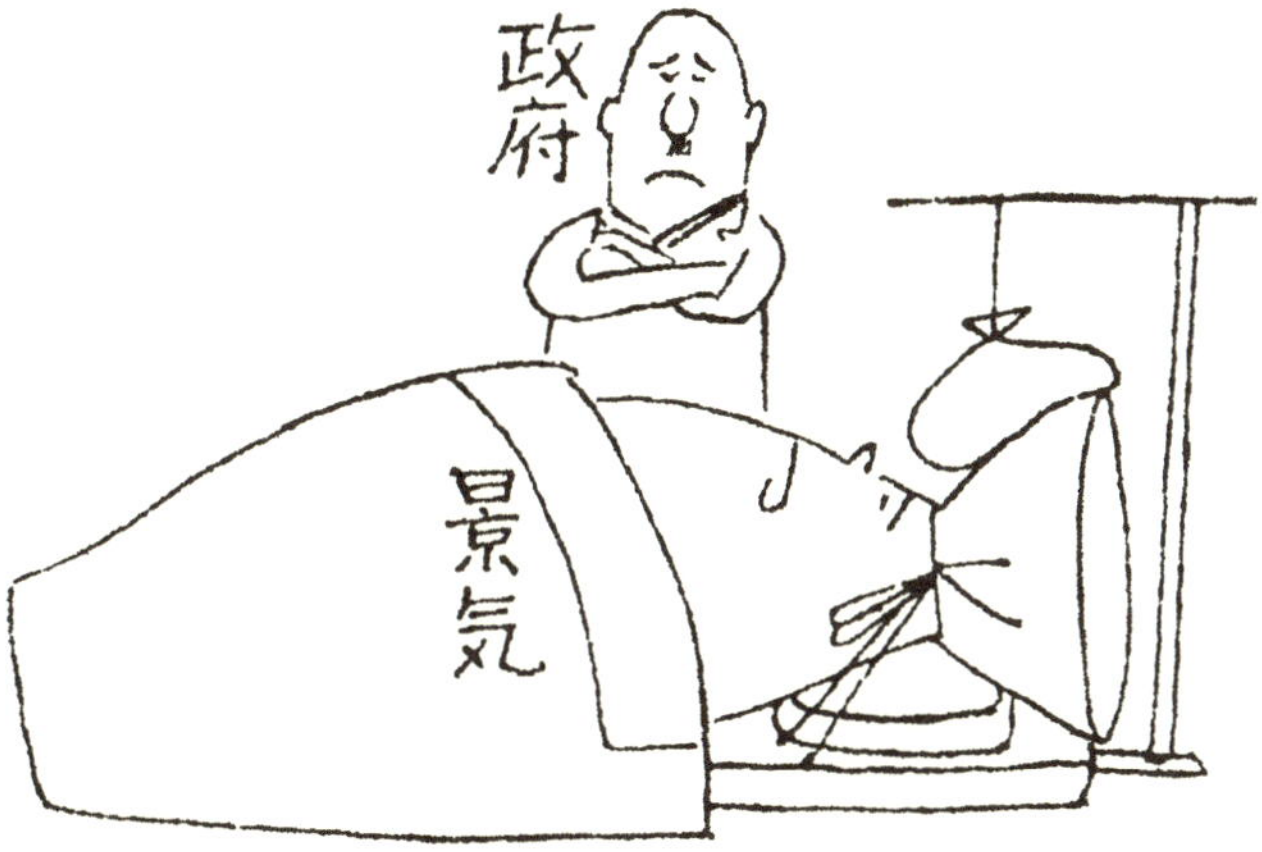


熱　　発　インフレエンザ

[図2]『朝日新聞』
昭和42年3月4日号
「社会戯評」 画＝横山泰三

〝大物〟が大所高所から
物価安定推進会議

[図2]『朝日新聞』
昭和42年3月8日号
「社会戯評」 画＝横山泰三

# 資本自由化

IV
昭和・戦後篇
［26］

## 初めての外資自由化

昭和四二（一九六七）年五月に外資審議会は資本取引の自由化を決定、政府に答申した。これをうけて政府は七月一日から資本自由化を行うことを決定した。鉄鋼やオートバイなどは一〇〇パーセントの外資を認めるものだったが、外資自由化のほとんどは実際には外国企業が参入しないと思われるものでもあった。しかし、初めての外資自由化ということで、大きな転機となったのも事実である。

昭和四二年六月三日の『毎日新聞』は「保護色の強い自由化区分」という社説を掲載しているが、そのなかで、「われわれはさきに、答申に示された自由化方針を、おおむね妥当なものとして賛意を表した。問題は第一類（外資五〇パーセントまで自動認可）第二類（同一〇〇パーセントまで認可）にわけられた自由化区分に、いかなる業種を盛込むかにあった。答申はその基準として、第一類は技術、資本、設備、資源等個個の面をとりあげればかなりの国際競争力をもつが、総合的な競争力の点で内外格差が存するもの、第二類は総合的な競争力の点でも内外格差が認められないもの、と規定している。こんどの選定も、これによったと思われるが、概して国内業者に甘く、外資に対してきびしい感じを免れない」「国内産業の摩擦混乱を避ける配慮

［図1］『毎日新聞』昭和42年6月3日号
「ヒトクチ漫画」 画＝小林治雄

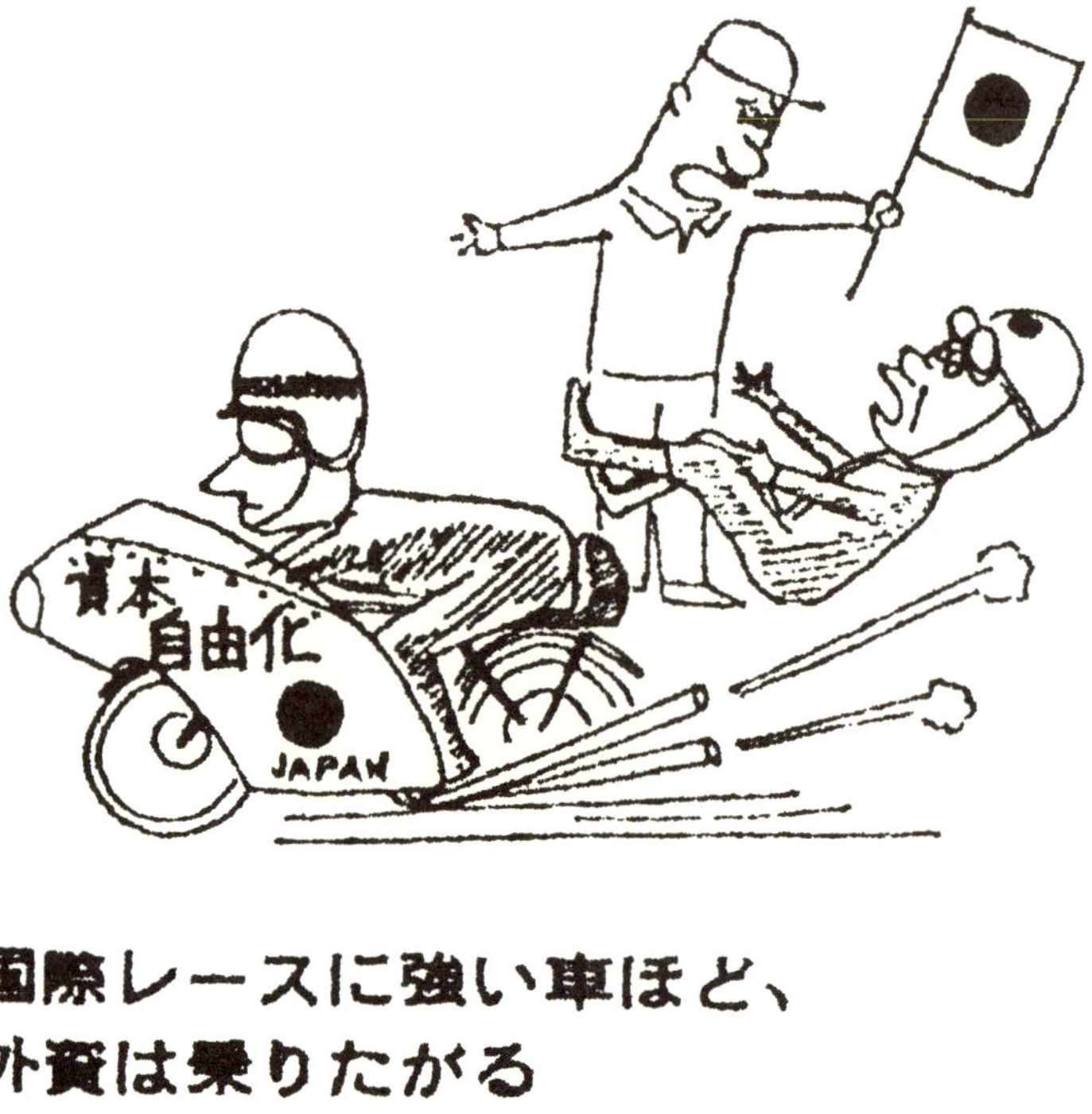
資本
自由化
JAPAN
国際レースに強い車ほど、
外資は乗りたがる

が必要なことはいうまでもないが、その配慮がゆき過ぎて、外資による刺激効果が生かされないうらみがないか、どうかが、まず第一の問題である。第一類のなかで、第二類に回してもさしつかえないものもあるのではないか。第二の問題は、企業を保護するあまり、資本自由化が消費者にもたらすはずの利益をシャットアウトする結果にならないか、どうかである」などと初めて踏み出した資本自由化の問題点を指摘している。

［図1］はこの社説でも指摘された第二類のオートバイを取りあげたもので、「国際レースに強い車ほど、外資は乗りたがる」というキャプションが付されている。世界に誇る日本のオートバイなどは外資が参入したくても日本の技術力が勝り参入しにくい状況にあったもので、資本自由化が名目だけになっていることが窺われる。

いっぽう、［図2］は舶来品に似せた国産品を揶揄するもので、自らの製品にもっと自信を持つべきだとしている。こんなところにも外資自由化の影響がみてとれ、新しい時代が始まったことを印象づけていったのである。



［図2］『読売新聞』昭和42年6月5日号　画＝家石かずお

# 世界第二位の経済大国

Ⅳ 昭和・戦後篇［27］



## しかし、国民一人あたりの所得は第二〇位

戦後、急速な経済成長によって日本は高度成長を遂げて欧米先進諸国と肩を並べるほどの経済大国となっていった。国民総生産（GNP）は昭和四一（一九六六）年にフランスを抜き、翌年にはイギリスをも抜いていった。いざなぎ景気といわれるなかで、設備投資は拡大し、ついには西ドイツをも抜き去ることとなったのである。

昭和四四年六月一〇日、経済企画庁は昨年のGNPが西ドイツを追い越してアメリカについで世界第二位になったと発表した。六月一一の『読売新聞』は、「日本経済の規模を示す国民総生産は、物価上昇を引いた実質では四十五兆九百六十一億円で経済成長率は一四・四%になったが、これは三十六年に次ぐ大幅な伸び。一方、名目の国民総生産は、ドルに換算すると千四百十九億ドルで、ドイツの千三百二十二億ドルを追いこし、自由主義諸国のなかでは、アメリカに次いで二位が確定、経済成長率一八・七%も三十五、三十六年に次いで三番目になった。昨年の国民総生産が大幅に伸びたのは、個人消費支出が二十六兆六千六百六十二億円、前年比一五・一%増といぜん堅調だったことのほか、民間投資が十二兆九千八百六十六億円で同二八・二%増、政府投資四兆三千六百五十四億円で同一六%増

［図1］『朝日新聞』昭和44年6月12日号
「社会戯評」 画＝横山泰三

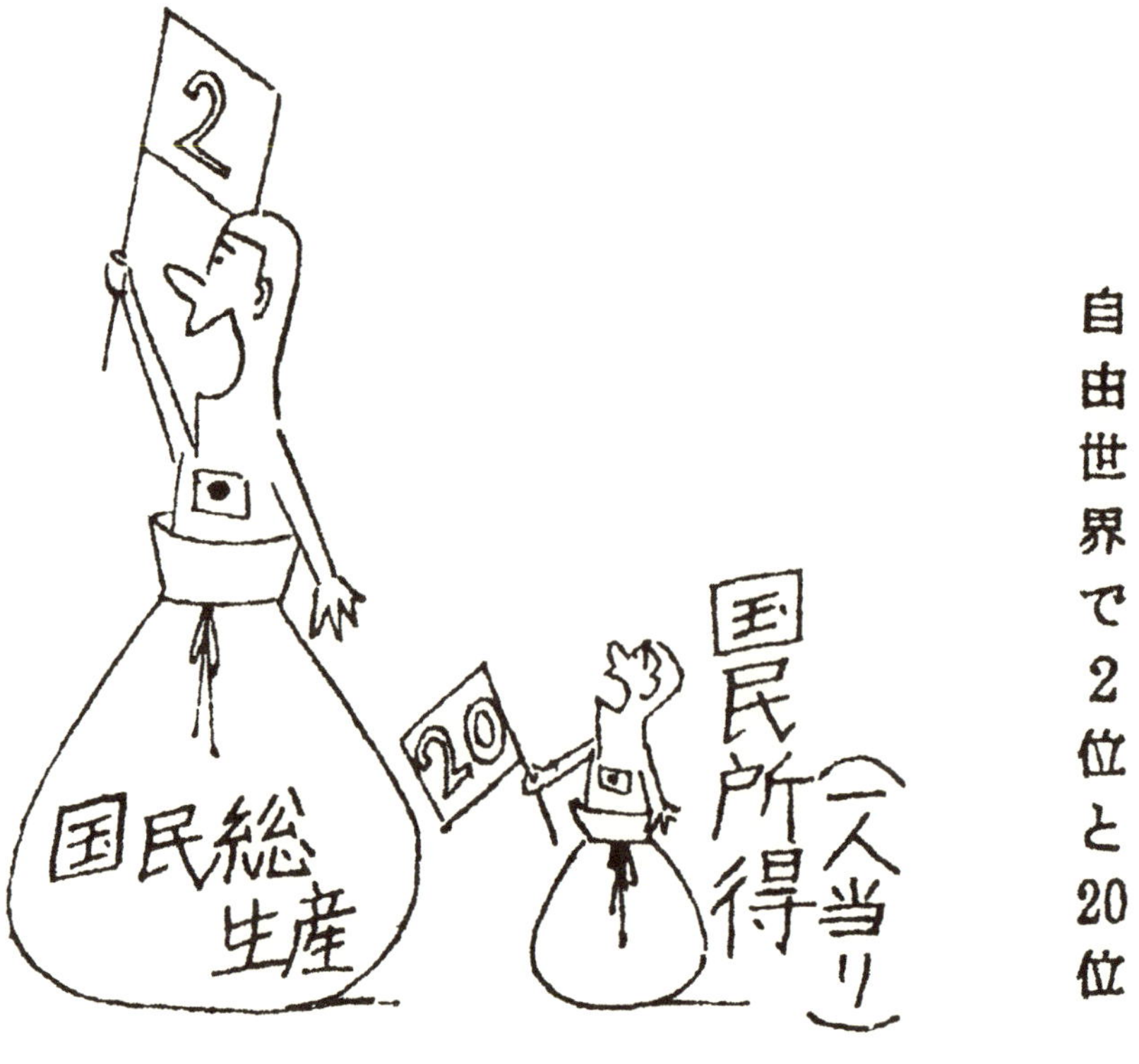

と政府、民間ともに投資活動が活発だったためである。さらに輸出の好調を反映して輸出と海外からの所得は、五兆五千二百七十三億円で、前年比二三・七％増と四十二年の伸び（七・三％増）より大幅になったことも大きく貢献している」と経済成長を分析している。

しかし、国民一人あたりの所得は世界で第二〇位といった具合で、GNPとのギャップは大きかった。［図1］はこのような実情を描いたもので、「自由世界で2位と20位」とのキャプションがあり、大きな金袋と小さな金袋を対比させている。［図2］もGNPと一人あたりの所得をくらべたもので、「差がありすぎる一人当たりの所得〝20位〟」と解説をつけている。

経済大国となったものの国民一人一人はまだまだ豊かさを享受できていない状況がこのような諷刺となって表現されたのであろう。昭和四四年六月一一日の『朝日新聞』は「一人当り国民所得は三十九万九千七百五十四円（千百十ドル）で、前年より一五・六％伸びたが、米国の三分の一にすぎない。ただ、四十二年に千二十ドルだったイタリアを抜いたと推定される」と記している。

［図2］『毎日新聞』昭和44年6月12日号
「ヒトクチ漫画」 画＝小林治雄

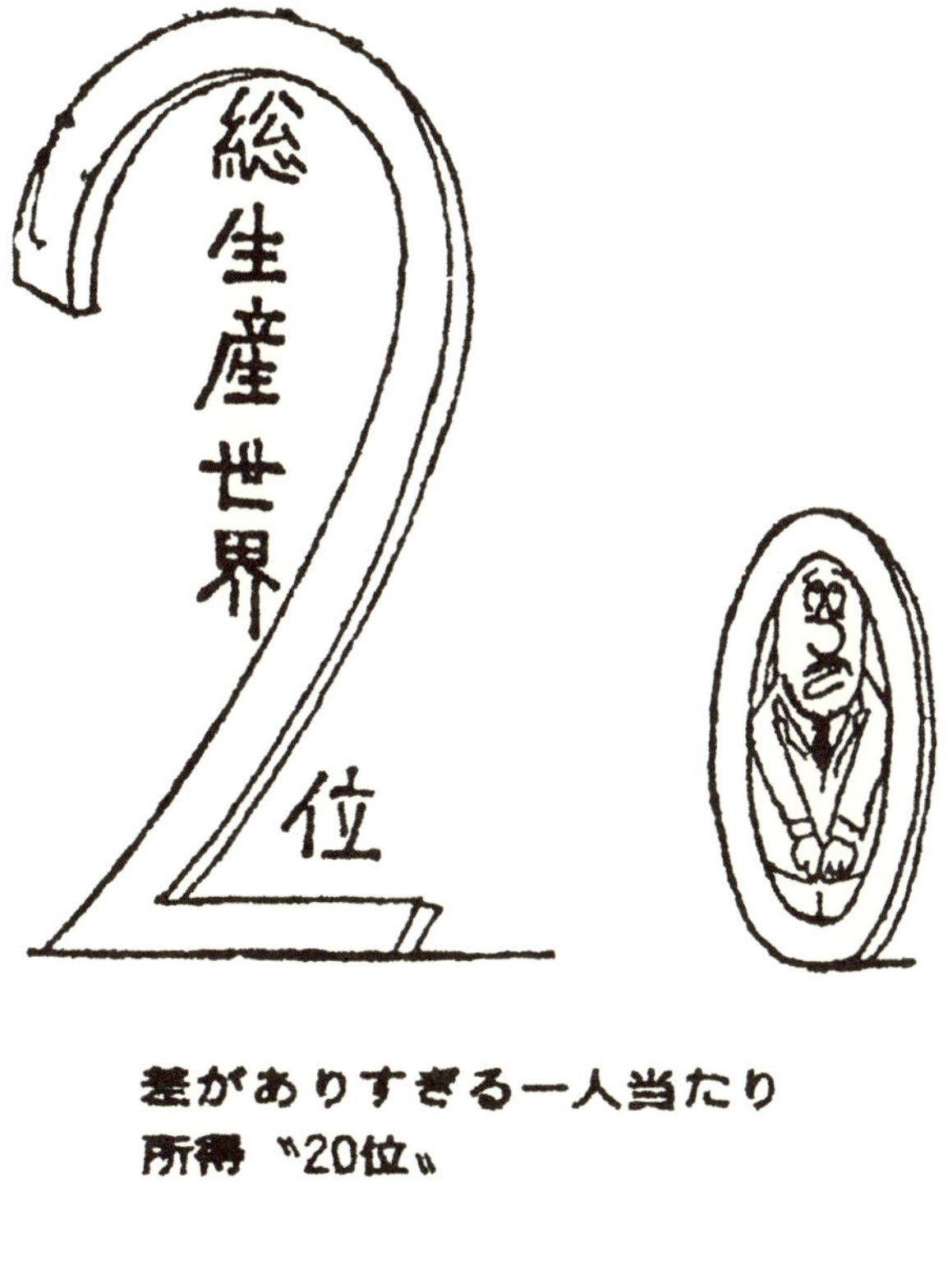
総生産世界
2位
差がありすぎる一人当たり
所得〝20位〟

# ドル・ショック

Ⅳ 昭和・戦後篇［28］

## もっとも影響を受けるのは日本

　金と交換できる唯一の通貨として国際経済システムのなかで君臨してきたドルであったが、ベトナム戦争における莫大な戦費の出資や日本などとの貿易赤字が増加し、アメリカの金保有高は底をつくほどにまでなっていたが、その打開策としてのドル防衛非常手段として実施されたのがドルと金の交換停止である。昭和四六（一九七一）年八月一五日にニクソン大統領はドルと金の交換停止や一〇パーセントの輸入課徴金などのドル防衛政策を発表し全世界に大きな衝撃を与えた。

　当時のアメリカの国際収支の大幅な赤字を昭和四六年八月一七日の『毎日新聞』は「米商務省が十六日発表した米の第2四半期の国際収支は公的決済ベースで五十七億六千六百万ドルの赤字となり、四半期としては空前の悪い記録を作った。第1四半期の赤字は五十五億二千八百万ドルで、半年間で史上最高と騒がれた昨年一年間の赤字を軽く突破した。昨年の年間赤字は九十七億ドルである」と報じているが、まさにこのような国際収支の悪化が引き金となってドルと金の交換停止が発表されたのである。八月一八日の『朝日新聞』は「金とドルの交換停止を宣言した「ニクソン・ドクトリン」国際経済版の衝撃波は、ますます広く、深くひろがり、混迷の度はますばかりだ。発表の翌十六日（日本時間十七日）、世界各地で脱出の道を見出すべく手さぐりの努力があわただしく繰りひろげられたが、「結論は出ず」だった。世界に通用するおかねの仕組みを根本からひっくり返す大きな問題だが、それが米国という「世界経済の巨人」の体質から出ているだけに、今後どういう方向で混乱が収拾されるか予断を許さない」と国際通貨体制の混乱ぶりを伝えている。

　ドルと金の交換停止はＩＭＦ体制の根本をも揺るがすものであった。［図1］はそんな状況を描いたもので、金という碇を支えるドルの鎖が切れて漂流しているＩＭＦ丸である。碇が切れて困っているのは日本である。すなわち、日本はドルを大量に保有していたからで、アメリカのドル防衛でもっとも影響を受けるのは日本であったといわれた。［図2］はこんなアメリカの思惑を描いたもので、地球の裏側から「円」を標的にしているニクソン大統領といった具合だ。そんなことからドルという大量の外貨準備がありながら、金との交換停止で紙屑を保有しているだけになってしまうといった日本の状況を描いたのが［図3］である。

［図4］はニクソン訪中発表、ドル・ショックと相次ぐアメリカの重大政策転換で往復ビンタを食らった首相の佐藤栄作といった内容である。

　このように、ドルと金の交換停止は戦後の国際通貨体制を揺るがす衝撃として日本を直撃して、「円不況」を生むとともに世界的インフレの原因をつくっていった。

[図2]『読売新聞』昭和46年8月19日号夕刊
「少数意見」 画＝家石かずお

[図1]『朝日新聞』昭和46年8月18日号
画＝おおば比呂司



[図4]『毎日新聞』昭和46年8月17日号夕刊
《ひどい往復ビンタ》 画＝那須良輔

[図3]『毎日新聞』昭和46年8月18日号夕刊
《えー、チリ紙交換でございます》 画＝那須良輔

# スミソニアン体制

IV
昭和・
戦後篇
［29］



## 一ドル＝三〇八円に

昭和四六（一九七一）年八月、ドルと金の交換が停止されて世界の金融や経済に大きな混乱を巻き起こした。これを解決するために同年一二月、西側主要国首脳がアメリカのスミソニアン博物館に集まって新しい通貨体制が話し合われた。その主要議題は通貨の多国間調整で、各国通貨の対ドルレートが決められた。それは新たな国際通貨体制のスタートでもあった。日本はそれまで一ドル＝三六〇円だったレートが一六・八八パーセント切り上げられて一ドル＝三〇八円となったのである。この切上げ率は各国のなかでもっとも高いもので、「円」の力を示す結果となった。

昭和四六年一二月二〇日の『朝日新聞』は、「戦後二十二年間続いた「一ドル＝三六〇円」時代の日本経済は、国際経済社会の中で一段格上げされた形で再スタートする。また円の切り上げは、輸入品が安くなって国内の物価対策上プラスになるとされているが、半面輸出がむずかしくなって国内をいっそう不景気にする要因にもなる。円の切り上げ幅が予想以上に大幅だったことから、産業界、とくに輸出関連の中小企業は大きな打撃を受けよう。このため政府は十九日の臨時閣議で、国民福祉の充実、景気浮揚のための積極大型予算、対外経済協力の推進

［図1］『毎日新聞』昭和46年12月18日号夕刊
《停戦と開戦》 画＝那須良輔

［図2］『朝日新聞』昭和46年12月20日号
「社会戯評」 画＝横山泰三

などを内容とする政府声明を決め発表したが、わが国の経済政策は、これまでの国民総生産（GNP）輸出第一主義から、国民生活優先へと切り替える大きな転換期を迎えたといえる」と新しい通貨体制後の日本のすすむべき道を論じている。

［図1］はスミソニアン博物館で行われた通貨調整会議を描いたもので、日本、アメリカ、ECがそれぞれの立場を主張して「通貨戦争」を起こしている様子である。日本も一時はアメリカの示す円切り上げ案を拒否するなど、各国間で熱い議論が戦わされた。その結果として一ドル＝三〇八円というレートが生まれたのである。［図2］は結果的に大幅な円の切り上げを呑んだ日本と、思惑通りにいったニクソンを描いている。ニクソンはスミソニアン体制がつくられたことは「自由主義国の勝利」だとして不満ののこる日本をなだめているといったところだろう。「どこの国が勝った負けたではありません」というキャプションからもそれが読み取れる。とはいっても、実際に大幅な円切り上げは輸出産業に大打撃となり、日本経済を揺るがせるといった内容が［図3］である。いっぽうで、輸入はし易くなり、安価の輸入品によってデパートなどは活況を呈するであろうとしたのが［図4］である。

このように、さまざまな不安と期待のなかでスミソニアン体制は船出していったが、ドル危機を生んだ経済構造の解決がないままでのものだったことで、やがて通貨危機は再燃して昭和四八年二月には円も変動相場に移行することとなる。

［図3］『毎日新聞』昭和46年12月20日号夕刊
《変なパパ》 画＝那須良輔

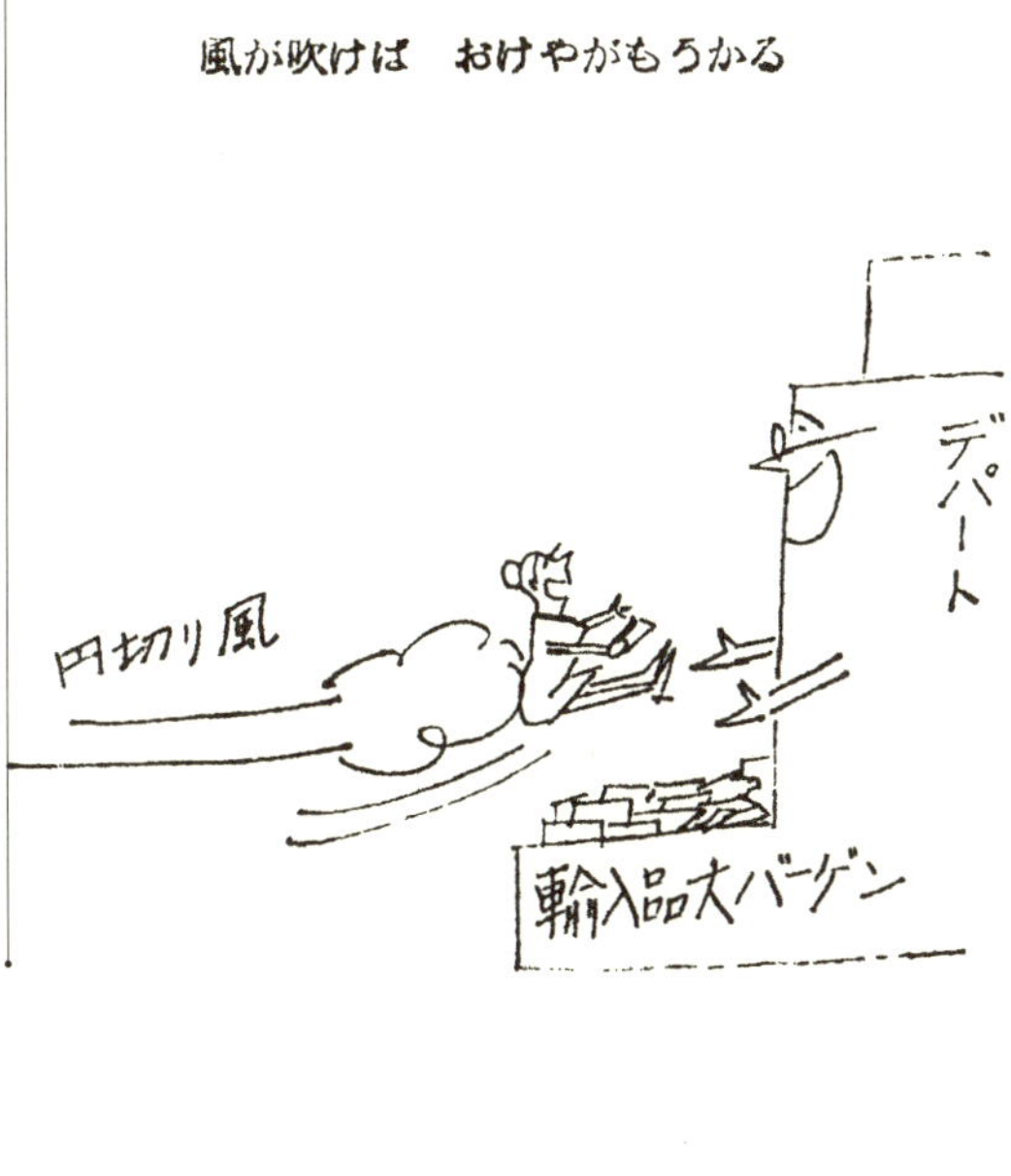

［図4］『朝日新聞』昭和46年12月21日号
「社会戯評」 画＝横山泰三

# 東京ラウンド

Ⅳ
昭和・
戦後篇
［30］



## 会議の議長は大平正芳外相

昭和四八（一九七三）年九月、東京においてガット閣僚会議が開催された。この会議で採択されたのが世界貿易拡大のための新秩序づくりを目指す「新国際ラウンド」の開始であった。会議での合意は「東京宣言」として発表されたが、この合意に基づいて東京ラウンドが行われていった。東京宣言は、「閣僚は、貿易交渉準備委員会の報告書を検討し、多くの政府がガットのワク内における包括的な多角的貿易交渉に参加することを決定したこと、及びその他の政府が出来るかぎり速やかに決定を行う意図を示したことに留意して、交渉の正式な開始を宣言する」という交渉開始の宣言で始まっている。そして、「交渉のねらい」として、「世界貿易の拡大と一層の自由化及び世界の諸国民の生活水準と福祉の改善を達成すること。この諸目的は、なかんずく、貿易障害の漸進的な撤廃及び世界貿易を律するための国際的なワク組みの改善を通じて達成される」と謳っている。そして、交渉の内容、発展途上国への特別措置などの条項が盛り込まれた。

この会議の議長は大平正芳外相がつとめたが、昭和四八年九月一四日の『朝日新聞』夕刊は解説で、「各国政治家が誓った内容が、将来どの程度各国を拘束するかは、結局「宣言」の一字一句の解釈にかかって来そうである。問題になった「通貨・通商の関係」「後発開発途上国の優遇」などについて、言葉の選び方でギリギリまでもめたのは、そのためだった。各国は自国に都合のいい単語をあげ合い、いざ妥協と段階になると、こんどはいつでも〝逃げ〟を打てるような安全な言葉を捜した。たとえば、第七項で貿易の交渉の努力は通貨体制確立への努力をも「意味する」（imply）とされているが、これが「前提とする」という言葉ならば欧州寄りだし、「相伴うべきだ」といった言葉は、一体的解決を要求する米国の主張に沿ったものになる」と問題点を挙げている。

［図1］はこのような会議を諷刺したもので、「調停役「頭越し」」といったタイトルで、議長の大平は無視されてアメリカとECで話を決めてしまい、勝手に走り出した状況を描いている。

東京ラウンドに基づいた多角的貿易交渉は昭和五四年に妥結して鉱工業製品の関税引き下げ、非関税障壁の改善、ダンピング防止の改善などが合意されて実施されていったが、緊急輸入制限などの問題はウルグアイ・ラウンドに引き継がれていった。

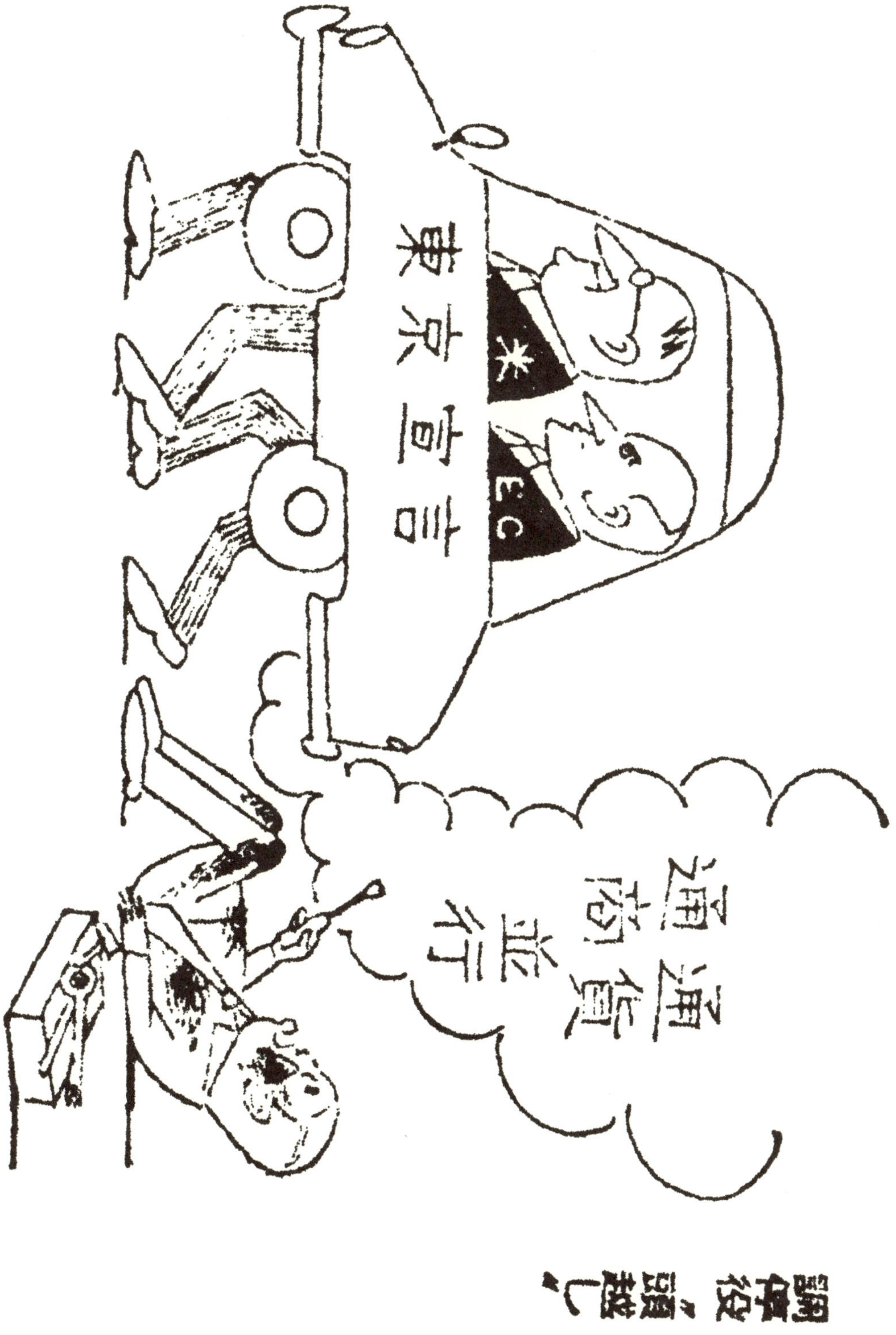


[図1]『読売新聞』昭和48年9月13日号
「少数意見」 画＝家石かずお

# 変動相場制

IV
昭和・
戦後篇
［31］



## ドルの時代の終焉

昭和四八（一九七三）年二月一四日、円は変動相場制に移行し、新たな国際金融体制が動き出していった。そのわずか一年二カ月前にはスミソニアン体制がつくられて一ドル＝三〇八円と大幅な切り上げが行われたのである。スミソニアン体制ができる四カ月ほど前にはドルと金の交換を停止する声明がニクソン米大統領から発表されてドルの地盤沈下は覆うべくもなかった。

スミソニアン体制後もアメリカの国際収支の改善は一向に進まず、ドルの再切り下げがアメリカから発表された。これを契機に日本政府は円を固定相場から変動相場に移行させたのである。円の新たな出発であり、ドルの落日を示す出来事でもあって大きな関心を集めた。

［図1］はドルの最後の一葉が落ちて、ドルの時代が終焉したことを描いている。誰もがこのような感慨を抱く時代の節目だったのである。そもそも、円の変動相場への移行は日本政府の望むところではなかったが、ドルの一〇パーセントもの大幅切り下げで固定相場を支えることが困難と判断しての変動相場への移行決定だった。こんなことから［図2］のように政府が変動相場に押さえ込まれ、円切り上げが登場するといった漫画

［図1］『毎日新聞』昭和48年2月13日号夕刊
画＝那須良輔

［図2］『朝日新聞』昭和48年2月14日号
「社会戯評」《決行決る》　画＝横山泰三

も描かれたのである。

変動相場制への移行は昭和四八年度予算案にも影響を与えずにはいなかった。［図3］は予算の土台たる「円」が変動相場でぐらついて予算案を乗せられずにもがいているところである。［図4］は世界を支えるまでに成長した「円」だったが、国内では物価高が進行していたことを描いている。「外には強いが内には弱い」とのタイトルがあるが、四八年二月一四日の『中日新聞』は、「通貨ピンチの一方、最近の物価上昇は政府にとって頭痛のタネ。まさに腹背に敵をといったところだ。十三日の閣議で、二階堂官房長官は首相官邸には田中ファンだという人たちから、豆腐の値上げだけはやめてほしいとの電話が殺到していることを披露したあと、関係閣僚に「何とかならないものか」と浮かぬ顔で持ちかけた。これを聞いた田中角栄首相が「大豆や飼料も大変だ。前向きで対処しよう」と述べたらしいが、閣議後記者会見した官房長官は「連日の電話は庶民の声と受けとっている」と神妙な表情だった。しかし、応急策となると「物価統制令も発動できないしね……」と知恵のない話ばかり――」という記事が載っている。これも［図4］を裏付けるエピソードといえよう。

やがて、円は一ドルが一〇〇円を切るまで上昇する時代を迎える。





［図3］『中日新聞』昭和48年2月14日号
「世界モニター」 画＝吉田章夫

［図4］『朝日新聞』昭和48年2月14日号
「社会戯評」 画＝横山泰三

トイレットペーパー騒動
IV
昭和・
戦後篇
［32］



## 便乗した商社の買い占めが行われていた

昭和四八（一九七三）年一〇月、第四次中東戦争によって石油危機が勃発した。アラブ世界は石油を戦略的武器として使い、中東からの石油輸入は厳しさを増していった。驚異的な経済発展を遂げた日本は石油にドップリと依存しており、さらにその大部分を中東から輸入していたために国中が大きな混乱となった。

四七年七月、長期政権を維持してきた佐藤栄作の後を受けて田中角栄が総理大臣に就任した。田中はすでに発表していた「日本列島改造論」を政策の根幹に置いて積極的施策をつぎつぎと実施し、やがて、列島改造ブームが到来する。田中内閣が日本列島改造を推進するなかでインフレは大きな社会問題となり、いっぽうでは積極財政のもとで資金が潤沢に出回ったこともあって、国民生活に密着したさまざまな物資の品薄状態が進行していたのである。

田中内閣が発足してわずか半年後には物資の品薄が大きな社会問題となって浮上している。［図1］はそんな状況を描いた「野放し」と題された諷刺画である。すでに庶民の食べ物の豆腐が商社による大豆の買い占めで値上がりを来し、主婦が豆腐に押しつぶされているところだ。そして、さらにマグロの買い

↓［図1］『中日新聞』昭和48年2月17日号　画＝吉田章夫

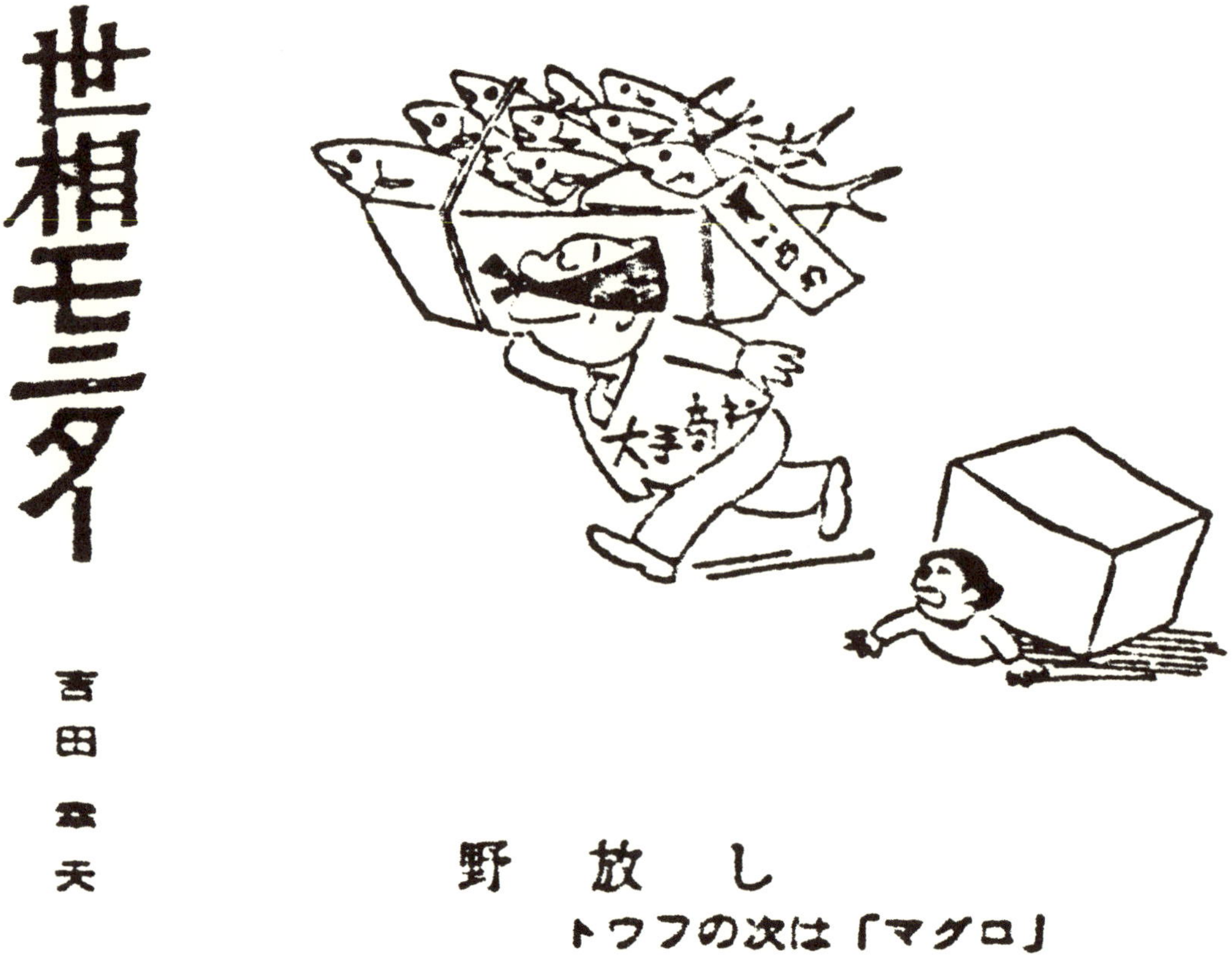

占め問題が浮上したのである。誰しもが買い占めによる品薄と価格の高騰に不安を抱いていたのである。このようななかで第四次中東戦争による石油危機が勃発する。かくて、生活必需品が極端に不足するという噂から洗剤やトイレットペーパーを買いだめする騒動が起こることとなる。全国各地のスーパーなどには長い行列ができて、けが人がでるといった騒ぎもあちこちで見られたくらいである。

政府は物不足の噂を鎮めようとしたものの、すでに品薄状態があらわれていたなかでは効果はなく、トイレットペーパーをめぐってパニックが起こるほどだった。[図2]はまさにそんな騒動を描いた漫画で、大きなトイレットペーパーを枕にして安心して床についている主婦である。それくらい主婦たちは不安を募らせていたのであり、トイレットペーパーは当時の品不足騒動を象徴する品物となったのである。

通産省は一般消費者の買いだめが品不足の原因との声明も出したが、実際にはこの機に便乗して商社の買い占めが行われていたことも明らかとなってくる。商社がまるで賭事のように商品を扱って品不足を作り出し、ボロ儲けを企んでいた実態は大きな社会問題となった。

「千載一遇のチャンス」と社員にハッパをかけていた企業もあったことがわかり、社会不安に乗じた企業倫理の欠如に批判が集中したのだった。

↓[図2]『毎日新聞』昭和48年11月13日号「ヒトクチ漫画」画＝小林治雄

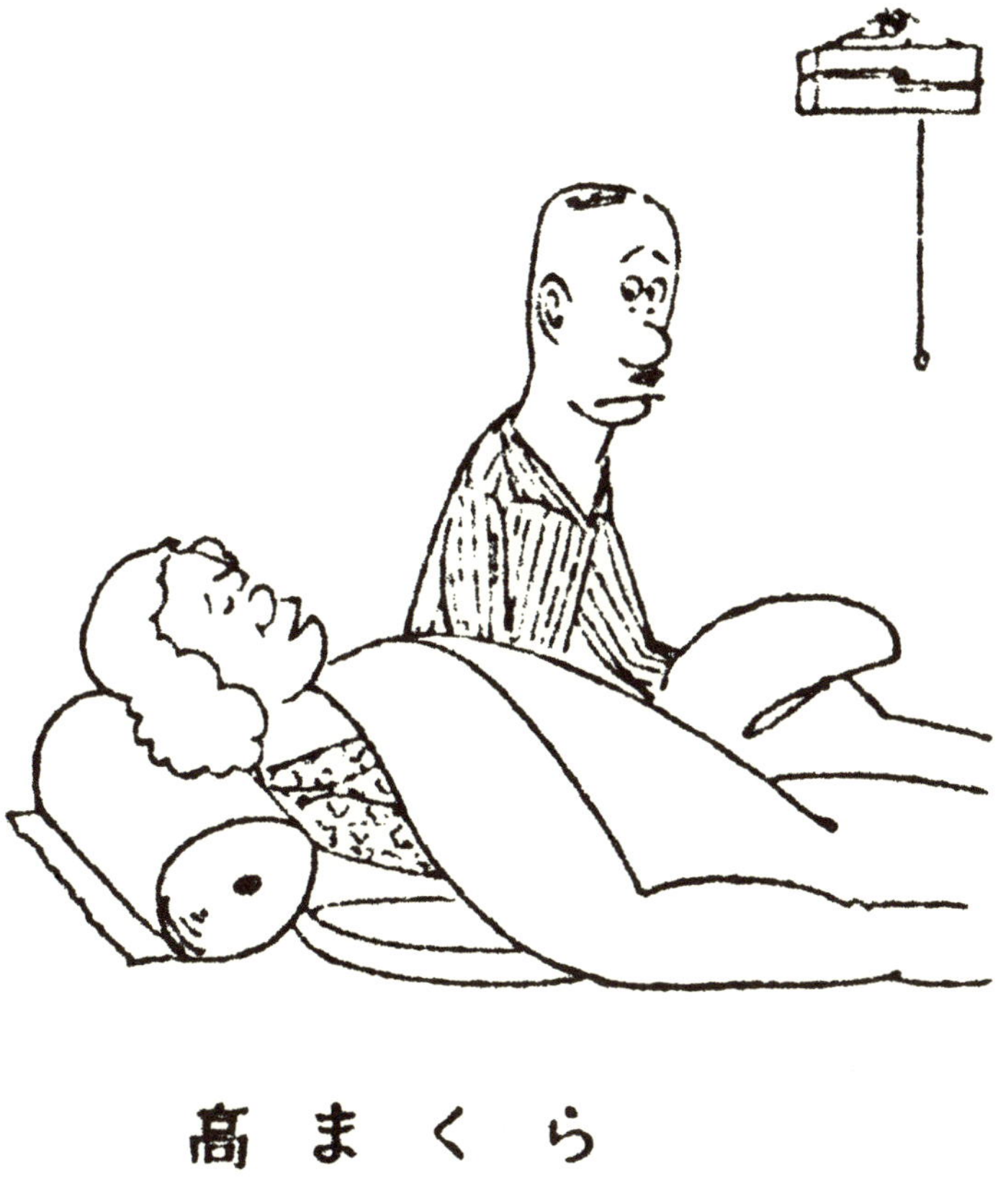

# 石油ショック

IV
昭和・
戦後篇
［33］

ビルのネオンは消え、ストーブの灯油は大丈夫か？

昭和四八（一九七三）年一〇月、第四次中東戦争によって石油はアラブの戦略的武器となり、中東からの石油に依存していた日本は大きな打撃を受けることとなる。生産削減で石油価格も高騰し、社会生活に混乱を起こした。

前年七月に組閣した田中角栄は持論の日本列島改造論を意欲的に実行に移していたが、そんななかでの石油ショックだった。行動力のある田中はしばしばブルドーザーにたとえられたが、そんな田中も石油危機には太刀打ちできなかった。［図1］はそんな状況を描いたもので、さすがの田中ブルドーザーも石油がなくてはにっちもさっちも行かずに立ち往生しているところである。

第二次世界大戦後の日本は奇跡的な経済成長を遂げ、豊かさを謳歌していたが、一皮むけば豊かさを作り出したエネルギー源のほとんどを輸入に頼っていたのである。［図2］はGNP世界第二位の日本が石油のなかに揺らいでいる浮き草に過ぎないことを指摘している。石油危機は国民の誰もがあらためて日本の豊かさがいかにして支えられていたかを再確認する機会にもなったのである。

石油消費も規制されテレビの深夜放送も中止され、都会の華

［図1］『毎日新聞』昭和48年11月13日号夕刊
画＝那須良輔

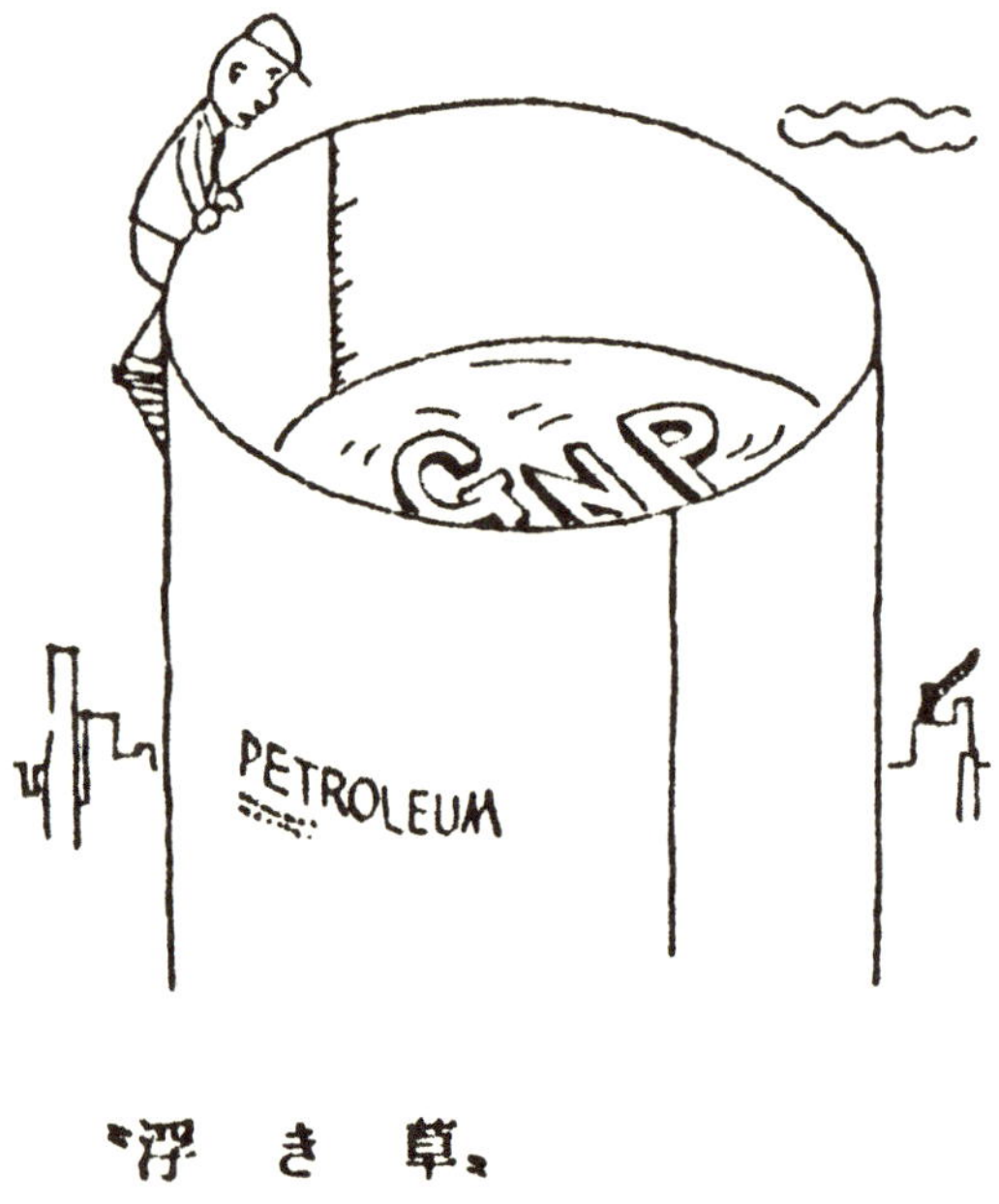


［図2］『毎日新聞』昭和48年11月14日号
「ヒトクチ漫画」 画＝小林治雄

やかさの象徴でもある明かりも消えていった。［図３］はそんな夜の都会の変化を捉えたもので、真っ暗な街のなかで星空を眺めるような時代が到来するということである。空には星が輝いているが、その星は舌を出して地上の人間をからかっているようだ。愚かな人間社会を呆れながら見ているといったところだろう。

ビルのネオンサインも規制されたが、［図４］はそんな状況を面白おかしく取り上げたものである。とはいっても冬も間近となって燃料不足を危惧する声は日増しに大きくなっていった。［図５］は庶民の身近な暖房として使われている石油ストーブなどで大量に消費される灯油が品不足のなかで高騰するのではないかと心配している。冬将軍は早く来そうな様子だが、果たして国民の燃料は確保できるのであろうかとの不安は国中に広がっていたのである。

［図６］は産油国の地底まで地球を掘り進んで石油を盗もうとしている奇抜な漫画であるが、これほどまでにしても石油を確保したいというのが政府や産業界はもとより、一般国民にも共通した願望だったといっても過言でない。

石油ショックの反省からやがて省エネという考えが定着していくこととなる。





［図3］『毎日新聞』昭和48年11月17日号
「ヒトクチ漫画」 画＝小林治雄

［図4］『朝日新聞』昭和48年11月9日号夕刊
『フジ三太郎』サトウサンペイ

［図5］『朝日新聞』昭和48年10月24日号
「社会戯評」《閣下、早めに来る》 画＝横山泰三



［図6］『朝日新聞』昭和48年10月26日号
「社会戯評」《盗油》 画＝横山泰三

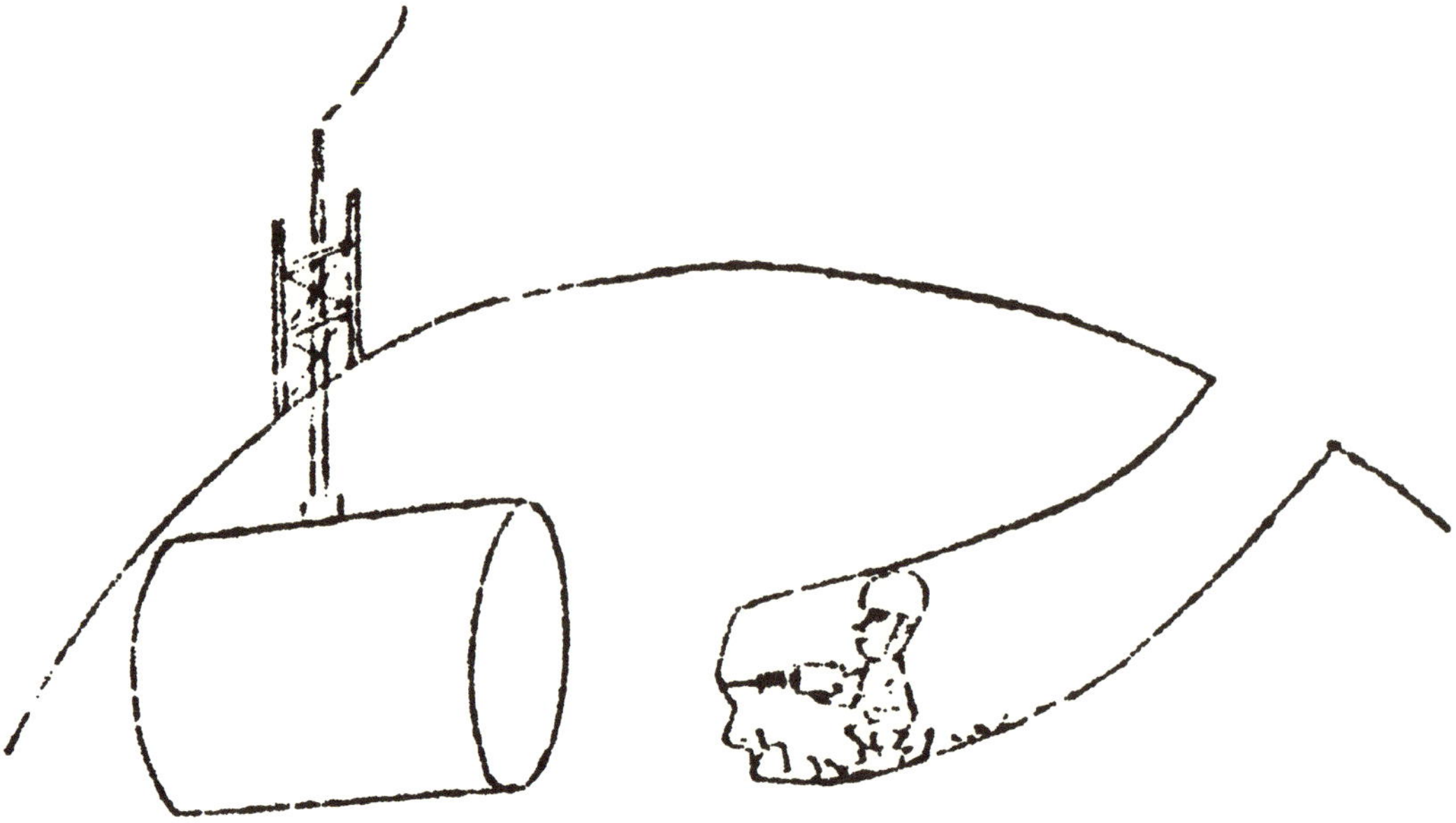

# 自動車生産世界一

IV
昭和・
戦後篇
［34］

## 「自動車大国日本」の出現

工業社会アメリカの象徴的存在ともいえる自動車産業の分野において日本は小型車という分野で対抗してアメリカへの輸出を伸ばしていった。そして、一九八〇年代には日米貿易摩擦を深刻化する一因にもなったのである。

そんななかでの昭和五五（一九八〇）年五月、大平正芳首相とアメリカのカーター大統領との日米首脳会議がホワイトハウスで行われた。この会議でも自動車問題は取り上げられている。首脳会談の内容を伝えた昭和五五年五月二日の『朝日新聞』夕刊は、「一日の日米首脳会談で、カーター大統領が日本車の対米輸出急増問題を持ち出し、日本メーカーの対米投資を含む解決への努力を要望したのに対し、大平首相は「双方納得のできる解決をしたい。アスキュー米通商代表の来日する（十日）までにできるだけの検討をしたい」と約束した。これにより、日本の政府、業界は、対応策の追加を急ぐことになるが、米国自動車不況の深刻化と大統領選挙戦への思惑を背景に、米国側の要求は相当強硬とみられるのに対し、日本側が応じられるのは部品関税の引き下げくらいであり、アスキュー代表訪日時に決着できるかどうか、いまのところ予断を許さない」「昨年春以来続いている自動車不況がこのところ一段と深刻になり、住宅





［図1］『朝日新聞』昭和55年12月14日号
「社会戯評」《防衛要請》 画＝横山泰三

産業とともに、米国景気後退の代表のようになっている事情がある。クライスラーの危機は去らず、フォードは第一・四半期に大赤字を出し、GMは事務職員の一割解雇という荒療治まで実施している。しかも、大統領選でのライバルであるケネディ上院議員は、日本メーカーによる対米輸出自主規制と対米投資を求めたUAW支持を明確にしている。インフレ、エネルギー対策から輸入規制を拒否しているカーター氏としては、ミシガン、オハイオなど自動車産業が地盤を置く州の予備選挙を前に、選挙民にもはっきりわかる成果がほしいわけだ」などと日本車が洪水のようにアメリカに輸出されていることが大きな問題となっていて、首脳会議の主要議題にまでなっていることを報じている。

この年、日本の自動車生産高は初めて一千万台を突破し、アメリカを追い抜き世界一になったのである。［図１］は日本に防衛力増強を要求しているアメリカを諷刺したもので、世界一になった日本の自動車生産に対して、もっと戦車をつくれと文句を言っているアメリカといった内容である。儲けていながら防衛は他人任せと映っていたアメリカの苛立ちが自動車に対する反応にも現れているというよう。いっぽう、［図２］は日産自動車とフォルクスワーゲン社が提携を発表したことを伝えたもので、二つの会社のマークをつけた自動車が「世界のブランド」となっていることをあらわしている。日本は世界の自動車産業を牽引するほどとなっていったのである。



［図2］『日刊自動車新聞』
昭和55年12月11日号　画＝石田弘

世界のブランド

# 電電公社民営化

Ⅳ 昭和・戦後篇［35］

## ＮＴＴ株が人気を呼んで高値で取引される

中曽根康弘内閣は臨時行政調査会の答申に基づく行政改革を実施していったが、その目玉となったのが電電公社と国鉄の民営化だった。そのうち、最初に民営化が実現したのが電電公社である。民営化することによって電気通信事業への民間参入に門戸を開いて競争原理を導入するとともに新しい時代に対応できる電気通信事業の構築が求められていたのである。それは通信事業がグローバル化するなかで国際的競争に生き残るための対応でもあった。民間の活力による日本の電気通信事業の再生が不可欠だったともいえよう。

電電公社の民営化は国会でも大きな議論となったが、国民にとっても毎日利用する電話に関わることだけに一大関心事として注目を浴びた。昭和五九（一九八四）年一二月二二日の『北海道新聞』は電電改革三法案が成立して四月から電電公社が民営化されることになったのを受けて、社説のなかで「電電改革三法成立後の課題は、電気通信事業に民間企業が積極的に参加し、競争原理が有効に作動するかにかかっていると言えよう。民間に開放された後、同事業がどのような展開をみせるか、まだ不透明な部分は多い。今後も手さぐり状態が続くだろうが、関係省庁や関連業界は電電改革の効果があがるよう、努めてほしい」と述べている。また、一二月一六日の『赤旗』は「これまで電電公社が独占していた電気通信事業は、民間企業でも参入できることになるほか、電話料金が国鉄運賃同様、大臣のハンコ一つで自由に値上げできることになります」と記しているが、国民にとっては民営化によってサービスや料金はどうなるのかが最も気にかかることであった。電電公社がどのように変わるのだろうかが知りたかったのである。［図1］はこのような国民の素朴な疑問を取り上げたもので、巨大なデンデン虫を人々が覗き込んでいるところである。また、［図2］は民営化によってサービスが低下し、料金だけがあがるといった利用者にとっては一番有り難くない状況が起こるのではないかと懸念している様子が描かれている。いっぽう、［図3］のように民営化によってサービスの向上を期待する漫画も登場している。

このようなさまざまな思いが渦巻くなかで民営化された電電公社はＮＴＴとなり、株式が公開された。［図4］はそのＮＴＴ株が人気を呼んで高値で取引されている新聞記事を見ながら次の自民党総裁を狙う宮沢喜一、竹下登、安倍晋太郎の三人が自民党総裁株の売り出しを待っているところだが、売りに出す側の中曽根総裁は「売り出しは来年の予定」とまだまだ居座るような状況である。こんな場面にもＮＴＴ株の話題が登場するほど人気銘柄となっていたのである。当時はまさに電電公社とともに行政改革の目玉である国鉄の民営化が大詰めを迎えていた時期でもあった。そんな様子を描いたのが［図5］である。高騰する自社の株価に勢いづいているＮＴＴの横の線路を歩む国鉄の人はどうも元気がないようだ。

おまえの
体は
どう変わるっ
電電虫（でんでんむし）大変態

［図1］『北海道新聞』昭和59年12月22日号
「漫評」 画＝浜田かんたろう

［図3］『公明新聞』昭和59年12月22日号
画＝鈴木義司

電電民営化
『サービス良くなったなア。
スキヤキのにおいが出てくる』

［図2］『赤旗』昭和59年12月16日号

でんでん
民営化
料金値上げ
サービス低下
使いにくい電話
札幌市　大出　タロウ

［図4］『朝日新聞』昭和61年10月22日号
《負けずにフィーバー》 画＝針すなお



［図5］『毎日新聞』昭和61年10月27日号夕刊
「ヒトクチ漫評」《時世時節》 画＝小林治雄

「虚飾かつ疎外の十年」

昭和六一（一九八六）年一一月から拡大に転じた景気だったが、企業は自己資金調達を増加させ、銀行では日銀の金融緩和政策もあってカネ余りが生じることとなっていった。この大量の資金が土地や株に流れ込み、そのために土地や株が高騰するといった現象が生まれることとなる。いわゆるバブルである。それによって個人消費も拡大し、平成元（一九八九）年末の国民総資産は六八五三兆円にものぼった。

［図1］はこんな日本の金満家ぶりを描いたもので、富士山は札びらを切っており、その横には札束が積まれている。そんな日本の姿をうらめしそうに見ているのはアメリカといった内容だ。バブルによるジャパン・マネーはアメリカの不動産や株にも流れ込み両国の摩擦を生じさせていったのである。この漫画が掲載された平成元年一二月二〇日の『毎日新聞』の「ジャパン・マネー」という記事のなかで、「この十年、国の財政再建は進んだが、このため政策負担は金融にシワ寄せされた。その結果、日銀の過大なマネーサプライは、景気の長期持続や消費の高度化に貢献したが、地価や株価を高騰させ、持てる者と持たない者の不平等を拡大させた。かつて、国民の九割が自分が中流階層と自認したものだが、すでにこの階層は分裂した。

［図1］『毎日新聞』平成元年12月20日号
画＝宇田川のり子

さらに、企業も主婦も、株や土地を買えば簡単に金持ちになれるという風潮が広がった。八〇年代を、我流に総括すれば、世の中の行動基準が、経済、とくに目先のマネーに左右された虚飾かつ疎外の十年であった」と評している。

［図2］はまさにこのような虚飾のバブル経済を端的に示したもので、企業が「贈答」「ゴルフ」「宴会」などで金を湯水のごとく使う様子を諷刺しており、企業の交際費も膨れ上がっていったことが見てとれる。権力を誇ったルーマニアの大統領が失脚し、殺されたように、明日のことは考えず今を謳歌している企業を鋭く批判しているのである。そんな世相のなかでリクルート事件があった。［図3］はこの時代における政治家と企業人の拝金主義の象徴ともいえるリクルート事件を描いたものであるが、この漫画が掲載された平成元年一二月二七日の『毎日新聞』の「拝金主義」という記事で、「リ事件以後、政界では献金を規制し、パーティー開催が大きな収入源になった。株式の運用という政治資金づくりの手法がポピュラーなものになり、リ事件発覚後も、未公開株譲渡を「経済行為」と言ってはばからない政治家が出た。こうした政界の土壌を江副被告は見逃さなかった。しかも政治家に譲渡されたリクルートコスモス株は、コ社が扱う土地やマンションの価格が急上昇し、「値上がりが確実に見込まれる」ものになっていた。まさに「土地」と「株」が一体となった構造。それは、NTT株の売却（一九八六年）以来、主婦が財テクに熱中する姿が当たり前になった八〇年代の日本のありようを象徴している」と論じている。

このような異様なバブル景気も平成二年に崩壊を迎えた。

［図2］『朝日新聞』平成元年12月29日号
「社会戯評」 画＝横山泰三

［図3］『毎日新聞』平成元年12月27日号
画＝宇田川のり子

# 国鉄民営化



## 旧来からの構造の終焉を象徴

明治五（一八七二）年、新橋−横浜間に鉄道が開通し、その後、鉄道網は順調に伸びて日本の近代化に大きく貢献していったが、一四年には最初の私鉄である日本鉄道会社が設立され、一六年には上野−熊谷間で営業を開始している。以後、各地に私鉄が誕生しているが、三九年の鉄道国有法によって国有化された。かくて、政府直営として第二次世界大戦後も運営されていったが、やがて自動車による輸送の増大や赤字路線の維持費の増加などで経営が悪化していった。累積する赤字を解消するために何回かにわたって財政再建が行われたものの根本的解決には至らず、やがて分割民営化の方向が出されることとなる。昭和五七（一九八二）年には第二次臨時行政調査会から分割民営の方向性が答申され、その後、中曽根首相のもとでの行政改革の中心的テーマとして進められ、昭和六一年一一月四日に日本国有鉄道改革法が公布され、翌年四月一日にJR各社に分割され民営鉄道として再出発することとなる。

［図1］は国会の最大問題である国鉄改革法案を成立させようとしている中曽根首相が公明党や民社党を引き込んでヤマを乗り越えようとしているところである。中曽根が牽引する客車には公明党の竹入委員長と民社党の塚本委員長が乗っている。いっぽう、綱を引っ張って列車を引き下ろそうとしているのは社会党の土井たか子委員長と共産党の不破哲三委員長である。この図の掲載された昭和六一年一〇月二五日の『読売新聞』は「国鉄改革関連法案が二十四日、衆院国鉄改革特別委員会で一部修正のうえ可決され、今国会での成立が確実になってきたことで、国鉄改革を最重要課題としてきた中曽根内閣にとって、今国会のヤマ場は越えた」と報じている。

［図2］はそんな政治状況を描いたもので、すでにホッとして法案が国会のトンネルから抜けるのを『雪国』を読みながら待っている中曽根首相である。そんな中曽根に「減税」「老人保健法案」などが残っていることを他党が盛んにアピールしているが、中曽根の耳には届かないようだ。それほどまでに国鉄改革法案の成立は政府にとって何よりも重要だったのである。

しかし、国鉄の分割民営化は［図3］のようにも見られていたのである。ここでは新幹線がバラバラにされて骨だけの残骸となっており、見る影もなく、富士山も呆気にとられているといったところだ。

このように、さまざまな議論を巻き起こしながら分割民営化が進められたが、それにともなって国鉄の労働組合とも大きな摩擦を生じることとなる。国鉄の分割民営化は旧来からの構造の終焉を象徴するものだった。

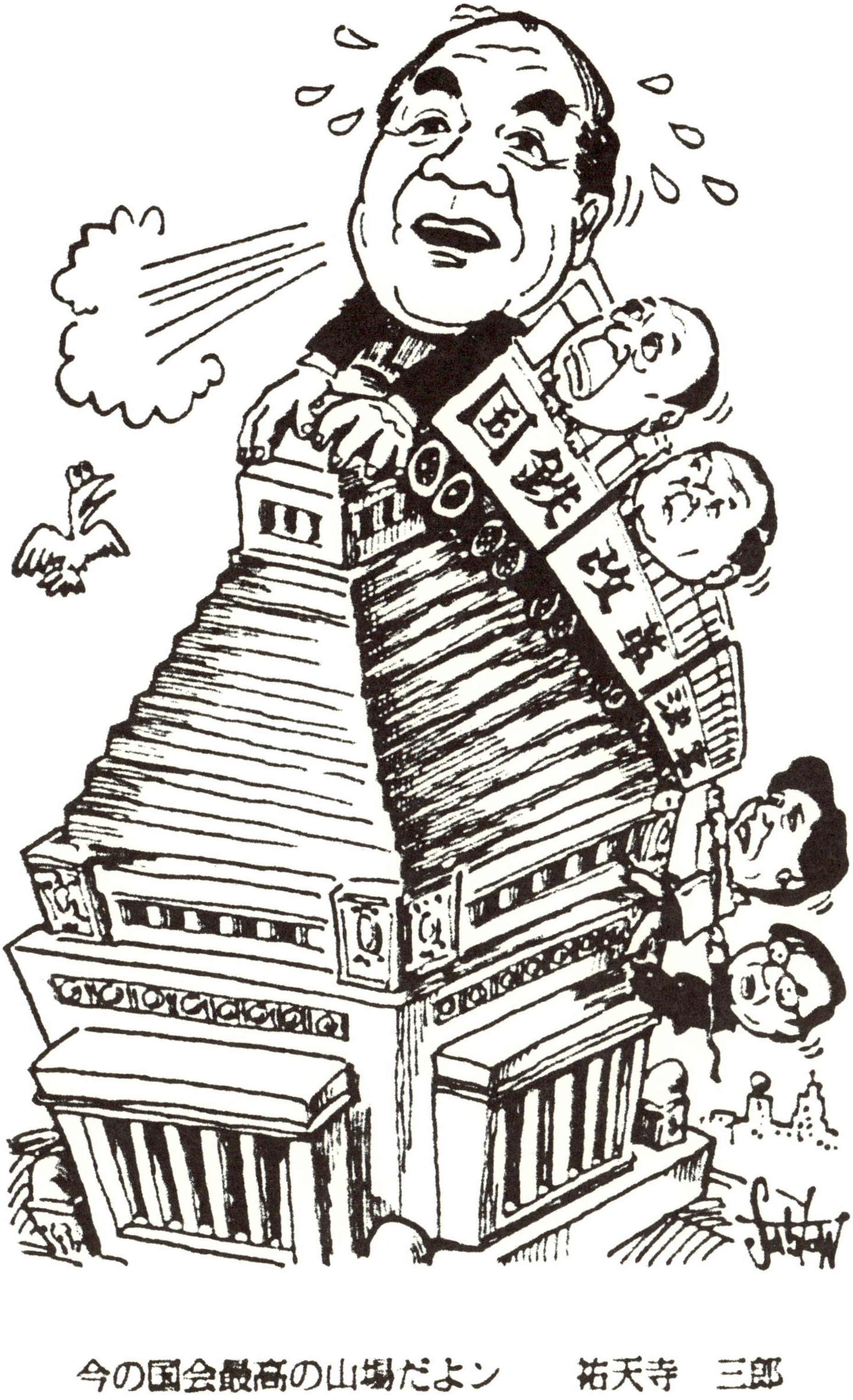
今の国会最高の山場だよン　　祐天寺　三郎

[図1]『読売新聞』昭和61年10月25日号　画＝祐天寺三郎

[図2]『毎日新聞』昭和61年10月26日号　画＝所ゆきよし



[図3]『赤旗』昭和61年10月29日号　画＝宮下森

# V

# 平成篇

# 消費税導入

V
平成篇
［1］



## 社会保障費に、国債の利子に……戦後税制の大改革

平成元（一九八九）年四月一日、長年の政治的懸案で、国民の大きな関心事でもあった消費税が実施された。そもそも、消費税の導入は税の不公平を是正し、社会保障費など将来に増加が予想される財政負担に対する政策として検討されてきていた。その背景には膨大な額の国債が発行され、その利子だけでも予算に大きな割合を占めるようになったなかで、大型間接税導入によって財政問題の解決をはかろうとしたものであった。

昭和五四（一九七九）年、大平正芳首相のもとで導入が計画されていたものの国民の強い反対で実現できずに終わって以来、一〇年越しの懸案事項だった消費税がスタートしたのである。戦後税制の大改革だったことから消費税導入は大きな反響を呼び、新しい税金にとまどう国民も少なからずいて、スタート前から国民的関心事となった。

［図1］は実施目前となった消費税を描いたものだが、電柱の影にかくれて取り立てを待ち構えている借金取りのようなキャラクターとして捉えられている。世間ではこんな雰囲気が漂っていたのだ。

［図2］も同じような思いを描いたもので、鬼のような形相をした竹下登首相が「消費税」なる金棒をかざして税金を取り押さえようとしているが、それを横で見ている人々は「あの「拙速さ」が今の社会に受け入れられるのかしら？」と懐疑的である。それくらい強引に導入したと見られてもいたのである。

導入当日の四月一日には［図3］のような諷刺漫画も掲載されている。三パーセントの消費税率を超人気野球選手だった長島茂雄の背番号にかけた内容で、「超不人気ゆがんだ背番号3％ついに登場」なるキャプションからも拒否反応の強さが窺われる。この超不人気バッターは人相もよくないようだ。

消費税の実施に伴って一躍注目されだしたのが、それまでは厄介者扱いされてきた一円玉である。一円玉なしには消費税が円滑に運営できなかったのである。そんなことから一円玉に関連づけた諷刺画も登場している。［図4］は消費税導入で一円玉をぶつけられている竹下地蔵である。彼は一円玉が集まるのでぶつけられながらもほくそ笑んでいるようだ。それくらい一円玉の需要は大きかった。そんなことから［図5］のような作品も描かれる。不人気を挽回するために、誰もが必要として今や人気ナンバーワンの一円玉に自分の肖像を入れようかと提案している竹下首相である。［図6］は皆が消費税の計算をするために計算機を片手に熱くなっているなかで、一人で満開の「消費税」の下で宴会を繰り広げている竹下首相である。国民は消費税で花見どころではないといっているのだ。

消費税は四コマ漫画にも描かれるほどだった。［図7］は原稿料に消費税をプラスして請求している作家先生、［図8］は消費税を払いたくなくてわざと子供をお使いに出しているところだ。こんな騒動を起こしながら消費税はスタートした。

ウフン
もうすぐだ
消費税
いよいよやってくる!

[図1]『読売新聞』平成元年3月26日号
画＝馬場のぼる

[図2]『朝日新聞』平成元年3月28日号
画＝山田紳

消費税
あの〝拙速さ〟が今の社会に受け
入れられるのかしら？　山田　紳

[図3]『朝日新聞』平成元年4月1日号
画＝山田紳

SHOHIZEI
3%
超不人気　ゆがんだ背番号3%
ついに登場　山田　紳

[図4]『読売新聞』平成元年4月2日号
《ニヤリ。一円玉が雨あられ》 画＝馬場のぼる



[図6]『朝日新聞』平成元年4月4日号
画＝小島功

[図5]『毎日新聞』平成元年4月2日号
画＝所ゆきよし

[図8]『読売新聞』平成元年4月1日号
植田まさし「コボちゃん」

[図7]『朝日新聞』平成元年3月28日号
サトウサンペイ「フジ三太郎」

# 日米構造協議



## 大方の見方は「アメリカの圧力に屈する日本」

日米間の貿易不均衡が両国の摩擦として政治問題となっていた平成元（一九八九）年八月、海部俊樹首相はアメリカを訪問した。このときの懸案は両国の貿易摩擦をいかに解決するかといったことであった。しかし、それはアメリカの強い要求に対応するかたちでの話し合いだったのである。

［図1］は期限を切られて日米構造協議での成果をブッシュ大統領とアメリカ議会が求めて海部首相に圧力をかけているといった内容である。首相のトレードマークの水玉模様ネクタイを締め上げている姿からアメリカの苛立ちが相当なものであることがわかる。

しかし、実際に構造協議をうまく構築できるかというと懐疑的な見方も少なくなかった。［図2］も構造協議の難しさを捉えたもので、日本とアメリカの担当者が「日」と「米」を何とか組み合わせようとしているようだが、なかなかバランスが取れずに苦労しているようだ。

平成元年九月五日の『中日新聞』は「訪米の焦点だった首脳会議では、日米間の最大懸案である構造協議で来春までの具体的成果を迫られるなど、日米経済摩擦の予想通りの厳しい実態を、初めて肌で感じた」と海部首相の様子を伝えている。表向



［図1］『読売新聞』平成元年9月4日号夕刊
《貿易不均衡是正！米のいら立ち》画＝岡本敏

きは何でも言える仲ということだったが、実際の日米関係はアメリカの一方的な要求だったのである。［図3］はそのあたりを指摘したもので、アメリカ側は「日本人特殊論」まで出してきて、まるで追い剝ぎのようなやり方だ。いっぽう、日本もアメリカに対して「過少貯蓄」「過剰消費」を訴えているが分が悪いことは明らかのようにみえる。

［図4］はパートナーシップという美名のもとに「軍拡」「在日米軍経費負担」「戦略援助の拡大」などのアメリカの要求に手玉にとられ、危険な道に歩み出そうとしていると指摘している。この図の掲載された九月三日の『赤旗』は日米構造協議について、「対日圧力を全面的に受け入れ、日本国民にあらたな負担をおわせる態度に終始しました」と報じている。

ここに紹介した図はいずれもアメリカの圧力に屈する日本というパターンのようだが、これが大方の見方だったのである。

［図2］『中日新聞』平成元年9月5日号
《モーニング戯評》 画＝ウノ・カマキリ

日米構造協議…
うまくバランスとれるかな

［図3］『読売新聞』平成元年9月6日号　画＝牧野圭一



［図4］『赤旗』平成元年9月3日号
《パートナーシップ》 画＝宮下森

# 不動産向け融資の総量規制

V
平成篇
［3］

## 自粛通達後も続いた土地投機

企業の社債発行による資金調達や大規模設備投資が少なくなるなかで、金融機関は不動産融資を積極的に行っていった。それによって地価は高騰し、バブル経済が生じるほどであった。このあまりにも加熱した不動産向け融資は土地投機を助長し、大きな社会問題となっていった。

これをうけて政府は平成二（一九九〇）年三月二七日に不動産向け融資の総量規制の通達を出し、四月一日から実施して解決に乗り出していった。しかし、いっぽうではその実効性に疑問が呈せられていたことも事実である。

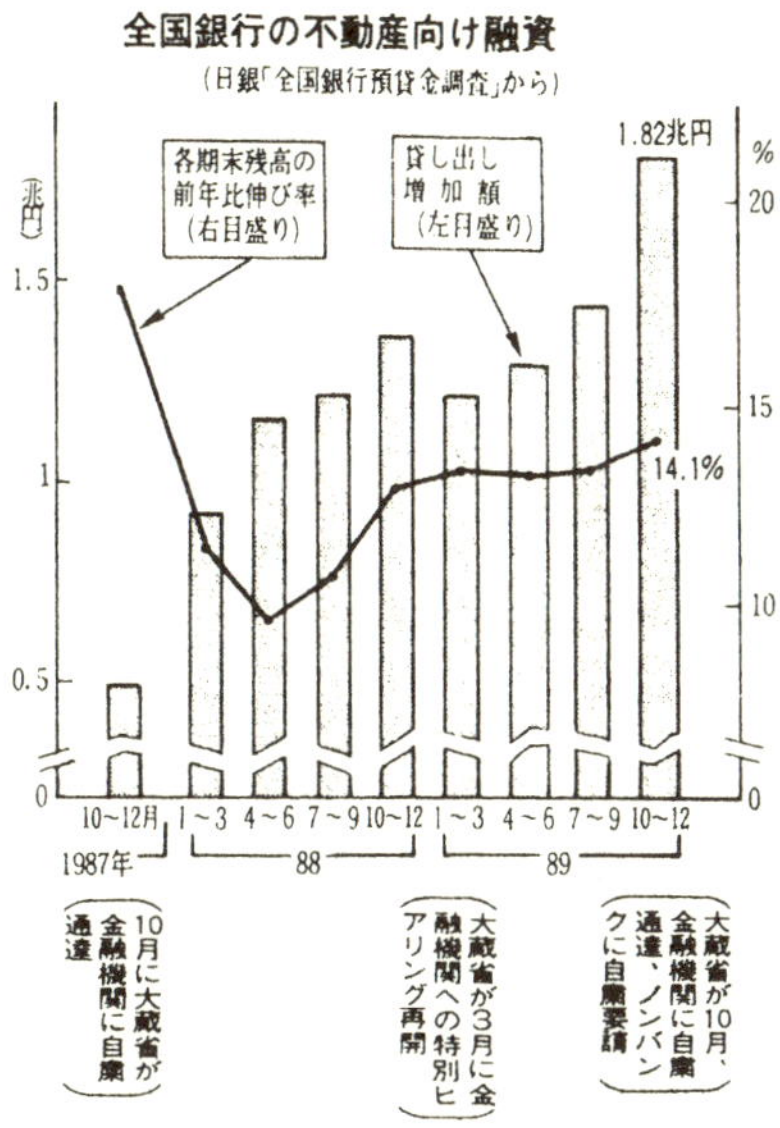


［図1］『赤旗』平成2年3月2日号



［図1］は三月二八日の『赤旗』に掲載された銀行の不動産向け融資の伸びを示したグラフである。平成元年一〇月には大蔵省が金融機関に自粛通達、ノンバンクに自粛要請を行ったにもかかわらず、一〇～一二月に融資が大幅に増えている事実が見てとれる。このグラフを掲載した日の『赤旗』は総量規制の解説のなかで、「大蔵省は今回の土地関連融資の抑制通達を、さも踏み込んだものであるかのようにいっていますが、とんでもありません。土地投機資金をふんだんに貸し出し、みずからも土地投機に血道をあげてきた大銀行、生保などの金融機関に、断固とした措置をとるよう求める声が強かったにもかかわらず、政府・大蔵省は「自粛通達」などでお茶をにごし、ここまで地価を暴騰させてしまったからです。昨年十月に大蔵省が金融機関に土地関連融資の「自粛通達」をだしたというのに、十月～十二月の都市銀行など全国銀行による不動産向け融資は逆に大幅に増えています。しかも、これは金融機関の表向きの数字です。金融機関が信販会社やリース会社などのノンバンク（非金融機関）に貸し出し、土地投機にまわされる巨額の資金は別です。大蔵省の通達行政などどこ吹く風で、銀行などから土地を買いまくるカネが「割安」な土地をもとめて全国をかけめぐっているのです」と厳しい批判を展開している。

［図2］も総量規制の実効を危惧する諷刺画で、ポッカリあいた「土地政策」という深く暗い穴の縁を駆けて支持率を追っている首相の海部俊樹だが、落ちると大変なことになるであろう大穴にはまったく無関心のようである。この不動産向け融資の総量規制は平成四年一月に解除されている。

［図2］『朝日新聞』平成2年3月29日号　画＝小島功

# 住専処理

V
平成篇
［4］

## 責任を明確にしないままに税金が注ぎ込まれる

住宅専門金融会社（住専）は銀行などが出資して設立され、個人向け住宅ローンを主たる業務としていたが、やがて不動産融資にウェイトを置くようになり、平成二（一九九〇）年には大蔵省から金融機関に不動産向け融資の総量規制が通達されたことによって住専の母体行が不動産融資を縮小し、住専に押しつけるといったことが行われた。その後、これらの不動産がバブルの崩壊で不良債権となり、大きな問題として浮上することとなる。そのため、平成七年一二月一九日、政府は住専処理のために財政資金を投入することを決定した。住専の母体行には債権を全額放棄させることにしたものの、六千億円を超える財政資金投入が必要であった。平成七年一二月一九日の『毎日新聞』は、「大蔵省案によると、住専七社の六兆二千七百億円にのぼる回収不能債権を受け皿機関に移す前に第一次損失として一括処理。そのうち、母体行と農林系の負担で埋まらない六千億円程度を、預金保険機構内に新設する住専専門の勘定を通じて財政資金で負担する。大蔵省は、日銀融資に政府保証をつける形で、財政資金の投入を十五年後に先送りする解決案を追求していた。しかし、年内解決が国際公約になっているうえ、先送りではなく、国際的に分かりやすい方式を採用するため、一





［図1］『読売新聞』平成7年12月20日号
画＝ふきやま朗

人目を気にしてサンタが通る　ふきやま　朗

［図2］『読売新聞』平成7年12月21日号
画＝祐天寺三郎

冗談じゃないヨ！まったく　祐天寺　三郎

不動産向け融資の総量規制　住専処理

般会計による一括償却に踏み切った」と報じている。

住専への財政投入には強い反対が起き、当事者の責任を明確にするようにとの意見も相次いだ。［図1］はこのようななかで大蔵大臣武村正義が村山富市首相や橋本龍太郎通産大臣に支えられながら住専処理のための財政資金をクリスマスプレゼントとして届けようとしているところを描いているが、世間の厳しく冷たい目に肩身が狭そうである。

［図2］は責任を明確にしないままに財政資金が導入されることを批判したもので、国会議事堂の塀に張られた責任をうやむやにした納税者へのアピールに呆れ返っている人々が描かれている。

年が明けて、平成八年一月一一日、橋本内閣がスタートしたが住専問題はまだまだ世間の批判の的となっていた。［図3］も［図2］同様に無責任な財政資金導入を批判したもので、勝手な都合で税金が使われることに対する国民感情を表現したものといえよう。［図4］も同様で、たらふく飲み食いして寝込んでしまった住専なる客の勘定を回された国民が怒っているといった内容である。

このように、多くの批判を浴びながらの住専処理のための財政資金導入であった。



[図3]『朝日新聞』平成8年1月28日号
画＝針すなお

注意——ひどい副作用が出ることがあります

[図4]『朝日新聞』平成8年1月29日号
画＝針すなお

な、なんで私が彼らの分を払わにゃならないのっ！

# 日本版金融ビッグバン

V
平成篇
［5］

## 金融界の再編をもたらすも、課題残す

平成八（一九九六）年一一月一一日、橋本龍太郎首相は金融改革構想を発表した。この改革はFree（自由な市場）、Fair（透明で信頼できる市場）、Global（国際的市場）の三原則を掲げた金融改革で、イギリスにおける金融の大改革が「ビッグバン」といわれたことにならって日本版ビッグバンといわれた。自由な市場に関しては、銀行、証券、保険分野への参入促進、商品規制の撤廃、証券・銀行の業務拡大、各種手数料の自由化、資産運用業務規制の見直しなど、透明で信頼できる市場に関しては情報公開の充実と徹底、ルール違反への処分の積極的発動、国際的市場に関してはデリバティブなどに対応した法制度の整備、会計制度の国際標準化、グローバルな監督協力体制の確立などが謳われた。

平成八年一一月一二日の『毎日新聞』は、「橋本龍太郎首相が一一日、三塚博蔵相らに指示した金融システムの改革は、各論で壁にぶつかっていた金融分野の規制緩和・自由化について、政治家の指導力と実行プログラムを打ち出そうとしたものと考えられる。しかし、内容は大蔵省関係の審議会などで検討している項目の「寄せ集め」で、政治的反発に遭いそうな郵貯や簡保への言及はない。二〇〇一年の年限にしても、「金融構造改革は一九九九年度に完了させる」とした一〇月の経済審議会（首相の諮問機関）の報告に比べ間延びした印象は否めず、当面の課題である大蔵省改革へのホコ先をかわす狙いものぞく」「見逃せないのは、「日本版ビッグバン」の名のもとに五年間のプログラムを組む結果、急務だった大蔵省改革がかすんでしまいかねないことだ」など、日本版ビッグバン実施にあたって、難問の先送りや大蔵省改革がすすまないなどの問題点を指摘している。

［図1］は改革に対する大蔵省の抵抗を描いたもので、橋本行革列車が大蔵省という駅の表示板にロープでくくりつけられて出発できないでいる。また、［図2］は行革の第一歩として大蔵省が「小蔵省」となって財政の健全化に取り組むべきだとしている。いずれも金融改革にあたって大蔵省をいかに押さえ込んでいくかが重要な問題だったことが見てとれる。

このようにしてスタートした日本版金融ビッグバンはその後、銀行、保険、証券などの巨大金融グループを誕生されるなど金融界の再編をもたらしていった。しかし、当初掲げられた改革は十分に実行されているとはいえず、今後に引き継がれていく問題も少なくない。

［図1］『読売新聞』
平成8年11月14日号
《滑り出し順調とはいかない》
画＝祐天寺三郎

［図2］『山梨日日新聞』
平成8年11月14日号
《"行革" 第一歩》
画＝草原タカオ

# 拓銀、山一の破綻

V
平成篇
［6］

## 隠蔽、信用失墜……たて続けの大型破綻

平成九（一九九七）年一一月一七日、北海道拓殖銀行が破綻した。拓銀は都市銀行として最初の破綻であり、大手二〇行は潰さないという政府の方針が崩れ、護送船団方式が崩壊したという意味からも金融界に大きな衝撃を与えた。

拓銀の破綻は不良債権査定の甘さからの信用失墜が大きな理由といえる。一一月一七日の『毎日新聞』夕刊は、「拓銀の今年三月末の公表不良債権は九三四九億円で、銀行界では飛び抜けた水準だった。そのうえ、七月には同行がメーンバンクの中堅総合建設会社（ゼネコン）東海興業が会社更生法を申請。同社への融資を拓銀が公表不良債権に含んでいなかったため、合併相手の道銀が反発して、合併の延期に追い込まれていた。この延期発表で、拓銀の信用不安が増大して資金繰りがひっ迫。一〇月以降は、優良な融資先の資金を引き揚げたり、指定金融機関になっている北海道庁への短期融資さえ、全国信用金庫連合会に肩代わりしてもらっていた。さらに、株安で保有株式も含み損を抱え、今月初めに三洋証券が会社更生法を申請し、コール市場で債務不履行（デフォルト）が発生してからは、コール資金が担保を付けても取れない状況だった」と破綻に至るまでの経緯を解説している。［図1］は拓銀の破綻によって、護送





［図1］『朝日新聞』平成9年11月18日号
《ビッグバンがやってきた》 画＝小島功

船団方式で安心していた銀行界に衝撃が走ったことを取り上げたもので、サッカーのチームメイトが大きなボールに押しつぶされたのを見てびっくりしている選手たちといった内容だ。

拓銀破綻からわずか一週間後の一一月二四日、四大証券の一つである山一證券が自主廃業した。山一の破綻は「飛ばし」の隠蔽が大きく影響しており、拓銀の不良資産査定とともに金融界に対する信用を失墜させるものだった。一一月二五日の『朝日新聞』は、「山一証券が自主廃業の申請に追い込まれたのは、資金繰りの悪化や株価の下落という直接要因もさることながら、透明性を欠いた経営を続けてきたつけを一気に払わされたという側面が大きい。「隠し赤字」の存在を認めず、うそをつき続けてきた歴代の経営者の背信行為が、証券の「名門」山一を、自ら企業としての死を選ぶところまで追いやった。山一証券が飛ばしをしているのではないか、といううわさは数年前からあった。しかし、「飛ばしはありません」と幹部たちは否定し続けてきた。「飛ばし」とは、値下がりして損を抱えた有価証券を企業の間で転々とさせることで、株価が回復しなければ最後は、証券会社自身が膨れ上がった損失を抱え込まざるをえない。この簿外債務が山一の命取りになった」と断じている。

[図2]は小錦の引退と山一の廃業を話題としたもので、山一の廃業は国民感情から同情できるものでないと言っているのである。それも騙しの体質が明らかになったからといえよう。[図3]はたて続けの大型破綻で、不良債権処理に悩む三塚博大蔵大臣と松下康雄日銀総裁である。その後、金融機関の破綻に伴う不良債権処理システムが整備されていくこととなる。

↓［図2］『朝日新聞』平成9年11月25日号　画＝針すなお

国民心情
「引退錦」対「廃業山」。
もちろん「引退錦」の勝ち　針　すなお

［図3］『毎日新聞』平成９年11月27日号　画＝所ゆきよし

V
平成篇
［7］

# 郵政民営化問題



## 簡保や郵貯の問題はそのままに

郵政民営化論者の小泉純一郎は、自民党総裁に就任した時の政治運営の基本方針で「郵政三事業については、公社化の後の民営化を総理直属機関を設けて検討する」と発表した。

平成九（一九九七）年に行革会議の最終報告で国営堅持の方針と郵政公社への事業の移行が決定され、翌年には中央省庁等改革基本法で平成一五年に郵政事業の国営公社化が決定した。その時に郵政民営化などの見直しは行わないと明記されている。

郵貯残高は三〇〇兆円を超える巨額なもので、民間金融機関の圧迫や財務省資金運用部に預託されて財政投融資として使われ、特殊法人などに貸し付けられて非効率、不透明な状況が問題となっていた。また、郵便事業は大幅な赤字を出しており、信書配達に民間事業者の参入が求められていたのである。

［図1］は郵便事業の経営状況を示したグラフである。郵便取扱量は微増で次第に経営が厳しくなり、やがて赤字に落ち込んでいったことが見てとれる。平成一三年四月二四日の『朝日新聞』は、「郵便事業は九八年度が六百二十五億円、九九年度が五百五十三億円と巨額の赤字で、今後も二〇〇一年度までは赤字が確実となっている。その最大の原因が十四万人の郵政事業職員の人件費だ。総務省は新卒者の抑制などで五年間に一万人以上を削減する方針だが、それでは不十分との声が強く、新政権がどこまでメスを入れられるかが課題となりそうだ」と指摘している。

平成一五年、郵政公社が発足して、郵政事業は新しい一歩を歩み出し、信書の配達事業も民間参入が可能となったものの、参入条件が厳しく、全国展開の大手宅配業者などは参入を見合わせており、バイク便業者など限られた地域での信書配達事業者が参入しているに過ぎない。

いっぽう、簡易保険や郵便貯金に関してはこれからの問題として残されたままである。国への資金が集中するシステムの改革は金融、保険業界をはじめとし、内外から変革を求める声が強いものの、遅々として進展をみていない。平成一三年四月二七日の『朝日新聞』は、「自民党は特定郵便局長会やそのOB組織を、野党も郵政系労組を有力集票組織としており、政界に民営化論はほとんどない」と、小泉政権発足時における政界の事情を分析している。郵政公社が発足したものの郵政事業の民営化はまだまだこれからといったところだ。

［図1］『読売新聞』平成13年4月24日号

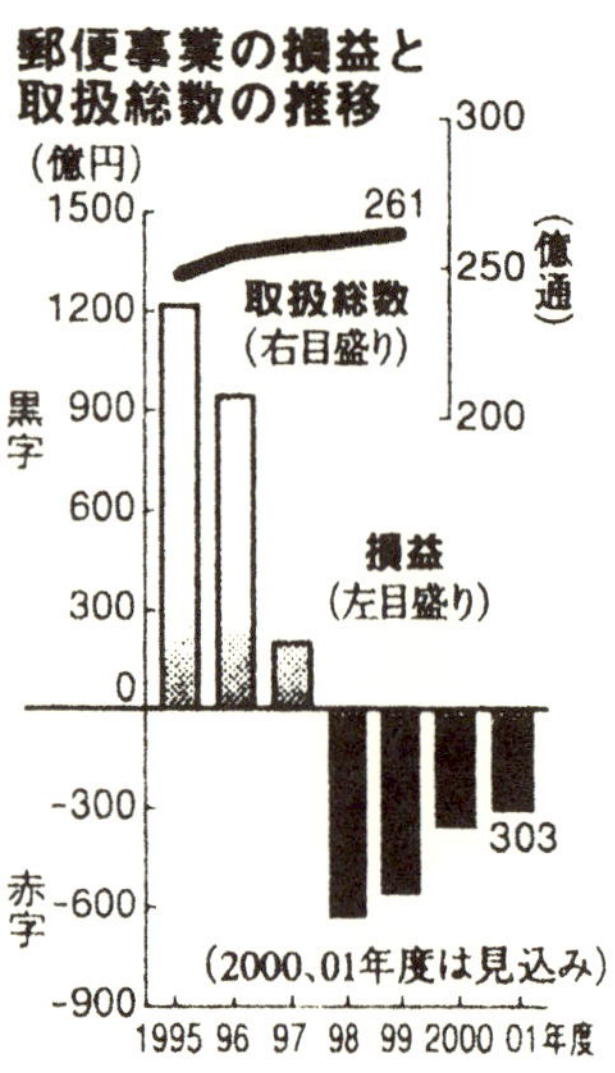

# 金融システム改革

## 国際公約の不良債権処理に多額の税金が

バブルの崩壊によって生じた莫大な不良債権の処理は海外から金融の自由化が求められているなかで焦眉の問題となっていった。それを解決するには金融システムの改革は不可欠で、橋本内閣における最大の問題となっていた。

そして平成一〇（一九九八）年六月に新しく設立されたのが金融監督庁である。金融監督庁は総理府の外局機関として位置づけられ、金融機関の破綻防止や破綻した場合の処理にあたることを目的としていた。

［図1］はこの金融監督庁を取り上げたものである。金融再生委員会のもとに置かれた金融監督庁だったが、はたして本当に大蔵省からは分離している金融監督のための機関なのかという危惧が指摘されていた。金融監督庁が大蔵省の建物からせり出しているが、それを支えているのは「影響力」なる骨組みである。

いっぽう、金融システム改革のための不良債権処理に多額の資金が注ぎ込まれることには、バブルに踊って損失を出した銀行を税金で救うことになるとの大きな批判も渦巻いていた。［図2］はそんな状況を描いたもので、「不良債権」なる

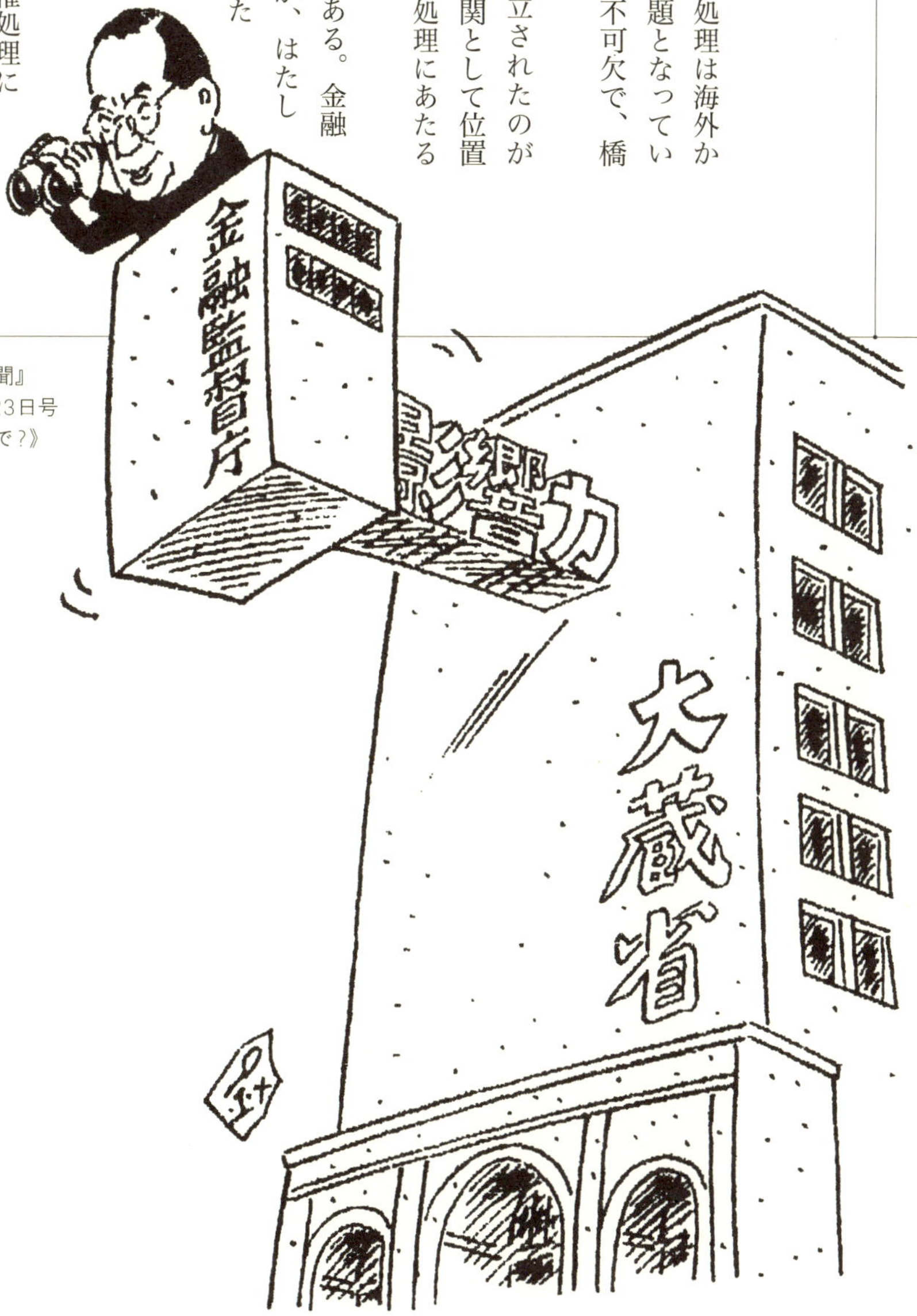


［図1］『朝日新聞』
平成10年6月23日号
《独立性どこまで？》
画＝針すなお

黒ずくめの巨人に大量の税金を食べさせているところである。いくら与えてもこの巨人の空腹はおさまりそうにもない様子だ。この図を掲載した平成一〇年六月二四日の『赤旗』は「政府・自民党の金融再生トータルプラン推進協議会が、不良債権処理の新たな仕組みとして、「受け皿銀行」構想の具体化に着手しました。この構想は、銀行破たん処理で、これまで破たん銀行を吸収・合併する民間銀行（民間の受け皿銀行）が引き取っていた正常先（第一分類）債権や第二分類債権のうち、第二分類債権だけを公的な「受け皿銀行」が公的資金で引き取ってやろうというものです。回収が困難・不可能な第三分類債権と第四分類債権は、現在でも、預金保険料や公的資金（一七兆円）を使って整理回収銀行（預金保険機構の下部組織）が引き取る仕組みになっています。もし、第二分類の回収で損失が出れば、国民の税金がここでも使われることになります」との解説記事を載せている。

しかし、不良債権処理は橋本龍太郎内閣の国際公約だったのである。そんなことから［図3］では「受け皿銀行」という皿を橋本カッパに付けようとしている山崎政調会長と加藤紘一幹事長が描かれている。だが、この国際公約は税金投入ということで国民には大きな負担となってのしかかるといった視点から描かれたのが［図4］である。

このように大きな問題を抱えつつスタートした金融システム改革だったが、その全面的解決は二一世紀に持ち越されている。



［図2］『赤旗』平成10年6月24日号
《またしても大食漢のえじきに……》
画＝宮下森

受け皿銀行
自
名工と言われるか迷行となるか、
ウーン頭が痛い　　針　すなお

[図3]『朝日新聞』平成10年6月24日号
画＝針すなお

[図4]『読売新聞』平成10年6月23日号
《自信のほどは……!?》 画＝ふきやま朗

受け皿銀行
国際
公約

# 長銀、日債銀の破綻

## バブル崩壊による破綻から再生へ

昭和二七（一九五二）年六月、債券を発行して資金を集め、その資金を長期貸付して企業の設備投資などに寄与する目的で長期信用銀行法が公布され、長銀、日債銀、興銀がこの業務を行っていった。当初は企業へ安定的かつ長期に資金を供給することでその役割を果たしていたが、バブル期に不動産やノンバンクなどに大量の資金を送り込んでいったためにバブル崩壊によって不良債権が経営を圧迫し、長銀と日債銀は相次いで破綻することとなった。

平成一〇（一九九八）年一〇月二三日、長銀は金融再生法に基づき破綻と認定された。同日の『毎日新聞』は、「破たん銀行の処理策や存続可能な銀行に公的資金を注入する枠組みを定めた金融再生法、金融機能早期健全化法が二三日、施行される。日本長期信用銀行は同日午前、金融再生法に基づき、政府に特別公的管理（一時国有化）の適用を申請し、政府も同日中に長銀の国有化を正式に決定する。特別公的管理は、極端な過少資本に陥った「破たん寸前の銀行」と、債務超過となった「破たん銀行」の二つのケースに適用されるが、金融監督庁は五〇〇〇億円近くに上る有価証券含み損などを勘案し、長銀を破たん銀行と認定する。これを受け、小渕恵三首相が破たん処

長銀
SUU
頼りないが国有化

［図1］『北海道新聞』
平成10年10月24日号
画＝こうま・すう

理を決定する」と報じている。

一〇月二三日、政府は金融再生法施行に伴って総理府内に金融再生等担当室を設置して、金融再生委員会設置まで、その役割を代行。［図1］はこんな国有化に対する国民の不安を描いたもので、長銀と建物にぶら下がっている笑顔の提灯を眺めている人たちは、「頼りないが国有化」と呟いている。役人に再生ができるのかという意見は少なくなかった。

長銀の破綻から二カ月もたたない一二月一三日、今度は日債銀が破綻し、特別公的管理となった。一二月一四日の『読売新聞』夕刊は、「金融監督庁は十三日、金融再生法に基づいて一時国有化（特別公的管理）される日本債券信用銀行について、今年三月末時点での検査結果を発表した。それによると、日債銀は関連会社向けの不良債権などについて、五千六百十五億円を追加処理（償却や引き当て）する必要があり、自己資本の四千六百七十一億円をこれに充てても、なお債務が資本を九百四十四億円上回る債務超過に陥っていたことがわかった。監督庁は、大蔵省が九七年四月に行った検査結果も同時に公表したが、日債銀は当時で三兆六千億円の問題債務を抱えており、現在の標準的な引き当て基準を当てはめると、一年以上前から実質的な債務超過状態にあった疑いもある」と問題を指摘している。［図2］はこんな日債銀の不良債権額の大きさを諷刺しており、日債銀なる飛行機が墜落するのも当たり前といった内容である。

そいつは「黙ってぶら下がっていたら、いつの間にかこんなに大きくなったんだ」といった　山田紳

［図2］『朝日新聞』
平成10年12月15日号
画＝山田紳

# 経済新生対策

V
平成篇
［10］



## 総額一八兆円規模で行われた

経済が落ち込むなかで、政府は平成一〇（一九九八）年一一月に緊急経済対策を実施したが、翌年には本格的景気の回復と構造改革を目指して経済新生対策を発表している。この対策の骨子は社会資本整備、中小企業などの金融対策、住宅金融対策、雇用対策、金融システム安定化対策、介護対策などで、総額一八兆円規模で行われた。

平成一一（一九九九）年一一月一一日の『朝日新聞』夕刊は、「政府は十一日午前、経済対策閣僚会議を開き、景気の本格的な回復と構造改革の推進をめざした総合的な経済対策「経済新生対策」を決定した。中小・ベンチャー企業振興など日本経済に活力を取り戻すための施策と、情報化推進など二十一世紀に向けた社会資本の整備を主な柱とした。総事業規模は、自民党が盛り込むことに反対した介護対策も含めて約十八兆円。昨年十一月に決定した過去最大の緊急経済対策（今回実施しない減税分を除くと十七兆九千億円）とほぼ同じ水準だ。記者会見した堺屋太一経済企画庁長官は「対策は、今後一年間で実質国内総生産（GDP）を一・六％程度押し上げる効果がある」と説明した」と報じている。この経済新生対策について平成一一年一一月一二日の『朝日新聞』は、「「経済新生対策」に対し経済界では、「広範囲に及ぶため、やや総花的な感がある」（西室泰三・東芝社長）との見方はあるが、本格的な景気回復への期待から歓迎するムードが強い。高速交通体系や情報通信基盤整備など新たな社会資本整備に重点をおいたことを評価する声も多い。その一方で財政悪化への懸念も出ており、小林陽太郎・経済同友会代表幹事は「財政出動を伴う経済対策は今回が最後」とクギを刺した」との経済界の意見を紹介している。

いっぽうで、解散総選挙が取り沙汰されて、経済政策や景気との関わりでさまざまな噂が出るようになっていた。

［図1］はこんな状況を描いたもので、自民党首脳たちが乾杯している壁には「経済新生対策披露パーティー」との看板が掲げられているものの、その間に選挙用のダルマが割り込んで一緒に乾杯しているといった内容である。平成一一年一一月一三日の『朝日新聞』は、「解散の判断基準になるのは、景気の動向」と報じ、経済と密接に関連して水面下で動いている政治情勢を伝えている。経済新生対策に対する国民の目は政治家にとって気に掛かるものだったのである。

私もこのへんに割り込んでカンパーイ

［図1］『朝日新聞』平成11年11月13日号　画＝針すなお

# ゼロ金利政策

## 景気回復の特効薬とはならず

平成七（一九九五）年九月八日、日銀は公定歩合を一・〇パーセントから一挙に〇・五パーセントに引き下げ史上世界最低レベルにし、その後も超低金利政策を継続していったが、国債の大量発行によって金利の上昇が起きてきたことにより企業の資金調達が厳しさを増していった。そして、企業の倒産が相次ぎ、さらなる景気悪化が浮上し始めた。このようななかで日銀は平成一一年二月に一段の金融緩和を実施し、大量の資金を短期金融市場に供給して、短期金利誘導目標を〇・一五に設定した。

平成一一年二月一三日の『読売新聞』は、「日本銀行は十二日、政策委員会・金融政策決定会合を開き、日本の景気悪化に歯止めをかけるため、もう一段の金融緩和が必要と判断し、短期市場金利の低め誘導の強化を賛成多数で決めた。「〇・二五％前後で推移するよう促す」としてきた誘導目標を、「〇・一五％前後を目指し、徐々に一層の低下を促す」と変更した」と報じている。これによって短資会社の手数料を差し引くと実質金利〇パーセントとなることからゼロ金利といわれている。金融緩和によって借入の負担を和らげ、景気回復に寄与することを狙っていたが、預金金利にも大きな影響を及ぼして預金者たちを圧迫していった。



［図1］『毎日新聞』平成11年2月21日号

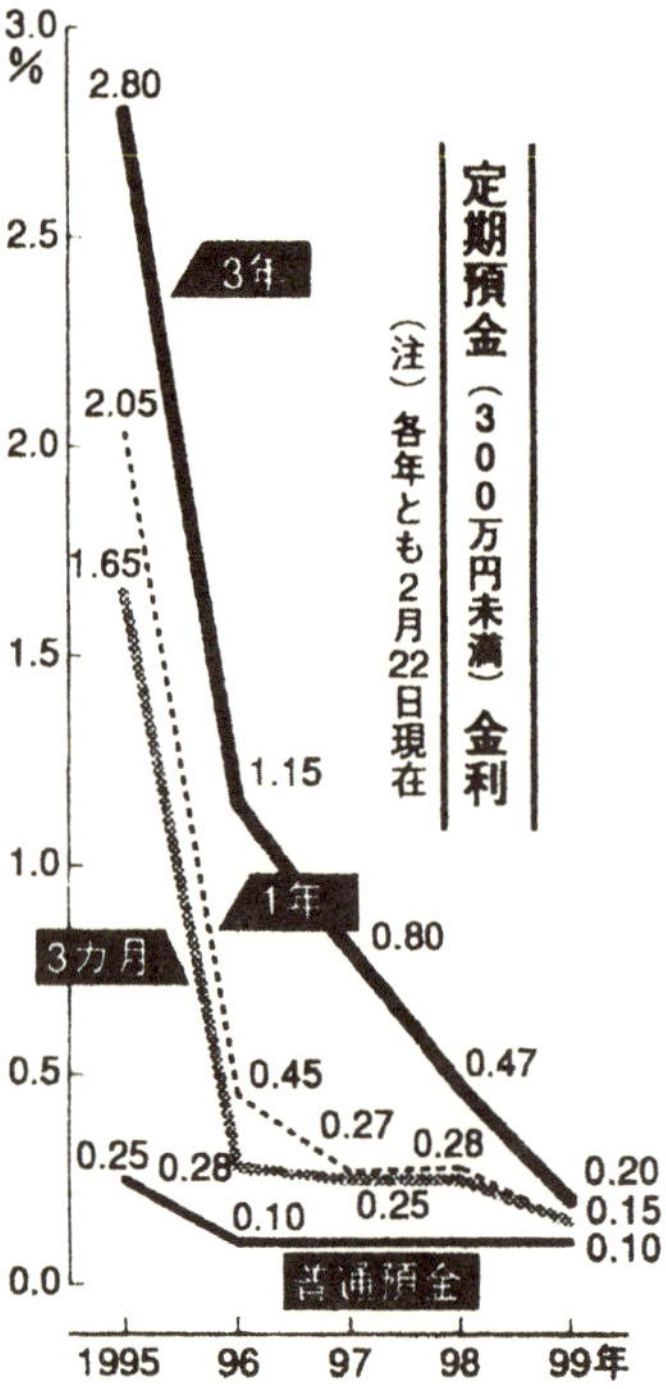


［図1］はゼロ金利政策によって定期預金も超低金利になっていったことを示すグラフである。定期預金も普通預金もほとんど変わらない金利であることが見てとれるが、このような状況は預金生活者を直撃していった。このグラフが掲載された平成一一年二月二一日の『毎日新聞』には、「定期預金金利は、一九九一年には、三カ月物でも五％を超えていたが、一連の日銀の金融緩和に伴って低下を続けてきた。ただ、期間の短い定期預金の金利が、普通預金金利に近い下限に張り付く一方で、期間の長い定期は加速度的に金利が下落した結果、格差は消えてしまった。定期預金は、資産運用としてはほとんど意味がなくなり、元本割れの危険があっても、株式や利回りの高い外貨建て預金・債券や投資信託に変えようとする動きが強まりそうだ」と論じている。こんななかで不況脱出のために巨額な借金財政の予算が政府から国会に出された。［図2］はこの財政を描いたもので、「〝財政破れかぶれ〟予算」というキャプションが象徴的だ。金融市場特筆すべきゼロ金利政策はその後も継続されていったが、景気回復の特効薬とはなっていない。

〝財政破れかぶれ〟予算。「大穴くぐり」
式でございます　　　　　　山田　紳

［図2］『朝日新聞』平成11年2月20日号　画＝山田紳

# 小泉構造改革

Ⅴ
平成篇
［12］

## 様々な権益、様々な反対。順調には進まず

平成一三（二〇〇一）年四月二六日、構造改革を標榜して自民党総裁選挙を勝ち抜いた小泉純一郎が総理大臣に就任した。小泉は自民党総裁選挙において圧倒的な国民の支持を背景に他候補を圧倒したのであった。

総裁に就任した小泉は政治運営の基本方針を発表したが、そのなかでも「構造改革なくして景気回復なし」をスローガンに掲げて経済政策を大胆に実行していくことを謳っている。四月二七日の『朝日新聞』は「小泉純一郎首相が誕生した。自民党総裁選挙の争点が経済一色だったことが物語るように、新内閣が取り組まなければならない最大の課題は日本経済の再生である」との解説記事を掲載しているが、まさに経済の再生が国民の念願であり、小泉内閣に課せられた最大のテーマであった。小泉は構造改革のためにはマイナス成長もやむなしとの決意を表明した。しかし、自民党内では少数派の小泉には大きな派閥との軋みが当初から生じていた。［図1］は「マイナス成長も」との旗を立てて船出した小泉改革丸だが、派閥の大波が押し寄せて来ており、航海は容易でないような状況にみえる。まさに「海図なき航海」といったところだろう。［図2］は最大派閥である橋本派の影響を脱して「改革」と楽しそうにダンスをして



［図1］『朝日新聞』
平成13年4月26日号
画＝山田紳

海図なき航海」へ　派乱をはらんで

いる小泉だが、観客席からは江藤・亀井派を率いる亀井静香が「緊急経済対策」なるプレートを掲げて「忘れるなよーっ」とやじっているところだ。小泉のダンスを採点しているのは山崎拓幹事長、麻生太郎政調会長、堀内光雄総務会長といった面々で脱橋本派で自民党新三役が固められたことを描いている。

［図3］は国民や外国からも期待されて構造改革内閣をスタートさせた様子を描いたもので、「改革」という刀づくりに取り組みだした小泉と、小泉支持を打ち出して自民党総裁選挙における小泉勝利に貢献、外務大臣に就任した田中真紀子である。

［図4］は所信表明のなかで小泉が長岡藩の米百俵の故事を引用して苦しくとも構造改革が必要だと説いたことを描いているが、その米俵を「改革反対」鼠が狙っているところだ。

さまざまな権益を守るために総論賛成各論反対といったことはあらゆる分野で顕在化して、構造改革は決して順調に進展してはいかなかった。



[図2]『読売新聞』
平成13年4月26日号
画＝祐天寺三郎

脱橋本で変人ダンスは楽しそう

［図3］『朝日新聞』平成13年5月1日号
《外国人もまじって……》 画＝小島功



［図4］『朝日新聞』平成13年5月8日号
《スタート!》 画＝針すなお

# 道路公団民営化問題

V
平成篇
［13］

## 抵抗勢力＝道路族議員が道を阻もうと

小泉内閣の構造改革の目玉は郵政事業と道路公団の民営化だった。特別会計によって道路建設資金を得て大規模な道路がつくられていったが、必要性よりも政治的観点から建設されるケースも多く、巨額の赤字が問題化していった。道路建設は政治家や建設業界などが結びついた利益誘導によって動かされているとの批判が表面化して、改革は国民の注目を浴びていった。

なかでも本州と四国のあいだには三本の橋が架けられていたが、その必要性に対する強い疑問が投げかけられた。平成一三（二〇〇一）年五月二六日の『朝日新聞』は、「今回明らかになった特別会計の財務諸表によると、二〇〇〇年度の本四公団は資産四兆九七億円に対し、その負債は四兆二六〇六億円で、二五〇八億円の実質債務超過となった。多額の借金を抱える本四公団の年間の金利支払額は一四〇〇億円を超え、通行料収入の九〇〇億円弱を大幅に上回る。赤字を垂れ流さざるを得ない構造になっている。それが道路整備特別会計をむしばんでいく。その公団に政府は昨年末、今年度の予算から向こう一〇年間で無利子で毎年八〇〇億円、総額八〇〇〇億円を貸し付けることを決めた。無利子の貸し付けは、償還計画がこのままでは破たんしかねないと判断したからだが、いわば破たん寸前の債務超

↓［図1］『朝日新聞』平成13年5月16日号
《ライオン・ヘアのお手入れは「まだまだこれから」》 画＝山田紳

過企業に税金を使って追い貸しをした形だ」と実態を記している。道路公団も本四公団同様に特別会計から資金が出されているといった状況であった。

［図1］は小泉首相の特徴的な髪の毛には「構造改革」「不良債権」「首相公選」「靖国」「憲法」「北方領土」「景気」などとともに「道路財源」があり、道路財源問題が小泉内閣の大きな問題であることがわかる。しかし、さまざまな問題が山積しており、どこから手をつけて髪を整えるべきかといったところだろう。この漫画に描かれたように道路公団民営化は抵抗勢力の巻き返しもあって決して順調に進んでいるとはいえない。

［図2］はこういった様子の一端を捉えたもので、小泉首相が料金所で「民営化」と書かれたチケットを示しており、道路公団の職員が震え上がっているところだ。そして奥からそれを見ている道路族議員は怒り心頭のようだ。

道路公団の民営化はこれから正念場を迎えることとなるであろうが、それが小泉構造改革の試金石ともなると思われるといった状況だ。平成一七年、道路公団は分割民営化された。

［図2］『朝日新聞』平成13年5月26日号
《首相　改革の道を行く》　画＝小島功

# 巻末資料

# 『円と日本経済』年表

凡　例

＊この年表は、本書の内容に即し、関連する重要事項を加えて作成された。本文に登場する事項には（　）に入れて番号を記した。
＊日付は明治五年までは太陰暦、それ以降は太陽暦による。
＊作成にあたり、参照させていただいた文献は、巻末の「主要参考文献」にまとめた。

## Ⅰ　幕末・明治篇

・天保八（一八三七）年
――　一分銀、鋳造開始。秤量貨幣ではなく計数貨幣として流通させたため、後に海外へ金が流出する原因に（幕末・明治篇［1］［2］）

・嘉永六（一八五三）年
6月3日　アメリカ東インド艦隊司令官長ペリーが浦賀に来航

・嘉永七／安政元（一八五四）年
3月3日　日米和親条約（神奈川条約）調印

・安政三（一八五六）年
7月21日　アメリカ駐日総領事ハリスが下田に来航。八月二四日、幕府が駐在を許可

・安政五（一八五八）年
6月19日　日米修好通商条約および貿易章程調印
7〜9月　オランダ、ロシア、イギリス、フランスと修好通商条約調印
9月7日　安政の大獄はじまる

・安政六（一八五九）年
5月28日　六月以降、神奈川、長崎、函館の三港で修好通商条約調印国との自由貿易を許可する布告。これにともない開港地に運上所を設置して関税事務を行った（幕末・明治篇［3］）

・安政七／万延元（一八六〇）年
1月18日　遣米特使・新見豊前守正興らがアメリカ軍艦で品川を出港

・文久元（一八六一）年
12月23日　遣欧使節・竹内下野守保徳らが開港開市交渉のため品川を出港

・文久二（一八六二）年
5月9日　竹内保徳がイギリス外相ラッセルとの間にロンドン覚書を調印

・文久三（一八六三）年
7月2日　鹿児島湾で薩英戦争勃発

・元治元（一八六四）年
8月5日　下関砲撃事件。日本は後に多額の賠償金を支払うことに（幕末・明治篇［5］）

・慶応元（一八六五）年
9月27日　横須賀製鉄所、起工式（明治四（一八七一）年に第一期工事完成）（幕末・明治篇［7］）

・慶応二（一八六六）年
1月21日　木戸孝允らと西郷隆盛らが坂本龍馬の斡旋で討幕のための薩長提携を密約

・慶応三（一八六七）年
1月11日　徳川昭武ら一行がパリ万国博覧会参加のため横浜を出港

・明治元／慶応四（一八六八）年
4月11日　江戸城、無血開城
5月15日　新紙幣（大政官札）五種を発行（一〇両・五両・一両・一朱・一分）（幕末・明治篇［8］［9］）

・明治二（一八六九）年
2月5日　太政官に造幣局を設置
7月8日　会計官廃止、大蔵省が設置される

・明治三（一八七〇）年
1月23日　鉄道建設という国家事業遂行のため、イギリスより九パーセントの利率で一〇〇ポンド（約四八八万円）の外債を募る（六年には秩禄処分のために七パーセントの利率で二四〇ポンドの外債を募る）（幕末・明治篇［10］）

・明治四（一八七一）年
2月15日　大阪・淀川沿いに造幣寮開業（幕末・明治篇［11］）
5月10日　新貨条例制定。円・銭・厘という呼び名で、十進法による貨幣制度がスタート（幕末・明治篇［12］）
7月　大蔵省内に紙幣司が設置される（八月、紙幣寮と改称。明治七年に紙幣印刷工場を建設、本格的に紙幣印刷が始まる）（幕末・明治篇［13］）
7月14日　廃藩置県

・明治五（一八七二）年
2月15日　土地永代売買の禁が解かれる
9月12日　新橋―横浜間に鉄道開通
11月15日　国立銀行条例布告。第一国立銀行が開業（幕末・明治篇［14］）

・明治九（一八七六）年
8月5日　金禄公債証書発行条例を制定（秩禄処分）（幕末・明治篇［15］）

・明治一〇（一八七七）年
1月30日　西南戦争勃発。鎮圧に莫大な軍費が必要となり、紙幣が濫発される（幕末・明治篇［17］）
3月　足尾銅山、古河市兵衛に払下げ
5月21日　第十五国立銀行（華族銀行）開業（幕末・明治篇［16］）

・明治一一（一八七八）年
8月21日　第一回内国勧業博覧会、東京上野で開会
12月　藤田組贋札事件（幕末・明治篇［20］）

・明治一二（一八七九）年
2月17日　横浜洋銀取引所、設立（9月に横浜取引所に改称）（幕末・明治篇［21］）

・明治一三（一八八〇）年
――　横浜貿易商社、三井物産会社、広業商会、工商会社、佐藤組、大倉組の六社が提携。輸出振興を図ることに（幕末・明治篇［22］）
――　紙幣過多、信用下落につき整理が始まる（幕末・明治篇［23］）

・明治一四（一八八一）年
9月　生糸の輸出に際して連合生糸荷預所が窓口となることに外国人商人が反発。不買運動が起きる（幕末・明治篇［25］）
10月21日　松方正義が参議兼大蔵卿に任命される。「松方財政」始まる
11月11日　日本鉄道会社に特許条約書が下付けされ、日本最初の私設鉄道会社が生まれる（幕末・明治篇［19］）。その後の相次ぐ鉄道開通に、鉄道株ブームが起きる（幕末・明治篇［29］）

・明治一五（一八八二）年
10月10日　日本銀行開業（幕末・明治篇［24］）
10月27日　売薬印紙税規則制定（翌年一月一日施行）（幕末・明治篇［26］）

・明治一七（一八八四）年
10月2日　天保通宝の通用禁止令布告（明治一九年限りで流通を禁止）（幕末・明治篇［27］）

・明治一九（一八八六）年
――　ブールス問題浮上。経済界が混乱（幕末・明治篇［28］）
6月14日　甲府雨宮製糸場の女工たちがストライキを起こす（日本最初の工場労働者ストライキ）

・明治二一（一八八八）年
11月30日　日本メキシコ修好条約調印（最初の平等条約）

・明治二二（一八八九）年
2月11日　大日本帝国憲法発布
3月23日　土地の売買にあたって地券が廃止され土地台帳制度に変更される（幕末・明治篇［30］）
7月1日　東海道線、新橋―神戸間全線が開通
10月18日　条約改正問題をめぐる議論が沸騰、外務大臣・大隈重信の乗る馬車に爆弾が投げられ、大隈が重傷を負う（幕末・明治篇［31］）
――　この年の年末より恐慌状態始まる（一八九〇年恐慌）

・明治二三（一八九〇）年
1月18日　米価高騰が契機となり、富山市で困窮した民衆が救済を求めて市役所や富豪の家に押し掛ける。以降、四月から全国的に米騒動が広がる（幕末・明治篇［32］）
1月　足尾銅山の鉱毒で渡良瀬川の魚が多数死んでいることが明るみに
4月26日　商法公布（明治二六年施行）（幕末・明治篇［34］）
5月18日　日本銀行、不景気による金融逼迫を救済するために株式を担保とする手形割引制度を実施（幕末・明治篇［35］）

・明治二四（一八九一）年
12月18日　田中正造「足尾銅山鉱毒加害之儀ニ付質問書」を衆議院に提出

・明治二七（一八九四）年

4月15日　産業振興のため前田正名が京都で五品大会を開催。後の五二会発足のきっかけとなる（幕末・明治篇［36］）

――――　高利貸取締法案が国会に提出される（幕末・明治篇［37］）

7月16日　日英通商航海条約が調印される。八月二七日公布（幕末・明治篇［39］）

8月1日　清国に宣戦布告（日清戦争勃発）。一六日、勅令により軍事公債条例が裁可される（幕末・明治篇［38］）

10月24日　臨時軍事費特別会計に基づく第一次予算一億五千万円公布（幕末・明治篇［40］）

・明治二八（一八九五）年

4月17日　日清講和条約調印。五月八日、批准書を交換。一〇月三一日に清国からの賠償金の第一回分、英貨八二二万余ポンドを受領（幕末・明治篇［41］）

・明治二九（一八九六）年

9月25日　第一国立銀行営業満期となり、二六日から普通銀行、株式会社第一銀行として営業開始（幕末・明治篇［42］）

・明治三〇（一八九七）年

10月1日　貨幣法が施行され、金本位制が成立する（幕末・明治篇［43］）

・明治三三（一九〇〇）年

3月23日　日本興行銀行法公布（三五年三月二七日設立）（幕末・明治篇［44］）

・明治三五（一九〇二）年

1月30日　日英同盟協約、ロンドンにて成立

――――　日本興行銀行が公債を国内及び同盟国イギリスに売り出す（幕末・明治篇［45］）

6月3日　農商務省による取引所令の改正。取引所の払い込み資本金の最低額が三万円から一〇万円に引き上げられ、全国の大多数の取引所が増資を迫られて大きな問題となる（幕末・明治篇［46］）

・明治三六（一九〇三）年

――――　日露戦争直前、世界各国のロシア有利の見方から、日本の公債は信用を低下、海外市場では急激な値崩れ（幕末・明治篇［47］）

・明治三七（一九〇四）年

2月10日　ロシアとの宣戦の詔勅発せられる。日露戦争勃発（幕末・明治篇［49］［50］）

5月10日　政府、ロンドン、ニューヨークにて外債募集

7月1日　たばこ専売法実施（幕末・明治篇［48］）

・明治三八（一九〇五）年

9月5日　日露講和条約（ポーツマス条約）。日露戦争には勝利するも、戦費が国債、外債で賄われたため、巨額の借金が残る（幕末・明治篇［51］）

・明治三九（一九〇六）年

3月31日　鉄道国有化法公布（幕末・明治篇［52］）

11月26日　日露戦争で獲得した鉄道、炭鉱事業などの利権を経営のため、資本金二億円で南満州鉄道設立

――――　戦勝ムードのなか、新会社の設立ブーム。株式市場も活況を呈す（幕末・明治篇［53］）

・明治四〇（一九〇七）年

2月4日　足尾銅山坑夫、大暴動を起こす。鎮圧に軍隊出動（～七日）

3月16日　四〇年度予算決定（総額は六億余円）。厳しい財政状況にあって軍事予算だけが潤沢につけられる（幕末・明治篇［54］）

・明治四二（一九〇七）年

1月11日　亀戸の東洋モスリンでストライキ。男女職工およそ八〇〇人が賃上げを要求。

・明治四四（一九〇九）年

3月29日　工場法公布（大正5年9月1日施行）（幕末・明治篇［55］）

・明治四五／大正元（一九一二）年

7月6日　オリンピック（ストックホルム大会）に初参加

## II　大正篇

•大正二（一九一三）年
— 東北、北海道地方大凶作
•大正三（一九一四）年
7月28日　第一次世界大戦勃発
8月3日　第一次大戦の影響で東京、大阪で株価大暴落
9月10日　参戦にともなう臨時軍事予算五一〇〇万円公布（大正篇［1］）
•大正四（一九一五）年
1月25日　米価調節令公布
— 貿易収支、出超に転じる
•大正六（一九一七）年
7月25日　製鉄業奨励法（免税などを認めた）公布（関連：大正篇［3］）
8月30日　物価調節令公布（大正篇［2］）
9月12日　大蔵省、金貨幣、金地金の輸出取締令公布
•大正七（一九一八）年
3月23日　戦時利得税法公布（大正篇［6］）
4月25日　外国米管理令公布（大正篇［4］）
7月23日　富山県魚津町において、漁民の妻らが米の移出を阻止しようと海岸に集ったことに端を発し、8月3日、同県中新川郡にて米騒動。その後大都市にも騒動が広がる（大正篇［5］）
11月11日　ドイツ、連合国と休戦協定調印。第一次大戦終了
•大正八（一九一九）年
6月28日　ベルサイユ講和条約調印
— ＩＬＯ（国際労働機関）設立。日本は設立と同時に加盟（大正篇［7］）
•大正九（一九二〇）年
3月15日　株価暴落。戦後恐慌始まる
•大正一一（一九二二）年
7月15日　日本共産党結成
•大正一二（一九二三）年
9月1日　関東大震災。関東経済界は麻痺状態に
9月7日　支払猶予令（モラトリアム）公布（九月一日から30日間実施）
•大正一四（一九二五）年
2月　日本フォード自動車設立
4月22日　治安維持法公布（五月一二日施行）
— 大蔵大臣・浜口雄幸による緊縮財政。不景気広がる（大正篇［9］）
•大正一五（一九二六）年
4月9日　労働争議調停法公布（七月一日施行）（大正篇［8］）

## III　昭和・戦前篇

•昭和二（一九二七）年
3月14日　大蔵大臣・片岡直温の発言から東京渡辺銀行で取り付け騒ぎ。昭和金融恐慌始まる（昭和・戦前篇［1］）
4月18日　台湾銀行全店舗休業
4月22日　支払猶予令（モラトリアム）、緊急勅令として公布、即日施行（昭和・戦前篇［2］）
8月6日　大蔵省が銀行合同促進依頼を地方長官に通牒（昭和・戦前篇［3］）
•昭和三（一九二八）年
12月　日本フォード新工場落成（昭和・戦前篇［4］）
•昭和四（一九二九）年
7月9日　浜口雄幸内閣は十大政策を打ち出す（昭和・戦前篇［6］）
10月24日　ニューヨーク株式市場大暴落（ここから世界大恐慌が始まる）
— 産業合理化政策、本格的に始まる（昭和・戦前篇［8］）
•昭和五（一九三〇）年
1月11日　金解禁（昭和・戦前篇［7］）。翌年一二月の再禁止までに八億円もの金が流出（昭和・戦前篇［9］）
11月14日　浜口首相、狙撃され重傷
— 世界恐慌、日本にも波及（昭和大恐慌）（昭和・戦前篇［5］）
•昭和六（一九三一）年
9月18日　満州事変（日本の中国東北部、内蒙古東部への武力侵略戦争の第一段階）始まる（昭和・戦前篇［11］）

秋　東北、北海道、冷害・凶作。山形県最上郡の一村で娘四五七人中五〇人が身売り
12月13日　犬養毅内閣成立。高橋是清が大蔵大臣に。犬養内閣、金本位制を即日停止、金輸出を再禁止（昭和・戦前篇［10］）

・昭和七（一九三二）年
3月1日　政府、満州国の建国を宣言。厳しい国際批判が巻き起こる（昭和・戦前篇［12］）
4月26日　三井、三菱両財閥の満州国に対する二〇〇〇万円の融資契約、調印

・昭和八（一九三三）年
3月　政府、満州国経済建設要綱を発表。日満経済の一体化が謳われる
3月27日　日本、国際連盟を脱退

・昭和一二（一九三七）年
7月7日　盧溝橋事件をきっかけに日中戦争勃発
9月10日　戦時統制経済の諸法律公布
12月13日　日本軍、南京を占領、大虐殺

・昭和一三（一九三七）年
4月1日　国家総動員法公布（五月五日施行）
4月6日　電力管理法、日本発送電株式会社法公布（昭和・戦前篇［13］）

・昭和一五（一九四〇）年
1月26日　日米通商条約失効
7月22日　第二次近衛内閣成立
11月23日　大日本産業報国会、設立（昭和・戦前篇［15］）
12月7日　政府、経済新体制要項を決定（昭和・戦前篇［16］）

・昭和一六（一九四一）年
4月1日　生活必需品物資統制令公布
6月25日　南方施策促進に関する要綱が定められ、南部仏印進駐が決定（昭和・戦前篇［17］）
12月8日　太平洋戦争始まる

・昭和一七（一九四二）年
1月2日　日本軍、マニラを占領
2月21日　食糧管理法公布（七月一日一部施行）

・昭和一八（一九四三）年
2月1日　日本軍、ガダルカナル島撤退
5月　中国人労働者の国内強制労働始まる
9月8日　イタリア、無条件降伏

・昭和一九（一九四四）年
1月18日　緊急国民勤労動員方策要項決定（女子挺身隊への強制加入）
——　海上輸送崩壊し、軍需生産麻痺

・昭和二〇（一九四五）年
3月9日　東京大空襲。およそ二二万戸が焼失
4月1日　米軍、沖縄本島に上陸
8月6日　米軍、広島に原爆投下
8月9日　米軍、長崎に原爆投下

## IV　昭和・戦後篇

8月15日　一四日にポツダム宣言受諾、戦争終結の詔書を放送
9月22日　GHQ、生活必需品の日本国内での生産促進のため、輸出入活動の禁止を指令
10月4日　GHQ、政治的、民事的、宗教的自由に対する制限撤廃の覚書
11月6日　GHQ、持株会社の解体に関する覚書公布（財閥解体の促進）
12月29日　農地調整法改正公布

・昭和二一（一九四六）年
2月17日　金融緊急措置令（新円切り替え）（昭和・戦後篇［1］）
3月6日　憲法改正草案要項発表される
5月12日　東京・世田谷で米よこせ区民大会開催（昭和・戦後篇［3］）
5月19日　食糧メーデー（飯米獲得人民大会）。二五万人が参加（昭和・戦後篇［3］）
5月22日　吉田内閣成立
8月12日　経済安定本部令、物価庁官制各公布。経済復興政策の推進力となる
10月1日　臨時物資受給調整法公布、即日施行（昭和・戦後篇［2］）
11月3日　日本国憲法公布（四七年五月三日施行）
——　食糧不足、インフレなど、国民生活の窮乏極まる

・昭和二二（一九四七）年
1月31日　三〇組合が参加して計画されたゼネストに対し、マッカーサー元帥が中止命令
4月1日　日本銀行法改正公布（五月三日施行）

4月7日　労働基準法公布（九月一日施行）
6月1日　片山哲内閣成立
7月7日　「一八〇〇円ベース」の新物価体系、第一次発表（昭和・戦後篇［4］）
10月30日　関税・貿易に関する一般協定（GATT）調印
12月20日　臨時石炭鉱業管理法公布（四八年四月一日施行）（昭和・戦後篇［6］）

・昭和二三（一九四八）年
4月8日　東宝、一二〇〇人の人員整理を発表（東宝争議始まる）
4月12日　日本経営者団体連盟発足
5月　経済復興計画第一次試案、発表される（昭和・戦後篇［7］）
12月18日　GHQから経済安定九原則の実施の指令（昭和・戦後篇［8］）

・昭和二四（一九四九）年
4月15日　ドッジ公使、四九年予算につき声明。インフレ収拾のための政策など強調（ドッジ・ライン）（昭和・戦後篇［9］）
4月23日　GHQ、日本円に対する公式為替レート設定の覚書き（一ドル＝三六〇円の単一為替レート。二五日実施）
9月15日　GHQ、シャウプ勧告の全文発表（昭和・戦後篇［10］）
12月1日　外国為替・外国貿易管理法公布
――　この年、ドッジ・ラインの影響で不況

・昭和二五（一九五〇）年
1月7日　千円札（聖徳太子、B千円札）が発行される（昭和・戦後篇［13］）
6月25日　朝鮮戦争勃発
7月17日　株式市場、未曾有の盛況（朝鮮戦争特需の始まり）（昭和・戦後篇［12］）
7月24日　企業レッドパージ始まる。GHQの指令のもとに共産党とその同調者が職場から追放された
11月24日　電気事業再編成令公布

・昭和二六（一九五一）年
5月14日　GHQ、対日ガリオア援助打ち切りを声明
9月8日　サンフランシスコ講和条約（第二次大戦における日本と連合国との講和条約）調印。日本の米国による占領体制の終結。日米安全保障条約調印

・昭和二七（一九五二）年
1月16日　復興金融金庫解散（四月二〇日、日本開発銀行設立）
3月14日　企業合理化促進法公布（技術、設備の向上のための補助金、免税など）
6月12日　長期信用銀行法公布

・昭和二八（一九五三）年
9月1日　独占禁止法（私的独占の禁止及び公正取引の確保に関する法律）改正公布

・昭和二九（一九五四）年
3月8日　米国と相互防衛援助協定（MSA）調印。これに基づき、余剰農産物購入協定、経済的措置協定、投資保証協定各調印（昭和・戦後篇［14］）
――　この年の暮れから日本経済は上昇に転じる。三一年六月まで高い成長率を達する（神武景気）（昭和・戦後篇［15］）

・昭和三〇（一九五五）年
6月7日　日本、GATTに加入の議定書調印
6月下旬　森永ヒ素ミルク事件。患者一万一七七八人、死亡一三三人
12月23日　政府、経済自立五カ年計画を決定

・昭和三一（一九五六）年
5月1日　水俣病発覚。新日本窒素肥料（四一年チッソと改称）の付属病院院長が保健所に届け出たことにより
7月26日　エジプト大統領ナセル、スエズ運河株式会社の国有化を宣言。英、仏、イスラエルの三国とエジプトとで運河利権をめぐり第二次中東戦争へ

・昭和三二（一九五七）年
7月頃　国際収支の悪化と日銀の金融引き締め、第二次中東戦争による世界経済の悪化の影響で「なべ底不況」に（昭和・戦後篇［16］）
10月1日　五千円札発行
12月1日　荻野昇医師、イタイイタイ病鉱毒説を学会で発表

・昭和三三（一九五八）年
7月頃　鉱工業生産の上昇、アメリカの好況などを背景に景気が回復へ。昭和三七年一二月までに至る好景気「岩戸景気」へ入る（昭和・戦後篇［17］）
12月1日　一万円札発行

・昭和三四（一九五九）年
8月29日　三井鉱山、三鉱連四五八〇人希望退職者を募る（三井争議始まる）

・昭和三五（一九六〇）年
11月1日　経済審、「国民所得倍増計画」を答申。一二月二七日、閣議決定（昭和・戦後篇［19］）
12月20日　南ベトナム解放戦線結成（六一年、南ベトナム解放軍組織。ここから米国との戦争に発展）

・昭和三六（一九六一）年
4月4日　米国、キューバ侵攻作戦を決定
6月12日　農業基本法公布（昭和・戦後篇［20］）
6月22日　池田・ケネディ共同声明で、日米貿易経済合同委員会などの設置を表明（昭和・戦後篇［21］）

・昭和三九（一九六四）年
4月1日　日本、IMF（国際通貨基金）八条国に移行（昭和・戦後篇［22］）
4月28日　OECD（経済協力開発機構）に正式加盟（昭和・戦後篇［23］）
10月10日　第一八回オリンピック東京大会開催（二四日まで）。開催までの大型公共事業などが「オリンピック景気」を呼び込んだ

・昭和四〇（一九六五）年
6月12日　阿賀野川流域で水俣病に似た有機水銀中毒患者が発生（六七年四月、昭和電工の排水が原因であることを厚生省が発表）
11月19日　政府、第二次補正予算案を決定し、赤字国債二五九〇億円発行（昭和・戦後篇［24］）

・昭和四一（一九六六）年
――――　前年の一〇月から「六五年不況」の回復がはじまり、この年から戦後最長の景気上昇「いざなぎ景気」始まる（昭和・戦後篇［25］）

・昭和四二（一九六七）年
7月1日　資本取引の自由化が行われる（昭和・戦後篇［26］）
8月8日　ASEAN（東南アジア諸国連合）発足
9月1日　四日市ぜんそく患者九人、石油コンビナート六社を相手に訴訟（初の大気汚染公害訴訟）

・昭和四三（一九六八）年
6月10日　大気汚染防止法、騒音規制法公布
10月15日　北九州市、米ぬか油中毒（患者は二三府県一万四〇〇〇人）で、製造元カネミ倉庫製油部に営業停止を通達

・昭和四四（一九六九）年
6月10日　日本がGNP世界第二位になったことを経済企画庁が発表（昭和・戦後篇［27］）

・昭和四六（一九七一）年
8月15日　ニクソン米大統領、ドルと金の交換停止や一〇パーセントの輸入課徴金などのドル防衛政策を発表（ドル・ショック）（昭和・戦後篇［28］）
12月18日　スミソニアン体制発足。20日、日本政府、一ドル＝三〇八円に切り上げ実施（昭和・戦後篇［29］）

・昭和四八（一九七三）年
2月14日　円は変動相場制に移行（一五日に一ドル＝二六四円でスタート）（昭和・戦後篇［31］）
9月14日　東京においてGATT閣僚会議開催。この席で世界貿易拡大のための新秩序づくりを目指す「東京宣言」が採択される（東京ラウンドの開始）（昭和・戦後篇［30］）
10月10日　OPEC、原油価格引き上げを発表。第一次石油ショック始まる。これに影響を受けて、物資の品薄状態が発生（昭和・戦後篇［32］［33］）

・昭和五五（一九八〇）年
5月12日　日米通商会議、自動車などの経済摩擦を議題に開催（日本は自動車の生産台数で世界一に）（昭和・戦後篇［34］）

・昭和六〇（一九八五）年
3月28日　日本電信電話会社（NTT）創立（三月三一日で電電公社消滅）（昭和・戦後篇［35］）

・昭和六一（一九八六）年
12月　景気が拡大方向へ転じた過程で、カネ余りが生じ、投機が過熱。資産が高騰するバブル経済に突入（昭和・戦後篇［36］）

・昭和六二（一九八七）年
4月1日　国鉄分割、民営化。JRグループ一一法人と国鉄清算事業団とが発足（昭和・戦後篇［37］）

## V　平成篇

・平成元（一九八九）年
4月1日　消費税実施（平成篇［1］）
9月4日　日米構造協議、第一回会合（平成篇［2］）

・平成二（一九九〇）年
3月27日　大蔵省、金融機関に不動産向け融資の総量規制の通達（四月一日実施、四年一月解除）（平成篇［3］）

・平成七（一九九五）年
9月8日　日銀は公定歩合を一・〇パーセントから一挙に〇・五パーセントに引き下げ史上世界最低レベルに（平成篇［11］）
12月19日　政府は住専七社を整理、清算するため、財政資金を投入することを決定（平成篇［4］）

・平成八（一九九六）年
11月11日　橋本龍太郎首相、日本版金融ビッグバン構想発表（平成篇［5］）

・平成九（一九九七）年
11月17日　北海道拓殖銀行、破綻（平成篇［6］）
11月24日　山一証券、自主廃業（平成篇［6］）

・平成一〇（一九九八）年
6月22日　金融監督庁発足（平成篇［8］）
10月23日　長銀を金融再生法に基づき破綻と認定（平成篇［9］）
11月16日　政府、緊急経済対策を実施（平成篇［10］）
12月13日　日債銀、破綻。特別公的管理となる（平成篇［9］）

・平成一一（一九九九）年
2月12日　日銀、大量の資金を短期金融市場に供給して、短

期金利誘導目標を〇・一五に設定（ゼロ金利政策）（平成篇［11］）

・平成一三（二〇〇一）年

4月26日　構造改革を標榜して自民党総裁選挙を勝ち抜いた小泉純一郎が総理大臣に就任。道路公団民営化に乗り出す（平成篇［12］［13］）

・平成一五（二〇〇三）年

4月1日　特殊法人日本郵政公社発足（郵政事業庁より改変）（平成篇［7］）

・平成一七年（二〇〇五）年

10月1日　日本道路公団、分割民営化へ（平成篇［13］）

# 人名・事項索引

## 主要参考文献


・矢部洋三・古賀義弘・渡辺広明・飯島正義＝編著『新訂　現代日本経済史年表』（二〇〇一年、日本経済評論社）
・国史大辞典編集委員会＝編『国史大辞典』一～一五巻（一九七九年～一九九七年、吉川弘文館）
・岩波書店編集部＝編『近代日本総合年表』（二〇〇一年、岩波書店）
・明治編年史編纂会＝編『新聞集成明治編年史』一～一五巻（一九三四年～一九三六年、財政経済学会）
・明治大正昭和新聞研究会＝編『新聞集成大正編年史』大正元年～一五年度版（一九六九年～一九八八年、明治大正昭和新聞研究会）
・明治大正昭和新聞研究会＝編『新聞集成昭和編年史』（昭和二～三三年度版、一九六九年～一九八八年、明治大正昭和新聞研究会）


## 著者紹介


湯本豪一（ゆもと・こういち）
一九五〇年東京生まれ。川崎市市民ミュージアム学芸室長。
主な著書に『近代造幣事始め』（駿河台出版社）、『図説・明治事物起源事典』『図説・幕末明治流行事典』（ともに柏書房）、韓国で出版された『近代日本の風景』（韓国語による出版。ソウル：Greenbee Publishing Company）など、翻訳監修に『コインと紙幣の事典』（あすなろ書房）など。


編集部からお願い

諷刺画、一コマ漫画の掲載にあたり、その作者、著作権継承者の方へのご連絡に力を尽くしましたが、どうしてもご連絡先がわからなかった方がいらっしゃいます。本書をご覧いただいて、お気づきになられたことがございましたら、国書刊行会・編集部まで、ご一報くださいますよう、お願い申し上げます。

**図説・円と日本経済**
**幕末から平成まで**

二〇一〇年一一月二五日初版第一刷発行

著者　湯本豪一

発行者　佐藤今朝夫
発行所　株式会社国書刊行会
〒一七四−〇〇五六
東京都板橋区志村一−一三−一五
電話：〇三−五九七〇−七四二一
FAX：〇三−五九七〇−七四二七
URL：http://www.kokusho.co.jp
E-mail：info@kokusho.co.jp

装丁・造本　白井敬尚形成事務所
（白井敬尚、加藤雄一、湯川亮子）

印刷所　株式会社シーフォース
製本所　株式会社ブックアート

ISBN978-4-336-05299-5